林存阳 刘中建说

郑板桥的
"狂""怪"人生

林存阳　刘中建／著

北方联合出版传媒(集团)股份有限公司

万卷出版公司

三绝诗书画，一官归去来

林存阳 刘中建说

郑板桥的"狂""怪"人生

林存阳　刘中建／著

北方联合出版传媒(集团)股份有限公司

万卷出版公司

ⓒ 林存阳 刘中建 2020

图书在版编目（CIP）数据

林存阳、刘中建说郑板桥的"狂""怪"人生 / 林
存阳，刘中建著. — 沈阳：万卷出版公司，2020.6
ISBN 978-7-5470-5334-8

Ⅰ.①林… Ⅱ.①林…②刘… Ⅲ.①郑板桥（
1693-1765）—传记 Ⅳ.①K825.72

中国版本图书馆CIP数据核字（2020）第051675号

出 品 人：刘一秀
出版发行：北方联合出版传媒（集团）股份有限公司
　　　　　万卷出版公司
　　　　　（地址：沈阳市和平区十一纬路25号　邮编：110003）
印 刷 者：辽宁新华印务有限公司
经 销 者：全国新华书店
幅面尺寸：145mm×210mm
字　　数：350千字
印　　张：12
出版时间：2020年6月第1版
印刷时间：2020年6月第1次印刷
责任编辑：张洋洋
责任校对：高　辉
装帧设计：张　莹
ISBN 978-7-5470-5334-8
定　　价：52.00元
联系电话：024-23284090
传　　真：024-23284448

目 录

小 引

　　"狂""怪"者，乃相对于正统、主流、引导世风者而言，意谓非正统、非主流、非占据主导位置而特立独行者，其常常以偏离世俗的精神面貌呈现于世人面前，引发世人对之侧目，激起平静生活的波澜。但从某种意义上来说，正是这些所谓的"狂""怪"之人，一扫世俗之平庸和循规蹈矩，给社会带来一股清新之风，为其注入无限生机与活力。如果说，社会动荡之际"狂""怪"者还属"正常"，并不能引起世人更特别的关注的话，那么在升平兴隆之时，这些人便显得格外引人注目，其叛逆、任性的性格，超俗、放浪的行为，个性彰显的人生态度，等等，无不在社会中激起不小的"波澜"，甚或"震荡"，宜乎其不免被目之为"非名教中人"也。

　　清初学者傅山（1607—1684）曾作《狂解》一文，对不同类型的"狂"剖判道：

　　　　概论之，狂有数种：有真狂，有隐狂，有佯狂，有谦谦君子狂，有轻狂，有瞎狂。真狂，简率岸傲人也，凡事径行，不自欺，不欺人，人不谓之真而谓之傲者是也。隐狂，厌人而去人远者也。佯狂，有所避而自污者也。谦谦君子之狂，循循默默，不争不竞，人谓之谦谦君子者也，而无一人入其眼中，狂不可测者也。轻狂，少有才而沾沾焉，自贵而蔑人，《灵枢》

所谓少阳之人者也。瞎狂，则盲然无所知见，一味摇头摆耳，沓沓焉，妄评乱诋而蛮蛮者也……真狂谁？阿蛹不作尔者人也。隐狂谁？沮、溺尚矣，汉周燮、宋苏云卿，贫道想见之者也。佯狂，箕先生人皆知之，知其古而已矣，明夷之时、之心不可知也。谦谦君子狂谁？能涉大川者也。轻狂则不胜数其人矣。瞎狂今遍天地，无不狂，无不瞎。圣人趋而走之，无奈狂而瞎，何亦与之矜不成人而已耶！呜呼伤哉！①

以此而观，"康乾盛世"下的郑板桥，就是一位"狂""怪"之人。当然，郑板桥之"狂""怪"，颇有自己的个性。

在《题郑板桥先生像》中，王衍梅（1776—1830）曾评价郑板桥曰：

> 伟哉七品官，而作河朔英。进士不得进，徒遗千载名。先生嵇阮俦，本不慕显荣。虬身县令间，如蓄尺水鲸。文章聊放达，按之实和平。作书尤可喜，一一龙蛇惊。将非李青莲，而岂徐青藤。夫子适自道，笑者绝冠缨。隔靴赞何益，入木骂始精。邻妇妒其艳，区区夏盆瓶。折腰五斗米，吾将事渊明。挢须博一粲，请复鞭背刑。黄鹄乘云翔，长风邈上征。前言戏之耳，拂衣反躬耕。扬州富芍药，结盖摇红旌。引觞坐其下，揽镜相尹邢。兴酣发兰竹，秀叶交纵横。槎枒吐肝肺，掩冉香风生。遂骖青鸾尾，失草新宫铭。循吏不我重，文苑不我轻。斯民食橄榄，齿颊余芳馨。至今三贤祠，高怀栎园并。先生宰潍县，邑人建三贤祠，以祀先生及周公亮工、赖公光表。经纶固未展，遗爱存典型。②

---

① 傅山：《傅山全书》卷33，山西人民出版社2016年版，第2册，第283—284页。
② 李福祚：《昭阳述旧编》卷3。

邓拓先生亦曾作《访郑板桥故居》诗，感慨道：

歌吹扬州惹怪名，兰香竹影伴书声。

一枝画笔春秋笔，十首道情天地情。

脱却乌纱真面目，泼干水墨是生平。

板桥不见虹桥在，无数青山分外明。

王、邓二先生以其洗练的笔触，可谓生动形象地刻画出郑板桥一生思想、政治和艺术等生涯的人生境遇。

按理说，生逢升平盛世之际，郑板桥应该可以尽情挥洒自己的才智，为盛世增添一道绚烂风景，其何以成为一"狂""怪"之人呢？个中原因，还得先从其当时所处的社会背景来说。

盛世文化气象开

文化抉择 崇儒重道 治道同体 经筵日讲

科举图书 博学鸿儒 经学特科 『四王』之弊 扬州画派

历览名臣与佞臣，读书同慕古贤人。

乌纱略戴心情变，黄阁旋登面目新。

翻笑腐儒何寂寂，可怜世味太津津。

劝君莫作《闲居赋》，潘岳终须负老亲。

——《历览三首》之一

　　康熙三十二年（1693）十月二十五日子时，郑板桥出生于江苏扬州府兴化县城东门外古板桥，乾隆三十年（1766）十二月十二日未时去世，享年73岁。这一时期，正值清王朝政治、经济、文化等各方面处于蒸蒸日上之时，也就是大家耳熟能详的"康乾盛世"。公元1644年，明王朝在农民起义军和满洲贵族武力的强大冲击下，迅速土崩瓦解，退出历史舞台。代之而起的，是以满洲贵族为主体的"满汉　体"的新政权。是年十月初一日，在多尔衮的扶持下，年仅六岁的福临，亲往北京南郊告祭天地，即皇帝位；初十日，在紫禁城皇极门，颁布即位诏书，从此拉开了清王朝统治的序幕。

　　明清鼎革，并非一个短暂的政权更替仪式，而是一个长期的历史过程。诚如陈祖武先生所指出的："从广义上说，明清更迭并不仅仅是指崇祯十七年（1644）三月十九日朱明王朝统治的结束，以及同年五月清军的入居北京和四个月后清世祖颁诏天下，'定鼎燕京'。它是一个历史过程，这一过程长达一个世纪的时间。其上限可以一直追溯到明万历十一年（1583）清太祖努尔哈赤以七大恨告天兴兵，其下限则迄于清康熙二十二年（1683）清廷最终消除亡明残余，统一台湾。"①也就是说，清王朝的兴起，与明中后叶的颓败之势是紧密相连的。

由于时局的动荡以及社会问题的丛生，当满洲贵族入主中原后，其所面临的首要问题或最大难题是如何有效地稳定动荡的社会局势，巩固其业已取得的政权。出于缓和民族矛盾，消解民族隔阂，巩固自己统治的需要，清廷对汉族地主官僚采取各种政策，尽可能进行拉拢。当清军进入北京后，旋即为明崇祯皇帝发丧，并打出为汉族地主官僚"报君父之仇"的幌子（明为李自成所灭，故满人有此作为），俨然以汉族地主阶级的代言人自居。在官吏的任用上，清廷采取满、汉兼用的方针（表面上如此，事实上满、汉是有区别的），对中央各部门满、汉官吏的名额都作了规定。玄烨即位后，又加强了从各方面笼络汉人的工作。在康熙帝乃至后来雍正帝的上谕中，屡次提到要维护地主富民的利益，把地主当作"国家之所爱养保护"②之人，而此一时期所推行的废止圈地、减免税粮和鼓励垦荒等一系列政策，都是有利于汉族地主的。此外，清廷还采取了其他诸多措施，尽力将大批的汉族士人吸收到政权中来。但因满汉民族间因历史原因所造成的风俗、文化传统各异，彼此间的隔阂对新生的清王朝带来了很大冲击。高压统治固然可取得一时成效，然从长远来看，则非久系人心之策。有鉴于此，清统治者不得不转换思路，向中原先进文化认同，并及时调整文化统治政策，从而确立起数千年传统文化继承者的历史地位。进而，在清初诸儒倡复经学、注重礼学的影响之下，以诏举"博学鸿

---

① 陈祖武：《清代文化志》，上海人民出版社1998年版，第3—4页。
② 《清世宗实录》卷79，雍正七年三月初四日。

儒"和开设"经学特科"等为标志，统治者通过崇儒重道，确立起维系其统治的思想准则。

任何一个政权，为维护统治机器的有效运作，施政方针固然是其主导方面，而作为上层建筑中的意识形态，更是其中的关键一环。因为它不仅关涉到社会的治乱，而且与政权的能否长期存在大有关系。如此，文化基本政策的抉择就显得至关重要了。对满洲贵族而言，此项任务更属举足轻重。其原因有二：一则如其他政权一样，作为意识形态的文化政策的抉择，关涉到其统治的命运；二则作为少数民族政权入主中原，文化的差异性是满洲贵族需要首先解决的大问题。能否取得广大汉族民众的认同，在很大程度上决定着清王朝的成败。从整体上来看，满洲贵族入主中原后，对此问题的解决还是比较成功的。虽然从政权性质上来说，满洲权贵是清廷的基干，但其对中原文化传统的认同抉择，还是有积极意义的。这一抉择，不仅有利于动荡的社会趋向稳定，且适应了文化发展的趋势。

清政权对文化基本政策的抉择，主要体现为如下几个方面：崇理学、重经学，治统、道统同体一贯，以实学为依归。这一抉择，既含有思想层面的因素，又含有制度层面的成分。实质上，它是由思想的取向发为治策，两者相互融贯，相辅相成，乃一有机统一体。具体而言，清廷文化政策的抉择体现为：

首先，作为一个少数民族为主的政权，满洲贵族入主中原初期，更多地强调本民族的利益和地位，对众多汉族和其他少数民族的强制性甚为突出。这一民族意识的局限性，导致了民族高压政策的出台。其表现为剃发易服、圈地令、逃人法以及文字狱等弊政的施行。这些举措，使满汉文化间的冲突一度激化，于原已动荡的社会局势亦大为不利。在一段时期的摸索当中，统治者逐渐意识到这些不太明智举措的危害性，故或革或缓，对其进行了进一步的调整。康熙中叶以后，虽然整体上满汉文化冲突渐趋缓和，然而其间的波折却时有发生。最为显著者，乃乾隆中期《贰臣传》的编撰。昭梿《啸亭续录》曾载："……纯皇帝夙知其弊，于乾隆庚辰，特命开国史馆于东华门内，重简儒臣之通掌故者司之。将旧传尽行删薙，惟遵照实录、档册诸籍所载，详录其人生平功罪。"[1]乍看起来，似为平和之论，然细加玩味，所谓"生平功罪"云云，实乃饰语，其主要目的则在于尽揭其罪。乾隆帝对钱谦益的论定实已透露出个中消息，其言曰："钱谦益本一有才无行之人，在前明时身跻膴仕。及本朝定鼎之初，率先投顺，洊陟列卿。大节有亏，实不足齿于人类！朕从前序沈德潜所选《国朝诗别裁集》，曾明斥钱谦益等之非，黜其诗不录，实为千古纲常名教之大关……今阅其所著《初学集》《有学集》，荒诞悖谬，其中诋谤本朝之处，不一而足。夫钱谦益果终为明朝守死不变，即以笔墨腾谤，尚在情理之中；而伊既为本朝臣仆，岂得复以从前狂吠之语，列入集中？其意不过欲借此以掩其失节之羞，尤为可鄙可耻！"[2]他还称："（《贰臣传》）于忠厚之中，仍寓激扬之道，所以垂教于万世者甚大……以副朕扶植纲常、折衷公当至意。"[3]至此，清廷之命撰《贰臣传》之真实目的，昭然若揭。

当然，清统治者虽重满洲贵族的利益，然从全局着想，为巩固政权计，他们亦强调满汉一体。顺治帝曾说："朕自亲政以来，各衙门奏事，但有满臣，未见汉臣。朕思大小臣工，皆朕腹心手足，凡进奏本章，内院六部、都察院、通政、大理等衙门，满、汉侍郎卿以上会同来奏……尔等传谕诸臣，务体朕怀，各竭公忠，尽除推诿，以昭一心一德之盛。"[4]又曰："朕不分满、汉，一体眷遇委任。"[5]康熙帝亦称："我太祖、太宗、世祖相传以来，上下一心，满汉文武皆为

① 昭梿：《啸亭续录》卷1《国史馆》。
② 《清史列传》卷79《贰臣传乙·钱谦益》。
③ 《乾隆朝上谕档》第14册，五十四年六月初六日。
④ 蒋良骐：《东华录》卷7，顺治十年正月初三日。
⑤ 蒋良骐：《东华录》卷7，顺治十年三月。

一体，情谊常令周通，隐微无有间隔……朕虽凉德，上慕前王之盛事，凛遵祖宗之家法，思与天下贤才共图治理，常以家人父子之谊相待臣僚，罔不兢业以前代为明鉴也。"①然而，话虽如此，"满汉一体"思想的一个前提却不容忽视，即以满人为主。事实上，在具体的政治运作中，汉人的权位是有一定限制的。雍正、乾隆二帝大体上即沿此思路而行。尽管如此，在民族高压政策下能做此调整，还是有其积极意义的。

其次，"崇儒重道"思想的确立。这又可细分为四个方面：

一、统治者儒学观的形成。顺治初期，戎马倥偬，于文治多无暇顾及，故对传统文化思想未能加以折中。然随着政局的稍定，顺治帝亲政后，遂将文化建设提上立国日程。九年（1652）九月，清廷举行"临雍释典"大礼，敕励士子笃守"圣人之道"，"讲究服膺，用资治理"。②翌年，在颁谕礼部时，遂将"崇儒重道"定为一项基本国策。这一方针，在两年后再被申明。顺治帝称："帝王敷治，文教是先，臣子致君，经术为本……今天下渐定，朕将兴文教、崇经术，以开太平。"③至此，大政方针既定，虽多未见诸实施，但一片开国气象，规模粗具。嗣后，随着清统治者对汉文化认识的进一步深化，儒学思想渐受统治者关注。康熙帝亲政之前，辅政的满洲四大臣（索尼、苏克萨哈、遏必隆、鳌拜）因民族思想太重，故一度欲返回到入关前的文化状态；亲政后，在清除了以鳌拜为首的顽固守旧势力后，重又对文化建设加以极大关注，使之走向正轨。康熙九年（1670）十月，康熙帝将顺治帝所定"文教是先"文化思想加以阐发，使"崇儒重道"国策具体化为"圣谕十六条"，将儒家的学说变成政治、道德的律令，通过政治的力量加以推广，企图通过儒家的"忠""孝"思

---

① 《御制文集》卷26《讲筵绪论》。
② 《清世祖实录》卷68，顺治九年九月二十二日。
③ 《清世祖实录》卷91，顺治十二年三月二十七日。

想灌输来达到束缚人们的思想、涣散民众斗志的目的。以此认识为基础，在其后的经筵、日讲中，康熙帝熏染于儒臣的理学思想，逐渐形成其独具特色的儒学观。其间，熊赐履、牛钮、陈廷敬等日讲官，对康熙帝儒学观的形成影响较大。要言之，康熙帝儒学观之形成，"是一个从了解理学，熟悉理学，直到将理学归结为伦理道德学说的过程"；"也是一个提倡经学，融理学于传统儒学的过程"；"还是一个尊崇朱熹，将朱学确认为官方哲学的过程"。①这一思想取向的确立，于当时及后世，皆有深远影响。雍正、乾隆两朝基本上以此取向为准绳，延其风而续有发展。

二、重先师孔子，抬升朱熹地位。清廷十分清楚讲求"三纲五常"的儒家文化对整合社会的重要性，故而竭力加强对儒家思想的宣传。出于这一原因，以中国传统文化的当然继承者自居的清廷，一如前代，也对儒家思想的开创者及传统文化的象征者——孔子，礼遇有加，如修孔庙，每年举行祭孔典礼，给予孔子后人以种种特权；又对历代重要的儒家代表人物优礼有加，让他们的后代世袭五经博士。顺治九年（1652）的"临雍释典"，揭开了有清一代尊礼孔子的序幕。其实，早在顺治初年推行剃发易服令之时，即已初露端倪。孔子后裔孔闻谥曾就此问题申请道："臣家宗子衍圣公已遵令剃发，但念先圣为典礼之宗，章甫缝掖，自汉暨明三千年未之有改，今一旦变更，恐于皇上崇儒重道之典有所未备，应否蓄发以复本等衣冠，统惟圣裁。"报曰："剃发严旨，违者无赦。孔闻谥姑念圣裔免死，著革职，永不叙用。"②其后，顺治十四年（1657）二月，给事中张文光就顺治二年（1645）祭酒李若琳所易孔子谥号"大成至圣文宣先师"提出异议，认为宜改称"至圣先师"，其议得到顺治帝的许可。康熙帝执政，沿其父风，对孔子亦崇礼有加。其南巡时，路过曲阜，

① 陈祖武：《清初学术思辨录》，中国社会科学出版社1992年版，第41—42页。
② 蒋良骐：《东华录》卷5，顺治二年八月。

专门拜谒孔庙，向孔子行三跪九叩首之礼。副都统史张可前曾奏请驾幸阙里，并御书"万世师表"匾额，勒令颁给各省府州县学悬挂。此议得到康熙帝的认可。雍正帝继位伊始，即申明尊崇孔子之意。其谕内阁、礼部曰："至圣先师孔子，道冠古今，德参天地，树百王之模范，立万世之宗师，其为功于天下者至矣。"又曰："五伦为百行之本，天地君亲师，人所宜重。而天地君亲之义，又赖师教以明。自古师道无过于孔子，诚首出之圣也。我皇考崇儒重道，超轶千古，凡尊崇孔子典礼，无不备至。朕蒙皇考教育，自幼读书，心切景仰，欲再加尊崇，更无可增之处，故敕部追封孔子先世五代。"①雍正二年（1724），阙里文庙被火所毁，雍正帝先后派陈世倌、塞楞额、留保等人前去营修，至七年（1729）告竣。其尊崇孔子之意，于此可见一斑。乾隆帝继其祖父之意，亦对孔子推崇备至。他不仅优礼孔子后裔，还多次亲幸阙里，更谆谆告诫孔裔以承继先人之志以自励。

与尊崇孔子相应，清统治者在思想抉择中，大力提倡讲求"存天理，灭人欲"的程朱理学，更抬升朱熹地位，将其位列孔庙大成殿十哲之次，变成十一哲，树为官方思想的范式。清廷还任用李光地、熊赐履、魏裔介、汤斌等一批"理学名臣"，命他们纂修《性理精义》等书，颁行天下；又组织人编纂《朱子全书》，将朱熹集注的"四书""五经"作为科举考试的钦定标准教材。众所周知，宋明以来，随着"道统"说的风行，朱熹的地位渐受统治者的关注。伴随儒学进入理学时代，元、明两朝，崇孔崇儒与表彰理学，两位一体，不可分割。但由于明代王阳明的异军突起，朱、王学术之争势如冰火。这无疑给清统治者带来一个难题。因此，"对清初封建统治者来说，寻求较之科举取士制度深刻得多的文化凝聚力，便成为必须完成的历史选择。顺应这样一个客观的历史需要，经历较长时间的鉴别、比较，

---

① 《大清十朝圣训》，《世宗宪皇帝》卷32《崇祀典》。

清廷最终摒弃王守仁心学，选择了独尊朱熹学说的道路"①。然而，这一抉择并非一蹴而就，而是与康熙帝长期对理学的思考与体认过程分不开的。初期，他对理学的认识更多地受儒臣的影响，以吸纳为主。其结果，形成如下认识："明理最是紧要，朕平日读书穷理，总是要讲求治道，见诸措施。故明理之后，又须实行。不行，徒空谈耳"②。其后，随着对理学独立思考的深化，康熙帝的认识有了较大变化。康熙二十二年（1683）十月，他首次提出理学真伪问题，认为"日用常行，无非此理。自有理学名目，彼此辩论，朕见言行不相符者甚多。终日讲理学，而所行之事，全与其言悖谬，岂可谓之理学？若口虽不讲，而行事皆与道理吻合，此即真理学也。"③三十三年（1694）闰五月初四日，再以《理学真伪论》为题考试翰林官于丰泽园，申明自己的看法："果系道学之人，惟当以忠诚为本。"这一对理学的再认识，其用意有二：一则确立理学的官方地位，二则对不能完全以忠诚为本者加以打击，而不论其是尊程朱理学者抑或出于王学者。崔蔚林、李光地、熊赐履等人即是典型。崔蔚林是王阳明学说的信奉者，撰有《大学格物诚意辨》讲章一篇。当康熙帝以朱子思想与其辩论时，崔蔚林无所顾忌地以王学阐发己说，且对朱熹颇有微词，结果引起康熙帝的反感。于是，康熙帝先是表示："朕观其为人不甚优。伊以道学自居，然所谓道学未必是实。闻其居乡亦不甚好。"④后盖棺定论道："崔蔚林乃直隶极恶之人，在地方好生事端，干预词讼……又动辄以道学自居，焉有道学之人而妄行兴讼者乎？此皆虚名耳。又诋先贤所释经传为差讹，自撰讲章，甚属谬戾。彼之引疾乃是托词。此等人不行惩治，则汉官孰知畏惧！"⑤这无疑宣判了崔蔚林

---

① 陈祖武：《清初学术思辨录》，中国社会科学出版社1992年版，第36—37页。
② 《康熙起居注》十二年八月二十六日。
③ 《清圣祖实录》卷112，康熙二十二年十月二十四日。
④ 《康熙起居注》二十一年六月初二日。
⑤ 《康熙起居注》二十三年二月初三日。

的"死刑"。如果说崔蔚林乃因学术取向与康熙帝之见相抵触，尚属情理中事，而作为康熙帝思想启蒙的熊赐履及其信得过的理学名臣李光地亦不免遭到指责，则表现出康熙帝崇理学的用意。在对熊赐履所作的评价中，康熙帝表示："昔熊赐履在时，自谓得道统之传。其没未久，即有人从而议其后矣。今又有自谓得道统之传者，彼此纷争，与市井之人何异？凡人读书，宜身体力行，空言无益也。"①这彰显出其不仅容不得异己者，亦不容自我标榜者。无独有偶，他的这一思想取向，为其孙乾隆帝所继承。乾隆元年（1736）二月，总理事务王大臣议复佥都御史李徽奏称："李徽以人性之善为支派，谓程子颢解继之者善，亦人性之支派。指此为有功性旨，是不独有悖孟子，亦大非程子之意。敷陈舛谬，学术攸关，诚恐无知效尤，或诋毁先贤，或穿凿经义，或托名理学，自便其私，大为世道人心之害。请严申饬。"②乾隆帝大为认同。其对谢济世论之曰："朕闻谢济世将伊所注经书，刊刻传播，多系自逞臆见，肆诋程朱，甚属狂妄……况我圣祖将朱子升配十哲之列，最为尊崇，天下士子莫不奉为准绳，而谢济世辈倡为异说，互相标榜。恐无知之人为其所惑，殊非一道同风之义，且足为人心学术之害。朕不以语言文字罪人，但此事甚有关系，亦不可置之不问也。"③又其论理学道："惟是讲学之人，有诚有伪。诚者不可多得，而伪者托于道德性命之说，欺世盗名，渐启标榜门户之害。此朕所深知，亦朕所深恶！然不可以伪托者获罪于名教，遂置理学于不事。"④即此可见，清初统治者对理学的提倡，是有其特殊用意的。

与上述思想相应，朱熹成为统治者标榜的典范。这一统治思想的择取，完成于康熙帝。早在惩治崔蔚林之时，康熙帝即已表达出其思

---

① 《康熙起居注》五十四年十一月十七日。
② 《清高宗实录》卷12，乾隆元年二月初四日。
③ 《大清十朝圣训》，《高宗纯皇帝》卷33《文教》。
④ 《大清十朝圣训》，《高宗纯皇帝》卷13《圣学》。

想倾向。其后，他更一再表明对朱熹的推崇，曾言："自汉以来，儒者世出，将圣人经书多般讲解，愈解而愈难解矣。至宋时，朱子辈注四书、五经，发出一定不易之理，故便于后人。朱子辈有功于圣人经书者，可谓大矣。"（《庭训格言》）又曰："朱子洵称大儒，非泛言道学者可比拟。"[①]其《理学论》再度申明："自宋儒起而有理学之名，至于朱子能扩而充之，方为理明道备。后人虽杂出议论，总不能破万古之正理。所以学者当于致知格物中循序渐进，不可躐等。"[②]此一认识，外化为具体政治行动，就是编纂《朱子全书》和升朱子从祀孔庙之位次。《朱子全书》乃康熙帝命熊赐履、李光地汇编朱子著作之书。关于编纂此书之旨趣，康熙帝曾在为是书所撰序中强调："朕又思朱子之道，五百年未有辩论是非，凡有血气皆受其益。"[③]其意大有维护、承继朱子取向。继之，于五十一年（1712）正月，明确宣称："惟宋儒朱子，注释群经，阐发道理，凡所著作及编纂之书，皆明白精确，归于大中至正。经今五百余年，学者无敢疵议。朕以为孔孟之后有裨斯文者，朱子之功，最为弘巨。"[④]随即颁谕升朱熹由东庑先贤至大成殿十哲之次。这一举措，基本确立了一代王朝"崇儒重道"的文化格局。然而，需要指出的是，清初统治者之推崇朱熹，虽然达到了凝聚社会的目的，但他们"并没有把朱熹学说作为一个博大的思想体系去进行系统的研究。相反，却出自维护自身统治的狭隘需要而加以曲解。他们抹杀了理学的哲学思辨，将其归结为僵死的封建伦理道德学说。同时，把经朱熹阐发的丰富思想，也仅仅视为约束人们行为的封建道德教条。正是这种文化上的短视，导致清初统治者否定了王守仁思想中的理性思维光辉。其恶劣后果，经雍正、乾隆两朝的封建文化专制引向极端，终于铸成思想界万马齐喑的

---

① 《清圣祖实录》卷216，康熙四十三年六月二十九日。
② 《御制文集第四集》卷21。
③ 《御制文集第四集》卷21。
④ 《清圣祖实录》卷249，康熙五十一年二月初四日。

历史悲剧。其间的历史教训，又是值得我们认真汲取的"①。

三、治统、道统同体一贯，倡导实学。从理论上来讲，治统系政治权力承继传延的统系，而道统乃学者塑造的关于圣人学问的一脉相承的谱系，两者虽不能说毫无关涉，但至少不应等量齐观，混为一谈。然在封建专制王权社会里，统治者们不仅将政治权力揽为己有，亦试图把文化权力纳入权力系统。这一历史特定性，便孕育出治统、道统同体一贯的思想。就清初统治者而言，他们承继了前代高压专制权力和思想文化统治的思路，而更旗帜鲜明地将治统、道统糅合在一起。康熙帝曾说："朕惟古昔圣王所以继天立极，而君师万民者，不徒在乎治法之明备，而在乎心法、道法之精微也。"②又说："朕惟天生圣贤，作君作师，万世道统之传，即万世治统之所系也……道统在是，治统亦在是矣。"③雍正帝亦指出："朕尝谓帝王之尊圣，尊其道也。尊其道，贵行其道。居行道之位，而能扩充光大，达之政令，修齐治平得其要，纪纲法度合其宜，礼乐文章备其盛。凡圣道之未行于当时者，悉行于后世。虽去圣久远，而心源相接，不啻亲授于一堂之上，默证于千载之前……且夫圣人之道，一天道也……然则尊天尊圣，理原合一。"④这一思路，其意亦在于阐发治统、道统一贯。乾隆帝承继其祖、父的这一思想，也强调："文以载道，与政治相通。故二帝三王之盛，在廷敷奏及宣谕众庶之言，皆为谟为诰，炳著《六经》。"⑤凡此种种，彰显出清初统治者融治统、道统于一体的思想取向。此一取向，无疑为论证其统治合法性提供了思想支柱，同时亦抹杀了思想的独立性。

从治、道同体一贯思想出发，清初统治者对实学的倡导，在很大

---

① 陈祖武：《清初学术思辨录》，中国社会科学出版社1992年版，第44—45页。
② 《御制文集》卷19《性理大全序》。
③ 《御制文集》卷19《日讲四书解义序》。
④ 《大清十朝圣训》，《世宗宪皇帝》卷4《圣学》。
⑤ 《大清十朝圣训》，《高宗纯皇帝》卷33《文教》。

程度上亦以其统治需要为准衡，不容学者自由阐发，而限制他们墨守其尊崇的朱熹学说。明清更迭，晚明王学空疏不学之弊大为学界所挞伐，崇尚务实学风，返归经典，成为大多数人的共识。在此为学致思潮流的影响下，清统治者自然不能不受熏染。从客观上来说，他们对实学的倡导，适合了当时思想发展的趋势，然在主观上，其所倡实学又与知识界的认识有一定的差距。顺治帝谕礼部曾说："今天下渐定，朕将兴文教、崇经术，以开太平。尔部即传谕直省学臣，训督士子，凡六经诸史，有关于道德经济者，必务研求通贯，明体达用，处则为真儒，出则为循吏。果有此等实学，朕当不次简拔，重加任用。"①可见，其所谓实学，乃就道德、经济而言，期于研求通贯、明体达用。康熙帝于实学亦屡屡道及，其要在告诫人们以诚敬为本，身体力行，而不应务为口谈空说。他认为："从来道德文章，原非二事。能文之士，必须先明理；而学道之人，亦贵能文章"；"作文者无不论理，然徒能言而不能行，亦奚益哉？朕观《性理》一书，大指只一诚字，人可不以诚自勉乎？"又说："凡事俱由学习而成，务学必以敬慎为本。"进而指出："故君子先行后言，果如周、程、张、朱勉行道学之实者，自当见诸议论。若但以空言而讲道学，断乎不可。朱子洵称大儒，非泛言道学者可比拟也。"②基于此一认识，他多次告诫经筵讲官务必以有益治理为务，而不应流为空论。又其谕礼部、翰林院："自古经史书籍，所重发明心性、裨益政治，必精览详求，始成内圣外王之学。朕披阅载籍，研究义理，凡厥指归，务期于正。诸子百家，泛滥诡奇，有乖经术。今搜访藏书善本，惟以经学史乘，实有关系修齐治平、助成德化者，乃为有用。其他异端诐说，概不准收录。"③由上可见，康熙帝所倡实学，以诚敬为根本，以力行

---

① 《大清十朝圣训》，《世祖章皇帝》卷5《兴文教》。
② 《大清十朝圣训》，《圣祖仁皇帝》卷5《圣学》。
③ 《大清十朝圣训》，《圣祖仁皇帝》卷12《文教》。

为准衡，而以经术有关治理者为内容。雍正帝继起，在位虽短，然于实学亦倡之颇力。他曾训导国子监祭酒、司业等官："尔监臣宜严督诸生，善为诱导。诸生亦宜殚心肄业，实践躬行。秉端方以立身，敦忠孝以兴谊。勿营奔竞，勿事浮华。文必贵于明经，学务期乎济世。俾品成诣进，以副朕教育至意。"又谕礼部："制科以四书文取士，所以觇士子实学，且和其声以鸣国家之盛也……文章之道，与政治通，所关巨矣……近科以来，文风亦觉不变。但士子逞其才气辞华，不免有冗长浮靡之习。是以特颁谕旨，晓谕考官，所拔之文，务令雅正清真、理法兼备。虽尺幅不拘一律，而支蔓浮夸之言所当屏去。"又谕内阁："士子读圣贤书，果能讲求明体达用之学，则以平日蕴蓄，发为文章，自然法正理纯，得圣贤语气，可以传世而行远。此则有本之学、有用之文，为国家所重赖者。若不于根柢讲求，而但以华靡相尚，则连篇累牍，皆属浮辞。圣贤经义，既全无发明，圣贤语气，又毫不相肖，国家亦安用此浮夸浅薄之士哉？"[1]雍正帝上述言论，表明其取向所在：就学问来讲，崇实黜虚；就科举士习来讲，重实恶浮。其要即在于士人以品行为根底，致力于明体达用之实学。乾隆帝承其祖、父之意，对实学亦颇关注。他强调："士人以品行为先，学问以经义为重。故士之自立也，先道德而后文章；国家之取士也，黜浮华而崇实学……至于书艺之外，当令究心经学，以为明道经世之本。"又曰："圣贤之学，行本也，文末也。而文之中，经术其根柢也，词章其枝叶也。"这就要求士子以"为己"之学为要，因为"为己二字，乃入圣之门。知为己，则所读之书一一有益于身心，而日用事物之间，存养省察，暗然自修；世俗之纷华靡丽，无足动念，何患词章声誉之能夺志哉？况即为科举，亦无碍于圣贤之学。"基于此，他进而指出："国家设制科取士，首重者在四书文。盖以六经精

---

[1]《大清十朝圣训》，《世宗宪皇帝》卷10《文教》。

微尽于四子书，设非读书穷理、笃志潜心，而欲握管挥毫，发先圣之义蕴，不大相径庭耶？"①由以上顺、康、雍、乾诸帝所论来看，他们之所倡实学，首重士人之品行，学问则以力行为主，经术以圣贤之义蕴、古人之经义为鹄的。由于他们出于统治需要而发，故其所倡实学不免有局限性。较之清初诸儒所倡之经世致用之学，还是有不小的差距。尽管如此，清初统治者能发为此论，对其时兴起的讲求实学风气，还是有引导、促进作用的。

四、经筵、日讲的举行。经筵，是古代帝王讲求文治的隆重大典，其目的在于向皇帝提供治国平天下的思想依据，使之"讲明正学，涵养德性，预防非几之萌，沉潜道义之奥"②。经筵之成为制度，始于北宋，其标志是讲官常设，讲期固定，及有固定的讲筵所。然寻其根源，经筵萌芽于西汉，东汉续有发展，始有"侍讲"之名。经魏晋南北朝的发展，至唐开元十三年（725）立集贤院，侍讲之名始正式入衔。但此一时期，经筵尚处于不成文规定状态，亦不规范。至宋形成制度，始渐成规模。与之同时，辽金少数民族政权亦有经筵之举。其后，元明两代续有发展。元之经筵，始开于泰定元年（1324）二月。与宋不同的是，元代讲筵日期由宋制"岁春二月至端午日，秋八月至长至日，遇双日入侍迩英阁"③，改为月讲三次。明代经筵至英宗正统元年（1436）始形成制度，此时，在仪节上已较前代更为烦琐。明代经筵之外，又专门开设日讲，日讲之制始于此。史载："每日止用讲读官四员，学士轮流侍班，不用侍卫、侍仪、执事等官……讲官直说大义，惟在明白易晓。"④可见，较之经筵，日讲不仅在日期上，且在仪式上，都更具常课性，故又有"小经筵"之称。对于两者的关系，明臣刘健则指出："经

---

① 《大清十朝圣训》，《高宗纯皇帝》卷33—35《文教》。
② 秦蕙田：《五礼通考》卷172《学礼·经筵日讲》。
③ 《宋会要辑稿》，《职官六》引《神宗正史职官志》。
④ 《明英宗实录》卷14，正统元年二月。

筵日讲，所以缉熙圣学……其细密功夫，必资日讲。"①可见，日讲的重要性是多么的重要了。明清更迭，满洲贵族入居大统，他们既以传统文化的继承者自居，故于经筵大典亦甚为重视。于是，顺治十四年（1657）九月初七日，清廷重开大典，举行了清代历史上的首次经筵盛典，并于下月以初开日讲，祭告孔子于弘德殿。康熙九年（1670）十一月，重开日讲。翌年（1671）二月，再度举行中断多年的经筵大典。此后，这一盛典便成为一代定制。方濬师称："濬师在内阁，恭阅《圣祖仁皇帝实录》，自康熙十年辛亥御经筵始，至六十一年壬寅，共御经筵五十八次。迨后列圣嗣统，监于成宪，缉熙典学，日有孜孜，实从来史册中所未有者矣。"②较之前代，清代的经筵大典，一则周期大为延长，由月开三次改为每年春、秋仲月两次举行；二则整套仪式也相当周密考究，《钦定礼部则例》之《经筵》《钦定大清会典》"乾林院职掌"对此有详细记载。且就所讲内容而言，宋代所讲还比较广泛，元代有所减少，至明清更加缩小。随着程朱理学的官学化，四书位置渐居五经之上。以康熙时情况来看，其进讲内容，"先四书，次《尚书》，次《周易》，次《诗经》，次《通鉴》，讲《通鉴》之时仍兼讲四书"③。这一格局，虽有其含义所在，如康熙帝认为："盖书契既兴，载籍浩繁，虽开卷有益，而有裨治道，必以四子五经为归极矣。上自天人性命，下及民情物理，以至二帝三王以来所经营、措施于政教者，其道甚明，而其事易行。神而明之，存乎其人而已。"④但也注定了其所讲内容的局限性。

　　窥其本意，经筵、日讲之设，在于确立儒者为帝王师的地位，以此来制衡逐渐膨胀的君权。但学者亦有一认识误区，即他们希望以君

---

① 《明武宗实录》卷10，正德元年二月。
② 方濬师：《蕉轩随录》卷12《经筵》。
③ 曾国藩：《曾文正公全集》卷⑫《条陈日讲事宜疏》。
④ 《御制文集第二集》卷31《经筵讲章序》。

主为核心来塑造理想的社会，把君主的道德修养视为国家治乱的决定性因素。朱熹曾言："天下之事千变万化，其端无穷，而无一不本于人主之心者，此自然之理也。故人主之心正，则天下之事无一不出于正；人主之心不正，则天下之事无一得由于正。"[①]这一理想化的认识，大大削弱了制衡的成分。故而，随着君主专制权力的高度集中，此一盛典渐流于形式化。就清初统治者而言，如果说定鼎之初因汉化不深尚能注重于此的话，但随着统治的稳固、汉化的完成，至乾隆帝时，已大非其祖时可比。在位六十年间，乾隆帝仅御经筵四十九次。不惟如此，他还表示："帝王宥密单心，缉熙典学，岂专恃此每岁春秋两举之文？特以典礼崇重，必与廷臣面询稽古，乃足懋昭向学亲贤至意。"[②]可见，其形式化倾向多么严重了。经筵如此，日讲亦复不免。康熙初期尚能勤力于此，但自二十五年（1686）闰四月初六日诏暂停日讲，讲章被带入内廷由皇帝自览，亦非昔日君臣讲论辩难可比。嗣后，日讲起居注官所办之事乃记注侍班之事，日讲二字则成为空衔而无实事。其风延至乾隆朝，遂成故事。

然而，经筵、日讲也有其积极意义。作为讲求文治的举措，经筵的举行昭示了帝王的思想取向，对清初统治者来说，更具特殊意义。它不仅表明统治者对中原汉族文化的认同，也为思想界的发展起了引导作用。而日讲的施行，不仅为帝王修身养性、治国平天下，提供了思想依据；身为讲官的儒臣，亦得由上通下达，以其思想直接或间接影响帝王，促使其对文化政策加以调整。这一积极意义，对清初动荡的社会局势来说，是非常关键的。

复次，科举制的恢复及对图书的访求与编纂。明末动荡，相沿已久的科举之制被中断。清兴，始将此取士制度再度恢复，且不断扩充科举录取名额。顺治元年（1644）十月，顺治帝颁诏天下，明令：

① 《朱文公文集》卷11《戊申封事》。
② 《清高宗实录》卷605，乾隆二十五年正月二十九日。

"会试，定于辰、戌、丑、未年；各直省乡试，定于子、午、卯、酉年。"①与此相应，各级学校及书院亦陆续重建，为培育人才提供了资源。其后，虽经康熙二年（1663）至七年（1668）一度废弃八股文，专试策论，但作为积淀已久的文化制度，以八股时文为准衡的科举制度，此后仍然成为一代定制。康熙十二年（1673）还直接诏举"山林隐士"，让一些声望较高、社会影响较大的士绅不经考试就可以直接做官。康熙十三年（1674），清廷更是颁布了捐纳制度，使士绅、富家子弟可以捐银得官。当然，对于考试内容，因各代帝王的取舍不同，虽时有变动，但整体形式上却大同小异，无实质性的更改。

与恢复科举制并行，清初统治者亦十分注重对图书的访求与编纂。顺治一朝，虽时局动荡，然其稽古右文之意甚为殷切。顺治帝不仅沿成例组织臣僚撰修《明史》，其前后以御撰名义所纂《通鉴全书》《孝经衍义》《内则衍义》《易经通注》等书，及将《资政要览》《范行恒言》等书颁发臣工之举，无不昭示出其好尚取向。此种举动，实开一代风气。康熙帝继承父志，再加阐扬。经先后多年努力，不仅御纂经书如《易经解义》《书经解义》等次第撰成，《实录》《会典》《圣训》蔚然可观，明史馆亦再度重开。其后，《佩文韵府》《古今图书集成》等官修图书亦灿然大备。乾隆帝继起，更是加意于此。其对古籍搜讨之勤、用力之巨、成果之丰，洵足比隆乃祖乃父。最为洋洋大观者，乃《四库全书》之经营。其间虽功过参半，要亦于保存古籍功不可没，且嘉惠士林匪浅。清初诸帝对科举取士制度及图书的加意，表明其在文化制度抉择上的远见，亦表明其对中原传统文化的认同。

清初统治者在文化基本政策上所做的种种努力，其影响是相当大的。它不仅完成了对社会凝聚力的选择，亦适应了社会思潮和学术文

① 《清世祖实录》卷9，顺治元年十月初十日。

化思潮发展的趋势；不仅有力地促进了社会由乱向治的发展，亦在争取与知识界全面合作的努力下，将其导向对传统学术进行全面整理和总结的新阶段。清初学风的转变、学术的发展，以及"康乾盛世"的取得，文化基本政策的抉择与之大有关系。

随着清廷文化基本政策的调整，经学愈来愈受到重视。清统治者不仅在思想上对经学有一定的认识，而且从政治举措中对之有所表彰。最为典型的，便是康熙间所举"博学鸿儒"及乾隆间所开"经学特科"。一时学林为之深受鼓舞。

从历史渊源上看，博学鸿儒制科，于汉代即已萌芽，至唐甚受重视，经有宋一代发展，一度废于元明。吴骞曾勾勒其间之兴衰曰："制科之兴，肇于汉贤良方正、文学异等诸科。而名目之繁，莫过于唐，以新旧史及《太平御览》《文献通考》等考之，不下七十余目。若《云麓漫钞》所列，则多至一百有余。中惟开元十九年博学鸿词科，号为得人。迄乎宋代，虽间亦用制科鸿词等取士，大要与科举无大相远，且名分五等，而所取惟列下三等，上一二等仍虚其位，故士亦不甚以为重。元明以来，此科遂废。"（《己未词科录·序》）清继明而兴，中断已久的博学鸿儒制科，于康熙十七年（1678）再度举行，其意义已远非前代可比。

康熙十七年（1678）正月，康熙帝谕吏部，宣称："自古一代之兴，必有博学鸿儒，振起文运，阐发经史，润色词章，以备顾问著作之选。朕万几余暇，游心文翰，思得博学之士，用资典学。我朝定鼎以来，崇儒重道，培养人材。四海之广，岂无奇才硕彦、学问渊通、文藻瑰丽，可以追踪前哲者？"基于此，他要求臣工"凡有学行兼优、文词卓越之人，不论已仕未仕，令在京三品以上，及科道官员，在外督抚布按，各举所知，朕将亲试录用。其余内外各官，果有真知灼见，在内开送吏部，在外开报督抚，代为题荐。务令虚公延访，期得真才，以副朕求贤右文之意。尔部即通行传谕。"①

　　此谕一下，臣工无不响应。一时间，名儒硕彦，纷纷名列荐牍。据秦瀛《己未词科录》载，内外所荐176人，而与试者152人；而李富孙《鹤征录》载，内外所荐170人，而与试者153人；《清圣祖实录》载应荐者143人；陆以湉《冷庐杂识》则作154人。虽然诸书登载人数有差别，然大体来说，数量还是相当可观的。其间，即或有推诿不与应者，地方有司亦软硬兼施，百般督促。如吏部曾奏："各省题荐人员，原令其作速起程。今陕西李颙、王弘撰；江南汪琬、张九征、周庆曾、彭桂、潘耒、嵇宗孟、张新标、吴元龙、葵方炳；直隶杜越、范必英；浙江应㧑谦；山西范鄗鼎；江西魏禧，并以疾辞。陕西李因笃，以母老辞，相应咨催赴京。"得旨："李因笃等，既经诸臣以学问渊通、文藻瑰丽荐举，该督抚作速起送来京，以副朕求贤至意。"②可见，康熙帝求贤之意还是很迫切的。及至各省所荐人员陆续到京，康熙帝不仅资其费用，且对之相当体贴。其谕吏部曰："朕以万几之暇，留心经史，思得博学鸿儒，备顾问著作之选。故特颁谕旨，令内外诸臣，各举所知。膺荐人员，已陆续到部，欲行考试。因天寒晷短，恐其难于属文，弗获展厥蕴抱。今天气已渐融和，应定期考试。所有合行事宜，尔部会同翰林院，详议具奏。"③吏部奉旨于二月十九日议定各项事宜。三月初一日，试所荐博学鸿儒143人于体仁阁。康熙帝亲自临轩制策，试题为"璇玑玉衡赋"（四六序）、"省耕诗"（五言排律二十韵）。三月二十九日，康熙帝谕吏部，公布中选人员名单：一等为彭孙遹、倪璨、张烈、汪霦、乔莱、王顼龄、李因笃、秦松龄、周清原、陈维崧、徐嘉炎、陆葇、冯勖、钱中谐、汪楫、袁佑、朱彝尊、汤斌、汪琬、邱象随；二等为李来泰、潘

① 《清圣祖实录》卷71，康熙十七年正月二十三日。
② 《清圣祖实录》卷75，康熙十七年七月二十二日。
③ 《清圣祖实录》卷79，康熙十八年二月十七日。

耒、沈珩、施闰章、米汉雯、黄与坚、李铠、徐钎、沈筠、周庆曾、尤侗、范必英、崔如岳、张鸿烈、方象瑛、李澄中、吴元龙、庞垲、毛奇龄、金甫、吴任臣、陈鸿绩、曹宜溥、王升芳、曹禾、黎骞、高咏、龙燮、邵吴远、严绳孙，俱命纂修《明史》。其余未选中的，现任者仍归原任，候补者仍令候补，未仕者俱著回籍；告病者，则不必补试。

此科所举，虽然一时大儒如顾炎武、黄宗羲、李颙等坚辞不出，而应试者中亦不免热衷功名之辈，但所中之朱彝尊、汪琬、潘耒、施闰章，以及汤斌、毛奇龄、吴任臣等人，却也皆饱学之士，于"博学鸿儒"庶几相称。当然，出于各种目的，亦有对此不满者。如有人讥刺其间弊病曰："康熙己未岁，公卿交章荐举博学鸿词科，时大司寇昆山徐公乾学通宾客，盛声气，士之附骐骥而攀鳞翼者，莫不幸趋门下。京师为之语曰：'万方玉帛朝东海，一点丹诚向北辰。'"[1]也有人作诗嘲讽道："自古文章推李杜（原注：高阳相国蔚，宝坻相国立德），而今李、杜亦稀奇。叶公懵懂遭龙吓（原注：掌院学士叶方霭），冯妇痴呆被虎欺（原注：益都相国溥）。宿构零骈衡玉赋，失粘落韵省耕诗。若教此辈来修史，胜国君臣也皱眉。"这一几近戏谑的讥讽，虽不能说全无道理，毕竟把事情看得太坏了。所以，刘廷玑反讥道："无如好憎之口，不揣曲直，或多宿怨，或挟私心，或自愧才学之不及而生嫉妒，或因己之未与荐举而肆蜚谗，一时呼为野翰林。"并给予如下正面评价："猗欤休哉，抡才之典，于斯为盛。其中人材德业，理学政治，文章词翰，品行事功，无不悉备。洵足表彰廊庙，矜式后儒，可以无惭鸿博，不负圣明之鉴拔，诚一代伟观也。"[2]

然而，从开"博学鸿儒科"的实际效果来看，不管时人作何评

---

[1] 郑方坤：《国朝名家诗钞小传·溉堂诗钞小传》。
[2] 刘廷玑：《在园杂志·博学鸿才》。

价，其成效还是非常大的。这倒不是说此科取得50人；其成功之处在于达到了清廷的政治目的，确立起其思想取向。诚如学者张宪文所指出的："这次词科在征、试、授官的全过程中，康熙虽未能事事如意，但就总体而言，至少取得了以下两方面的政治效果：一、标榜右文尚治，礼贤下士，进一步争取了汉族士大夫阶层和上层知识分子的合作，大大地削弱了反清力量，赢得了全国政治局面的日益安定，为康、雍、乾盛世奠下了一块坚实的基石……二、运用词科录取人员纂修《明史》，树立了清政府的正统地位，削弱了汉族人民反满的思想意识。"①陈祖武先生更深刻地揭示道："它的成功首先在于显示清廷崇奖儒学格局已定，这就为尔后学术文化事业的繁荣做出了一个良好的开端。其次，由于对有代表性的汉族知识界中人的成功笼络，其结果，不仅标志着广大知识界与清廷全面合作的实现，而且还在更广阔的意义上对满汉文化的合流产生深远影响，从而为巩固清廷的统治提供了文化心理上的无形保证。"②张、陈二先生所论，确能揭出问题的实质。就清廷开此科的政治取向而言，亦正体现出此意。

继康熙朝举"博学鸿儒"之后，雍正帝亦曾有意沿其父迹，再开此举。雍正十一年（1733）四月初八日，他谕内阁说："国家声教覃敷，人文蔚起，加恩科目，乐育群才，彬彬乎盛矣！朕惟博学鸿词之科，所以待卓越淹通之士，俾之黼黻皇猷，润色鸿业，膺著作之任，顾备问之选。圣祖仁皇帝康熙十七年，特诏内外大臣，荐举博学鸿词，召试授职。时名儒硕彦，多与其选，得人号为极盛。迄今数十年来，馆阁词林，储才虽广，而宏通博雅、淹贯古今者，未尝广为搜罗，以示鼓励。自古文教修明之日，必有瑰奇大雅之才。况蒙圣祖仁皇帝六十余年寿考作人之盛，涵濡教泽，薄海从风。朕延揽维殷，阊门吁俊，敦崇实学，谕旨屡颁，宜有品行端醇、文才优赡、枕经葄

① 《清康熙博学鸿词科述论》，《浙江学刊》1985年第4期。
② 陈祖武：《清初学术思辨录》，中国社会科学出版社1992年版，第35页。

史、殚见洽闻,足称博学鸿词之选者,所当特修旷典,嘉与旁求。"其殷殷之意,溢于言表。故他命臣工:"除现任翰詹官员,无庸再膺荐举外,其他已仕、未仕之人,在京著满汉三品以上,各举所知,汇送内阁;在外著督抚会同该学政,悉心体访,遴选考验,保题送部,转交内阁。务期虚公详慎,搜拔真才。朕将临轩亲试,优加录用,广示兴贤之典,茂昭稽古之荣。应行事宜,著大学士、九卿会议具奏。"①六月二十八日,大学士等遵旨议复:"皇上至治覃敷,人文蔚起,特谕内外大臣,荐举博学鸿词。今臣等议奏举行事宜,应令在京三品以上满汉大臣,在外督抚会同学政,悉心采访,遴选考验。于在京郎中以下,在外同知以下等官,并致仕在籍、因公降调及进士、举贡、生监、布衣等项人员,择其品行端醇、文才优赡,足称博学鸿词之选者,不拘人数,秉公荐举。在内移送内阁,在外保送吏部,转交内阁。汇齐之日,恭候御试录用。"②然而,官员对此并不积极,史载,第二年,所举仅河东1人、直隶2人。迄于雍正帝逝世,皆未能举行。

雍正帝未遂遗愿,为其继统者乾隆帝所实现。乾隆元年(1736)二月,谕内外臣工:"所举博学鸿词,闻已有一百余人。只因到京未齐,不便即行考试。其赴考先至者,未免旅食艰难。著从三月为始,每人月给银四两,资其膏火。在户部按名给发,俟考试后停止。若有现任在京食俸者,即不必支给。并行文外省,令未到之人,俱于九月以前到京。若该省无续举之人,亦即报部知之,免致久待。"③九月二十八日,御试博学鸿词176员于保和殿,命大学士鄂尔泰、张廷玉及吏部侍郎邵基共同阅卷。十月初三日,大学士鄂尔泰等阅完后进呈,得旨:考取博学鸿词一等5名,二等10名。至于授以何职,鄂尔

① 《清世宗实录》卷130,雍正十一年四月初八日。
② 《清世宗实录》卷132,雍正十一年六月二十八日。
③ 《清高宗实录》卷13,乾隆元年二月二十三日。

泰等拟奏："一等授以翰林院编修；二等内由科甲出身者，授以翰林院检讨；未经中举者，授以翰林院庶吉士，带领引见。"①初五日，引见考取博学鸿词刘纶等15员，得旨："刘纶、潘安礼、诸锦、于振、杭世骏，俱著授为翰林院编修；陈兆仑、刘玉麟、夏之蓉、周长发、程恂，俱著授为翰林院检讨；杨度汪、沈廷芳、汪士锽、陈士璠、齐召南，俱著授为翰林院庶吉士。"②翌年，清廷又补试一次。七月十六日，"大学士张廷玉、尚书孙嘉淦，以考取博学鸿词优卷进呈，并带领引见。得旨：考取一等之万松龄，著授为翰林院检讨；二等之朱荃、洪世泽，著授为翰林院庶吉士，张汉，著授为翰林院检讨"③。乾隆帝此举，较之乃祖之时，已大异其趣。如果说康熙帝所举意在收拾人心、稳定时局，并确实有求贤之意；而乾隆帝之举，则更多地体现为虚应故事，不仅没多大政治意义，且其对所应荐之人资格限制之严、录取人员之少，则显示出装点统治门面之意图。陆以湉曾就康熙、乾隆两朝所举"博学鸿词"之不同辨析道：

> 康熙己未，乾隆丙辰，两次博学鸿词，其制微有不同。己未三月，试一百五十四人，取五十二人一等二十二人，二等三十人；丙辰九月，试一百九十三人，取十五人一等五人，二等十人，丁巳七月补试二十六人，取四人一等一人，二等三人。己未试一场，赋一、诗一；丙辰试二场，第一场赋、诗、论各一，第二场经、史、论各一。己未取者，进士授编修，余皆授检讨，其已官卿贰、部曹、参政、参议者，皆授侍讲；丙辰取者，一等授编修，二等进士、举人授检讨，余授庶吉士，逾年散馆，有改主事、知县者。己未，自大学士以下，至主事、内

---

① 《清高宗实录》卷28，乾隆元年十月初三日。
② 《清高宗实录》卷28，乾隆元年十月初五日。
③ 《清高宗实录》卷47，乾隆二年七月十六日。

阁中书、庶吉士、兵马指挥刘振基荐张鸿烈、督捕理事张永祺荐吴元龙等官，皆得荐举；丙辰，三品以下官荐举者，部驳不准与试。己未，凡缘事革职之官，皆得与试陈鸿绩以革职知县，试授检讨；丙辰，部驳不准与试。己未，已官翰林仍得与试，故有两次入词林者秦松龄、沈筠、钱金甫；丙辰，已官翰林者，皆不得与试。①

另有人指出："乾隆丙辰开博学鸿词科，有嘉兴张庚，仅剩诗二句未誊完，日已暮，被逐。吴江连云龙早完卷，因足痒脱靴欲搔，侍臣以为失仪，亦被逐。前后相较，奚啻霄渊哉！"②这些评论，从一个侧面反映出乾隆帝的真实用意所在。

然而，事情并未就此结束。乾隆帝虽于博学鸿词虚于故事，但其于十五年（1750）所开"经学特科"，则于一时学林影响颇大，昭示了一代统治者学术好尚。乾隆帝继其父刊布康熙帝时御纂经书，再加申饬，务令臣工严督坊贾、胥吏不得滥制阻挠，以期"士子皆易于购买，庶几家传户诵，足以大广厥传"。他还之作为生员考试的重要科目，令士子专心研读。他指出：

> 朕又思圣祖仁皇帝四经之纂，实综自汉迄明二千余年群儒之说而折其中，视前明《大全》之编，仅辑宋元讲解，未免肤杂者，相去悬殊。各省学臣，职在劝课实学，则莫要于宣扬圣教，以立士子之根柢。每科岁案临时，豫饬各该学，确访生童中有诵读御纂诸经者，或专一经，或兼他经，著开名册报。俟考试文艺之后，该学政就四经中，斟酌旧说有所别异处，摘取数条，另期发问。只令依义条答，不必责以文采。有能答不失

---

① 陆以湉：《冷庐杂识》卷⑫《博学鸿词》
② 许起：《珊瑚舌雕谈初笔》卷1《国朝旷典》。

指者，所试文稍平顺，童生即予入泮，生员即予补廪，以示鼓励。务宜实力奉行，以副朕尊经育才之意。①

其实，早在前一月，乾隆帝即留心于此。当尚书杨名时奏荐进士庄亨阳、举人潘永季、蔡德竣、秦蕙田、吴蒹、拔贡生官献瑶、监生夏宗澜等七人，皆留心经学，可备录用时，他表示："杨名时现管国子监事务，所荐庄亨阳等七人既留心经学，著该部调来引见，用为该监属员，听杨名时等分委办事，以收成均课士之益。"②

"经学特科"之举，酝酿于乾隆十四年（1749）。是年十一月，乾隆帝颁谕曰：

> 圣贤之学，行本也，文末也。而文之中，经术其根柢也，词章其枝叶也。翰林以文学侍从，近年来因朕每试以诗赋，颇致力于词章，而求其沉酣六籍、含英咀华、究经训之间奥者，不少概见。岂笃志正学者鲜与，抑有其人而未之闻与？夫穷经不如敦行，然知务本，则于躬行为近，崇尚经术，良有关于世道人心。有若故侍郎蔡闻之、宗人府府丞任启运，研究经术，敦朴可嘉；近者侍郎沈德潜，学有本源，虽未可遽目为巨儒，收明经致用之效，而视獭祭为工、剪彩为丽者，迥不侔矣。今海宇升平，学士大夫举得精研本业，其穷年矻矻，宗仰儒先者，当不乏人，奈何令终老牖下，而词苑中寡经术士也？

基于此一认识，他申令臣工：

> 内大学士、九卿，外督抚，其公举所知，不拘进士、举

① 《清高宗实录》卷17，乾隆元年四月二十七日。
② 《大清十朝圣训》，《高宗纯皇帝》卷33《文教》。

人、诸生，以及退休、闲废人员，能潜心经学者，慎重遴访，务择老成敦厚、纯朴淹通之士以应，精选勿滥，称朕意焉。①

谕下，大学士、九卿立即踊跃推举。对此，乾隆帝并非赞赏，却指出："此番大学士、九卿所举，为数亦觉过多。果有如许淹通经学之士，一时应选，则亦无烦特诏旁求矣。各省督抚所举，尚未奏到，应俟到齐之日，合内外所举人员，大学士、九卿再行公同核定，无采虚名，以昭慎重。核定后，请旨调取来京引见，朕亲加临试，庶得实学宿儒，光兹盛典。"对大学士、九卿议由礼部定如何分别考试事宜，也提出异议，强调："若交礼部定议，则必指定如何出题考试，人人皆得豫为揣摩，转启弊窦。且仍不出举场应考习套，何能觇其实学？"②他之所指，应该说不无道理，然其所谓"亦觉过多""慎重""转启弊窦"云云，只不过是一种托辞，这从一个侧面反映出此时他并非如康熙帝举"博学鸿儒"时那么实心求才。不惟如此，较之其初政时的鸿博之举，此次所举，限制亦大为严格。

与大学士、九卿的热情不同，地方督抚于此迟迟不能响应。个中原因，一是圣意难以捉摸，二是地方有资格入选者实难寻觅。即或有所举，亦多不称上意。河南巡抚鄂容安曾奏："遵旨保荐经学宿儒，屡经访问，求其经术深纯、近里著己者，实难其人，不敢滥举。得旨：'知道了。各省多率举以充数博誉者，汝此奏是。'"③人既难得，书还是易得的。故御史王应彩曾上疏言搜访皓首穷经、不求闻达之士所著书，大学士、九卿对此议复称："前奉旨令内外大臣公举经学之士，伏思草茅下士，皓首穷经，人往而书始出，岁久而学乃传，曾不得与今日应选之士，同邀荣遇，可为深惜！请敕下内外大臣，细

---

① 《清高宗实录》卷352，乾隆十四年十一月初四日。
② 《清高宗实录》卷355，乾隆十四年十二月十六日。
③ 《清高宗实录》卷363，乾隆十五年四月。

加搜访，上其遗书。果斟酌群言、阐明奥旨者，量予旌奖。其书藏诸秘府，以为绩学之劝。应如所请，令直省各衙门陆续采访进呈。"[①]乾隆帝深以为然。由以上情况来看，乾隆帝对两种状况的态度，表明其开"经学特科"之意，不能说没有搜讨人才的意图，然其重心则在于表明其统治的升平，以此来点缀门面。正因如此，乾隆十五年（1750）所开"经学特科"场面并不宏大，不仅难与前举"博学鸿儒"比拟，其后收场亦不甚了了。

乾隆十六年（1751）闰五月初九日，乾隆帝在谕内阁中称：

> 朕前降旨，令九卿、督抚荐举潜心经学之士，虽据大学士等核复调取来京候试，现在到部者尚属寥寥。但观此番内外诸臣保举，尚未能深悉朕意。盖经术为根柢之学，原非徒以涉猎记诵为能。朕所望于此选者，务得经明行修、淹洽醇正之士，非徒占其工射策、广记问、文藻词章充翰林才华之选而已；亦非欲授以政事、责其当官之效，如从前各保一人故事。此朕下诏本意也……若如内外所举既有四十余人，即云经术昌明，安得如许绩学未遇之宿儒……著大学士、九卿将现举人员，再行虚公核实，无拘人数，务取名实相孚者，确举以闻。如果众所共信，即可不必考试。若仍回护前举，及彼此瞻徇，则尤重负尚经学、求真才之意，独不畏天下读书人訾议，与后世公评耶？

此番表白，正体现出其真实意图所在。既嫌四十余人为多，又云不拘人数；既不授以政事，又务求真才，如此意图，彰显出其虚饰夸大之用心。故而，此科与选者，仅寥寥几人。史称："上谕内阁：保

---

① 《清高宗实录》卷359，乾隆十五年二月二十八日。

举经学之陈祖范、吴鼎、梁锡玙、顾栋高，既据大学士、九卿等公同复核，众论金同，其平日研究经义，必见之著述。朕将亲览之，以觇实学。在京者，即交送内阁进呈，其人著该部带领引见；在籍者，行文该督抚就取之，朕观其著述，另降谕旨。或愿赴部引见，或年老不能来京者听。其著述不必另行缮录，致需时日，启剿袭猝办、赝鼎混珠之弊。"①如此结果，大出朝野所望。尽管如此，此举也有其积极意义所在：一则表明乾隆帝对其祖所定文化基本政策的肯定；一则体现出其对经学的注重。此一思想取向，对一代学风的走向，还是产生了很大促进作用的。再就当时科举风气而言，乾隆帝之强调经学在其中的重要性，亦延续了此前统治者对学术所作抉择的思路，于整合社会产生了一定影响。

经过清前期统治政策的不断调整，明末战火所造成的社会创伤已基本得到恢复，激烈的民族矛盾已有所缓和，经济开始复苏，城市的手工业、商业又恢复到明末的发展水平，有些地方甚至超过了明代最发达时的水平。在商品经济繁荣的基础上，资本主义萌芽也有所发展，这主要表现在：一、当时具有资本主义性质的作坊和手工工场的规模与数量有了较大增长；二、包买商的活跃；三、在农业领域也已出现了资本主义萌芽。这在宋元以来商品经济一直比较发达的江南地区表现得尤为明显。

然而，当盛世逐渐呈现之时，清廷固有的一些弊病一时难以尽革，其危害性亦时有发作，文字狱即其一例。清统治者在对各族上层分子进行笼络利诱的同时，对不利于其统治的思想言行，则极力进行压制。尽管如此，总还有一些"顽固"的读书人厌清思明，尊夏鄙夷，坚决不与清廷合作。如黄宗羲当时就曾表示："狂言不怕山精漏"（《玉川门与雁山夜话兼寄方密之》），坚持自己的反清立场。

---

① 《大清十朝圣训》，《高宗纯皇帝》卷35《文教》。

出于对此类人的嫉恨，同时也由于专制政治所固有的敏感，清统治者从顺治朝起即开始制造文字狱，历康、雍、乾三世一百多年，绵绵不绝。文字狱由来已久，因文字而招祸者大有人在，然而，文网之密、处刑之重、规模之广，清王朝却创下了历史之最。康、雍、乾三朝先后发生的文字狱，见于记载的就有七八十起之多。最骇人听闻的，如康熙二年（1633）浙江湖州富商庄廷鑨请人增编《明史》，如实写了明末天启、崇祯两朝历史，包括建州卫和明朝廷的关系等，便被认为是有意反清。清廷把已死的庄廷鑨开棺戮尸，作序者、刻印者、校阅者、售书者、藏书者被杀72人，充军边疆的也有几百人（《痛史·庄氏史案》）。再如康熙时的戴名世《南山集》之狱；雍正时以"维民所止"案杀查嗣庭，以"清风不识字，何必乱翻书"句兴狱杀徐骏；乾隆时以《咏黑牡丹》诗"夺朱非正色，异种也称王"戮沈德潜尸；以《一柱楼诗》徐述夔父子坐死等，这些都可谓是天下震动的"虐政"。至于因文字贾祸，究竟使多少人人头落地，使多少人发配边疆，又使多少人打入旗下为奴，今天已无法统计了。如果说上述这些是对第一个皇帝秦始皇"焚书""坑儒"之举"发扬光大"的话，清廷在"焚书"方面也没让这位始皇帝失望。清廷虽一方面颁令购求遗书，但对有关指议朝政、不利其统治的图书，则一律销毁；另一方面，网罗大批儒臣、士人，从事诸如修纂《古今图书集成》《三礼义疏》《四库全书》等大型文化工程，在此过程中对不少存在所谓"违碍""悖谬"之类的图书典籍，则大肆删节、篡改，甚至销毁。据陈乃乾先生编辑的《焚书总目》记载，在清代文字狱中，全毁书目2453种，抽毁书目402种，销毁书板目50种，销毁石刻目24种，综合起来将近3000种。从这一不完全的统计来看，其数量已足以令人咋舌，而其所造成的危害，更成为人们心中难以泯灭的历史阴影！

文字狱之兴，使大批士人丧失了反抗的意志，有的沦为歌功颂德、粉饰太平、俯首乞怜的"巴儿狗"，有的则埋首于故纸堆，不问政治，不问现实，甘愿将自己有限的岁月，注入到烦琐的训诂考证中去。当然还有一些人，富锦绣之才而抱济世之志，出于强烈的民族意识，深切感受到强权统治的黑暗；加之因个人仕途坎坷，陷入无所作为的境地，遂或混迹民间，或托身寺庙，经常处于无法摆脱的精神苦闷之中。由于当时文禁森严，所以他们只能将不满现实的满腹牢骚，曲折地寄托于笔墨之中，创造了带有政治批判色彩的"狂""怪"作品。

出于同样的原因，在书画界，大批的艺术家也大都走上在理学和八股圈子里讨生活的道路。据统计，仅仅在康、乾间登科第而得官的书画篆刻家，就有毛奇龄、高层云、蒋廷锡、沈宗敬、孙星衍、王文治、王宸、桂馥、毛际可等数十人，其中也包括本书的主人公郑板桥以及他的朋友李鱓等。在此种政治环境下，书画界亦出现艺术创造不敢触及现实，只会因袭前人的风气，致使摹古思潮泛滥。清朝初期，由官方扶持的"四王"（王时敏、王鉴、王原祁、王翚）摹古画派居于"正统"地位。衍及清朝中叶，以师法王原祁的"娄东派"和师法王翚的"虞山派"影响最大，北方的北京，南方的苏州、常熟、太仓等地，是其根据地。这两大派别在整个清代中、晚期一直统治着画坛。这些代表官方审美趣味的摹古画派的主要特点是：其创作严重脱离实际，"以古人为师"，反对"自出新意"，用摹仿、复古代替艺术家本人的艺术创造，以为"于古人同鼻孔出气"，方能"下笔自然契合"，甚而得意于学得"子久些子脚汗气，于此稍有发现乎"。这种局面，在一定程度上扼杀了艺术的生命力，造成陈陈相因，"人人大痴，个个一峰"的僵死局面。和其他领域一样，书画界同样有上面提到的"另类"存在，即那些敢于体悟现实、抒发真情、张扬个性的"新生派"画家，其中影响最大的当属著名的"扬州八怪"画家群体。这些艺术家一般出现在远离政治中心、商品经济比较发达的地区，他们的艺术创造和正统的画派相左，代表了新兴市民阶层的审美情趣。而远离北京、商品经济甚为发达的扬州地区，便为"新生派"画家的出现和发展提供了广阔的空间。

扬州，地处江苏中部，北踞蜀岗，南靠长江，东依运河，与镇江隔江相望，自唐代以来，始终是江南地区的经济中心，全国知名的大都市之一。它地理位置优越，处江淮要冲，为连接南北的交通枢纽，向来是商贾云集之地，商业十分繁荣。自古文人墨客多游历流连于此，且留下了不少千古名言佳句，如李白"故人西辞黄鹤楼，烟花三月下扬州"（《黄鹤楼送孟浩然之广陵》）、徐凝"天下三分明月夜，二分无赖是扬州"（《忆扬州》）、王建"夜市千灯照碧云，高楼红袖客纷纷"（《夜看扬州市》）等。在《扬州》诗中，郑板桥更描绘道：

> 画舫乘春破晓烟，满城丝管拂榆钱。
> 千家养女先教曲，十里栽花算种田。
> 雨过隋堤原不湿，风吹红袖欲登仙。
> 词人久已伤头白，酒暖香温倍悄然。
> 廿四桥边草径荒，新开小港透雷塘。
> 画楼隐隐烟霞远，铁板铮铮树木凉。
> 文字岂能传太守，风流原不碍隋皇。
> 量今酌古情何限，愿借东风作小狂。
> 西风又到洗妆楼，衰草连天落日愁。
> 瓦砾数堆樵唱晚，凉云几片燕惊秋。
> 繁华一刻人偏恋，呜咽千年水不流。
> 借问累累荒冢畔，几人耕出玉搔头？
> 江上澄鲜秋水新，邗沟几日雪迷津。
> 千年战伐百余次，一岁变更何限人。
> 尽把黄金通显要，惟余白眼到清贫。

可怜道上饥寒子，昨日华堂卧锦茵。

　　板桥对扬州之繁华沧桑，可谓曲尽其笔，表现得淋漓尽致。

　　而扬州之重要，不惟其风华绝伦，更在于其举足轻重的赋税来源。据载，康、乾时期，仅"扬州关"一处征收的关税，每年就多达四万四千多两。扬州的优势还在于，它紧靠运河，故而长期以来又是漕米北运的必经之道。此外，扬州的手工业也极为发达，以漆器镶嵌等最为有名。作为一个著名的商业城市，扬州主要的商贸行业有盐、典当、茶、粮食、木材、布匹等，其中盐业又最为重要，它对扬州在全国的经济地位起着决定性作用。

　　当时，两淮盐的产额为全国之最，而盐税又占全国商业总税收的一半，故而管理盐务的最高行政机构"两淮盐运使衙门"就设在扬州，扬州从而也便成为盐商盐官云集之地。明末清初是扬州盐商大发展时期，据统计，到了乾隆年间，扬州的大小盐商已多达200多家，可谓达到了天下之富无出其右的程度。无怪乎人称："扬州好，侨寓半官场。购买园亭宾亦主，经营盐典仕而商。富贵不归乡"（黄鼎铭《望江南百调》）；"半是新城半旧城，旧城寥落少人行。移来埂子中间住，北贾南商尽识名"（何嘉埏《扬州竹枝词》）。由于盐业的高额利润，这些盐商所积累的财富数目是十分惊人的，据说在当时家财不到百万的仅仅算作小商，大盐商的财富是要用千万来计算的。正是由于盐业的兴盛带动了手工业以及其他商业门类的发展，从而整体上推动了扬州城市经济的繁荣，并极大地改变了扬州的城市面貌。

　　经济的发达和商业的繁荣同时也带来了文化的繁荣。这一则是由于市民阶层的兴起带来新的文化需求和宽松的文化环境；二则在于当时扬州的商人多为徽商，其最大的特点是兼商人和士人于一身，即所谓的"贾而儒"；他们本身对文化事业的关注和热衷，对当时扬州文化的发达起了积极的推动作用。

因此，当全国其他地方的艺术界为摹古之风所笼罩时，在扬州，却开始涌现出新的艺术流派。以"四僧"——朱耷、石涛、髡残、弘仁为代表的画派，正在影响着南方年轻的画家。特别是八大山人朱耷、石涛和尚的画风，无论在内容还是技巧上，都以其新锐的生气影响着"扬州画派"。他们非常关注艺术家本人对现实的体悟，重视个人的情感抒发，并将表情达性视为艺术的真正宗旨，由此开创出新的艺术境界。如八大山人的花鸟画便充满了生机，他笔下的秃鹫就让人感到一种傲视一切的气势，这正是作者所要表达的那种亡国破家者的不屈个性。而石涛的绘画"心师造化"，注重实践，"搜尽奇峰打草稿"，追求尽可能地在作品中发挥自己个性的艺术境界。他本人在艺术创作中总结出了"一画"理论，在此理论的指导下，他创作出大量富有生活气息、饱含艺术家个人情思的作品，从而在理论与实践两个方面都取得很大成就，并对当时及后来"扬州画派"产生了重大影响。而南京的"金陵八家"等，亦以其各自的乡土风景，为南中国的画坛增添了活力。郑板桥之前这些富有个性色彩的艺术家，以其艰难的艺术创作实践抗拒着巨大的习惯势力，为郑板桥等新一代艺术家的艺术创新扫清了道路。

落落拓拓成长路

书香门第　雪婆婆生　痛丧母爱　教馆生涯

幼子之殇　三十自述　卖画扬州　丧妻之痛　困顿跋涉

我生二女复一儿，寒无絮络饥无糜。

啼号触怒事鞭扑，心怜手软翻成悲。

萧萧夜雨盈阶厄，空床破帐寒秋水。

清晨那得饼饵持，诱以贪眠罢早起。

呜呼！眼前儿女分休呼爷，六歌未阕思离家。

——《七歌》之六

　　身逢盛世之境，郑板桥却没能就此春风得意，一沾繁华之气。相反，在其青春年少人生成长过程中，伴随他的则常是"落拓"二字。可以说，"落拓"二字可恰如其分地涵括郑板桥一生的遭遇。在《落拓》诗中，板桥这样描述自己早年的生活："乞食山僧庙，缝衣歌妓家"；又于《大中丞尹年伯赠帛讳会一》诗中说："落拓扬州一敝裘，绿杨萧寺几淹留。"人至中年，板桥生活景况仍无多大改观，依然逃不掉一个"落拓"，无怪乎其友人顾于观评价他为"有才终落拓，下笔绝斑斓"[1]。结束了仕宦生涯，晚年的板桥息影田园，友人们依然以"落拓"称之。王文治曾作诗道："板桥道人老更狂，弃官落拓游淮阳。"[2]后来凌霞在《扬州八怪歌》中则以"板桥落拓诗中

---

① 顾于观：《澥陆诗钞》卷5《板桥移居口占以赠》。
② 王文治：《梦楼诗集》卷5《为吴香亭题郑板桥画竹》。

豪，辞官卖画谋泉刀"状之（《天隐堂集》），无疑又是一个"落拓"。然则，其早年之"落拓"与中年之"落拓"以及晚年之"落拓"，境况则略有所不同。板桥中年"落拓"可释为狂傲癫怪，晚年"落拓"当指其放荡不羁，而早年的"落拓"却真真体现了其穷困潦倒、贫穷失意的生存境况。综观而言，板桥之"落拓"更多的是同其早年的苦难生活联系在一起的。而这种落拓的早年，又与其出身不无关系。就让我们从板桥早年的"落拓"处境开始探求其人生历程吧。

从繁华的扬州乘船沿运河北行约两百里，便是郑板桥的故乡——兴化县（又名昭阳、阳山、楚阳。五代杨吴置县；南宋绍兴五年废，十九年复置；清代为扬州府属；今属扬州市）。兴化县地处苏北里下河腹部，四面环水，地势低洼，河湖纵横交错其间，交通十分闭塞，可谓一穷乡僻壤。也许是上天的安排吧，板桥鬼使神差地诞生于这里，其地为兴化东门外之古板桥。在此后40年的大部分时光里，板桥也是在这个贫穷的县城里度过的。

事实上，板桥的祖籍并非兴化，而在苏州一带，其先祖是因明朝的移民政策而于洪武年间迁来的。个中缘由，可上溯到元末张士诚的起义。当时，日趋腐朽的元政权，激起了各族人民的反抗，纷纷揭竿而起。其中以张士诚为首的一支便崛起于兴化。这支义军曾建立了一个号称"大周"的政权，占据苏杭一带大片地区。"大周"政权后来逐渐蜕变为封建割据势力，定都平江后，张士诚称"吴王"。元朝覆灭后，张士诚在与朱元璋势力火拼中，为后者所灭。取得天下后的朱元璋，视兴化为张士诚的老窝，对之很不放心，于是便把兴化一带的土著居民统统迁到天津郊区，以绝其后患；同时，又将苏州阊门一带的居民迁往兴化。郑板桥的先祖正是由此时起迁至兴化城内之汪头，而成为兴化人的。

兴化郑氏分为三支：一为"铁郑"，一为"糖郑"，一为"板桥郑"。郑板桥的家族即属于"板桥郑"。"板桥郑"一支介于城乡之间，其生活甚为清苦。对此，板桥在后来的诗词、文章乃至通信中时常提及。如他后来在为宦范县期间所写的《范县署中寄舍弟墨》中述及："东门系之苗裔，泰半衣败絮、啜麦粥，处于颓垣破壁中"；"可怜我东门人，取鱼捞虾，撑船结网，破屋中吃秕糠，啜麦粥，搴取荇叶蕴头蒋角煮之，旁贴荞麦锅饼，便是美食。"此当为"板桥郑"一支贫苦生活的真实写照。

兴化"板桥郑"的始祖为郑重一。板桥曾祖名新万，字长卿，是庠生。祖父名湜，字清之，是儒官。父名之本，字立庵，号孟阳，是廪生，品学俱佳。生母汪氏，系淮安府盐城县汪翊文之女，于板桥年四岁时即谢世；板桥父又续娶郝氏。板桥无同胞兄弟姐妹，为独子。叔父名之标，字省庵，对板桥十分疼爱。板桥叔父亦仅有一独子，名墨，字克己，号五桥，为庠生。板桥和这位唯一的堂弟感情甚笃，亲如手足，不仅家务事常托付于他，且能在学问上互激互励。

康熙三十二年（1693）冬十月二十五日，板桥降临于世，适逢时令"小雪"。依当地风俗，这一日为"雪婆婆生日"。有道是"瑞雪兆丰年"，这应是个好日子。后来，板桥曾冒艺术界"不典"的讥诮，刻有一"雪婆婆同日生"印，以志纪念，足见其对自己与雪婆婆同日生因缘之快慰。和天下大多数父母一样，板桥父立庵先生亦希望自己的儿子能一生平安，成为一个温顺平和之人，所以为板桥取名燮，字之曰克柔。燮者，盖取委顺之意（《尚书·洪范》中有"燮友柔克"句）。此外，很多地方有这样一个风俗，即为了使儿子能健康成长，父母往往为其起一个很鄙俗的小名，而且常常是颠倒性别，用女孩子的名字来称呼男孩。板桥父母即给板桥起了一个饶有趣味的小名——"麻丫头"（据说板桥脸上有几个淡淡的麻点，故有是名）。对父母为自己起的这个小名，板桥非常珍爱，其书画作品中的"麻丫头针线"之类的闲章，便是板桥心态的体现。至于"板桥"之号，则真真缘自一座木板桥。郑板桥祖宅位于兴化东城外，东面即是蜿蜒流淌的护城河。出于方便，人们在河上用木板架了一座桥，称为板桥。郑板桥时常由此桥出入，周边的风景给他留下了深刻而美好的印象。故而，他便以家乡的这座古板桥作为自己的号——"板桥""板桥道人"。在《板桥自叙》中，他尝说："……其一为'板桥郑'。居士自喜其名，故天下咸称为郑板桥云。"

然而，板桥此后所形成的性格和处世态度，却大大背离了父母名之为"燮"的初衷（关于板桥的性格，后面将详述），而他那吉利的生日——"雪婆婆生日"，也未能给他带来一个幸福的童年。板桥家处于穷乡僻壤之地，又是一个寒儒之家。其先世三代虽皆为读书人，却都未能做官，其家也没有什么大产业。当板桥出生时，郑家家境已是十分困窘。板桥做官之后，在他认为一生中"稍稍富贵"的时候，曾对堂弟墨这样说道："吾家业地虽有三百亩，总是典产，不可久恃。将来须买田二百亩，予兄弟二人，各得百亩足矣！"（《范县署中寄舍弟墨第四书》）此可见其家田产之状况。板桥家的房屋也不多，所谓"郑家大堂屋"（包括瓦屋三间、厢房一间、厨房一间）是板桥做官后才修建的，据此推测的话，板桥出生时，怕也只有茅屋两三间。板桥家的收入来源，主要靠其父立庵先生教书所得。但从板桥后来对其乳母费氏的回忆中，可以得知郑家有时穷得连乳母的饮食都无法供给，使得她不得不回去吃自家的饭，而后再来郑家做活，这也反映出立庵先生教书的收入是十分微薄的。由此来看，板桥虽出身于书香门第，但自其呱呱坠地那天起，穷苦二字便伴随着这位小板桥，其家常受温饱难以维持的威胁。

板桥幼年之苦，远非一个"穷"字。因为，家中再穷，也会想方设法让襁褓中的小板桥有点吃的，这不会给一个幼儿留下太深的印象。最使小板桥感到痛苦的，是其很早便经历了来自失去母爱的心灵打击。在板桥年仅4岁时，其生母汪夫人便病故了。此前，板桥母亲病重之际，听到儿子夜啼，还挣扎着起来照顾小板桥，这一镜头深深地烙在板桥心中。在30岁时所作的《七歌》之二中，板桥曾痛苦地回忆道：

> 我生三岁我母无，叮咛难割褓中孤。
>
> 登床索乳抱母卧，不知母殁还相呼！
>
> 儿昔夜啼啼不已，阿母扶病随啼起。
>
> 婉转噢抚儿熟眠，灯昏母咳寒窗里。
>
> 呜呼！二歌兮夜欲半，鸦栖不稳庭槐断！

这是何其惨痛的一幕！简直像严霜寒风猛扫幼小的树苗，使尚不省人事的小板桥尝到了人间失去至爱的痛苦。试想当母亲已经僵直地横在床上，小板桥浑然不知母亲此时已离开人世，却还哭天号地地要奶吃。此情此景，若非亲身经历，惨痛于心，哪能刻画得如此哀婉？幼年丧母的惨痛，令板桥铭记终生。在其后所作诗文中，板桥曾常常提及这段痛苦的阴影。如《得南闱捷音》中所云"何处宁亲惟哭墓"，所表达的正是这种幼年丧母的沉痛心境。

小板桥虽痛失母爱，但值得庆幸的是，他则从乳母费氏那里得到了"母爱"的补偿。但这一"母爱"的补偿，其间亦经历了一小小的曲折。那是康熙三十八年（1699）板桥年仅7岁时，这位乳母费氏因洪涝灾害，为生活所迫，不得不外出逃难，故而忍痛悄悄离开郑家，不辞而别。小板桥一觉醒来，见一向守在床边为他穿衣的乳母那张慈祥的面孔没在眼前，便起来匆忙去找，但乳母房中已是人去屋空。小板桥掀开锅盖，里面还有乳母费氏做好的温温的早饭。小板桥预感到慈爱的乳母再也不会回来了，便禁不住伤心地痛哭起来。命运又一次使可怜的小板桥遭受到人间生离死别的痛苦滋味。对小孩子来说，生母之死和乳母之走是没有区别的，同样都是一种撕肝裂肺的爱的痛失！乳母的不辞而别，给年仅7岁的小板桥留下深深的创伤！好在乳母费氏三年后重又回到小板桥身边，此后一直陪伴板桥直到去世，这是后话。

生母之失与乳母之别，使小板桥屡遭创痛，但继母之爱，又使小板桥得到了许多心灵的慰藉。汪夫人殁后，为照顾幼小的板桥，以便自己能安心外出教书，板桥父立庵先生又续娶郝氏。这位郝氏，很是善良贤惠，视小板桥为己出，其精心的呵护，使小板桥苦痛的心再次感受到了家庭的温暖和"母爱"的温馨。对此，板桥在后来的诗文中有深深的回忆。如《七歌》之三，就是板桥对自己当时因少吃了点饭就躺在地上又哭又闹，弄得满脸污垢，而郝夫人耐心为他换洗衣服情景的再现。然而，好景不长，当板桥14岁时，这位疼爱板桥的继母郝氏，又被病魔夺去了生命，可怜的板桥再一次痛失母爱。郝氏的撒手人寰，同样在板桥心中留下深深的创痛，正所谓"无端涕泗横阑干，思我后母心悲酸"，其心中之苦真是一言难尽。

当此生命开端之际，板桥便遭遇这一连串的创痛，其人生真可谓不幸、惨淡、落拓。一次次的生离死别，一次重过一次的心灵打击，交织成一张无形的大网，笼罩着板桥整个的童年和少年生活，留给他的是长久的无法抹去的刻骨铭心之痛和阴影。但或许正是这一伤心的经历，同时也赋予板桥以诸多积极有益的影响，造就出其吃苦耐劳的品质、顽强不屈的性格和关心民生的思想。

康熙五十四年（1715），23岁的板桥与徐氏（此为板桥的结发妻子，对她的情况，后文将有介绍）喜结良缘，并于其后育有一男两女。然而，随着人口的增加，郑家本就十分清贫的生活愈加窘迫。日益加重的生活负担，迫使板桥不得不辍学谋生（此前板桥从三四岁开始便先后师从父亲、外祖父、陆震先生等学习，这些后面将有详细介绍）。以何谋生？板桥一度为之颠倒思量。无奈之下，板桥遂决定子承父业，以教馆授徒来糊口。

先是，板桥于兴化东门宝塔湾设塾。其后，康熙五十六、五十七年（1717、1718）的时候，板桥又到真州（今江苏省仪征市）江村，开馆授业。板桥此次以秀才的身份（此时的板桥已经考取秀才，同时这也是他有资格教书的原因）教馆江村，当与其当年就读毛家桥（板桥题《为马秋玉画扇》中曾说："余少时读书真州之毛家桥，日在竹中闲步。"）和在真州结识的一些朋友有关。

江村位于真州新城都天庙东南面江一带，占山水之胜，是处风景相当不错的园林住宅，为里人张均阳所筑。园中有十多处景点，如见山楼、寸草亭、度鹤桥、华黍斋等，风景旖旎，煞是可人。板桥于此，心境当为之一爽。在与吕奂等友人的唱和中，板桥尝有联曰："山光扑面因新雨，江水回头为晚潮。"其情其景，或可使板桥郁闷的心绪暂时获得一点轻松。

教馆，又称私塾，视情况可分为多种：常见的如大户人家所设的家塾，延师授业，专门培育自家的子弟，但只要主人同意，其孙、甥、侄等亦可就读；或塾师自觅地设塾立馆，招徒授业，其地或寺庙，或会馆等公共场所，亦有在塾师家中的；或属于以祠堂、寺庙地租收入或私人捐款为经费的义塾，族中人不分贫富均可送子弟就读。依板桥当时的情况来看，其教馆当属第一种情况（《教馆诗》中有"傍人门户渡春秋"语）。

板桥赓续其父教书生涯，是为生计所迫，不得已而为之的。江村秀丽的山水虽可使板桥心境暂得舒缓，然教书中所遇到的苦恼，则又使板桥心绪因之难以自释。对这段等同于自我放逐的教馆境况，板桥心中充满了难以名状的痛苦和落寞。当其为官之后，板桥还时常忆及这段不堪回首的经历。板桥自嘲似的将当时流行的《教馆诗》略做改动，这样追述自己当年的江村教馆生涯：

教馆本来是下流，傍人门户渡春秋。

半饥半饱清闲客，无锁无枷自在囚。

> 课少父兄嫌懒惰，功多子弟结冤仇。
>
> 而今幸得青云步，遮却当年一半羞。

这一窘境，使板桥痛感寄人篱下的无奈，同时也流露出其心中的愤愤不平。这种如陷囹圄般的生活，着实令板桥不堪忍受。在《村塾示诸徒》七律诗中，板桥曾坦率地向生徒们表明自己的心迹。其言道：

> 飘蓬几载困青毡，忽忽村居又一年。
>
> 得句喜撷花叶写，看书倦当枕头眠。
>
> 萧骚易惹穷途恨，放荡深惭学俸钱。
>
> 欲买扁舟从钓叟，一竿春雨一蓑烟。

言下之意，颇有离馆卸任之念。

板桥如此失意，其因一则挂心于科举功名，苦于不能短期内踏入仕途，一展"治国、平天下"之鸿志；二则在于板桥狂傲不羁的性格难融于这种仰人鼻息的生活环境；三则，最为直接的，是来自物质生活方面的压力，因为教书的收入毕竟是微薄的，不足以养家。总之，此时的板桥陷入深深的矛盾和痛苦之中，这一困境，不仅有来自经济上的，更有来自内心深处的。在这种生活状态下，板桥一时找不到可以自我挑战的东西，因而也就没有成功的快感。

不过，生性放达、胸怀大志的板桥是不甘心就此消磨人生的。在失意彷徨中，他必须寻找舒展生命的替代品，以消解心中的郁悒之情。大约也就在这个时候，板桥开始寄情于学画。[1] 其尝言："江馆

---

[1] 或稍早几年便开始接触绘画。沈阳故宫博物院藏有板桥于乾隆二十八年《丛竹图》题识云："今年七十有一，不学他技，不宗一家，学之五十年不辍，亦非苟而已也。"由此推断，板桥最早接触绘画当在22岁左右。但这里板桥所言仅是个大体数字，我们认为板桥真正潜心开始练习绘画应是在教书时期。

清秋，晨起看竹，烟光日影露气，皆浮动于疏枝密叶之间。胸中勃勃，遂有画意。"当时，他不仅大量地创作诗歌，练习书法，还"市楼饮酒拉年少，终日击鼓吹筝笙"（《七歌》之一），"挥洒"出那个时代士子的落寞与豪放。

教书期间，由于儿女日渐长大，开销日大，而板桥教书又收入甚微，所以他家的经济每况愈下。有时，出于无奈，板桥还不得不向亲朋好友乞求帮助，以济家中之需。但事不遂人愿，板桥时常是满怀希望地外出借钱，结果却碰壁而归，囊中空空。贤惠的徐夫人任劳任怨，一面宽慰着板桥，一面将自己旧日的头饰或衣物拿到当铺去换些银两，买点粮食，以解燃眉之急，与丈夫共同分担生活的重担。对这段凄苦的生活，板桥后来在一首名为《贫士》的诗中有过真实的刻画：

> 贫士多窘艰，夜起披罗帏。徘徊立庭树，皎月堕晨辉。念我故人好，谋告当无违。出门气颇壮，半路神已微。相遇作冷语，吞话还来归。归来对妻子，局促无仪威。谁知相慰藉，脱簪典旧衣。入厨然破釜，烟光凝朝晖。盘中宿果饼，分饷诸儿饥。待我富贵来，鬓发短且稀。莫以新花枝，诮此蘼芜非。

诗中的"贫士"，无疑正是板桥本人的真实写照！

正所谓福无双至、祸不单行，在板桥为全家的生计感到心力交瘁时，他心爱的儿子——犉儿，夭折了。爱子的早逝，对于此时在窘境中挣扎的板桥来说，无疑是雪上加霜，这打击来得何其沉重！于爱子之殇，板桥作有《哭犉儿五首》，以极其凄婉的笔触倾诉着自己内心的哀痛。这组诗是这样说的：

> 天荒食粥竟为长，惭对吾儿泪数行。
> 今日一匙浇汝饭，可能呼起更重尝？

歪角鬏儿好戴花，也随诸姊要盘鸦。
于今宝镜无颜色，一任朝光满碧纱。

坟草青青白水寒，孤魂小胆怯风湍。
荒途野鬼诛求惯，为诉家贫楮锭难。

可有森严十地开，儿魂一去几时回？
啼号莫倚娇怜态，逻刹非而父母来。

蜡烛烧残尚有灰，纸钱飘去作尘埃。
浮图似有三生说，未了前因好再来。

在小小的坟茔前，板桥泪流满面，一边自责着愧对儿子，在其生前没能提供给他一个宽裕的生存环境；一边颤抖着双手，用往日喂儿子的汤匙，盛满薄粥，悲怆地呼唤地下的犉儿能再用他的小嘴喝上一口。家中如此寒酸，些许稀饭怎能不令来祭奠儿子的板桥感到揪心的愧痛？在愧恨悲怆中，板桥眼前似乎又浮现出昔日儿子那天真活泼的娇模样。而如今，这个可人的幼小生命却成了亡魂，孤零零一个人游荡在荒野孤坟之中。狂风的怒吼，野兽厉鬼的嘶鸣，小犉儿能承担起这份孤独寂寞吗？生逢穷儒之家，犉儿幼小的灵魂又怎能应付荒途野鬼的勒索？此情此景，无不令板桥感到一种撕心裂肺的疼痛！此时的板桥，真希望人生能有来世，以便自己与心爱的犉儿再度团圆，重享亲子之乐！但无情的命运就是这么捉弄人，破屋偏让你逢连阴雨。

犉儿殇之前约两年，板桥30岁的时候，其父亲立庵先生也去世了。郑家的生活愈加困苦，几乎到了揭不开锅的地步。更有甚者，板桥家还欠下了不少债务，须不断地面对不时上门来的讨债人。

唐代大诗人杜甫曾作有《寓居同谷县作歌七首》（简称《七

歌》）来记述自己的遭遇。板桥对杜甫十分推崇，于是借用杜甫《七歌》创作形式，以质朴的语言、真挚的感情，对自己三十年来的坎坷经历进行了小结。如其中的"一歌"道：

> 郑生三十无一营，学书学剑皆不成。
> 市楼饮酒拉年少，终日击鼓吹竽笙。
> 今年父殁遗书卖，剩卷残编看不快。
> 纍下荒凉告绝薪，门前剥啄来催债。
> 呜呼！一歌兮歌逼侧，皇遽读书读不得。

又"六歌"道：

> 我生二女复一儿，寒无絮络饥无糜。
> 啼号触怒事鞭朴，心怜手软翻成悲。
> 萧萧夜雨盈阶圮，空床破帐寒秋水。
> 清晨那得饼饵持，诱以贪眠罢早起。
> 呜呼！眼前儿女兮休呼爷，六歌未阕思离家。

　　这是何等的凄惨景象！门外阵阵催债声，家中儿女的哭闹声，面对墙裂、雨漏的破房子，以及房中空床、破帐和早已断炊的锅灶，一切的一切无不令板桥为之心痛。尤可痛者，是父亲的离世和惇儿的夭折。此时的板桥，其心中有几多辛酸、几多凄惨，又有谁能体会得到？其苦处又能向谁诉说？

　　想想自己的过去，想想自己的父辈，板桥意识到要想改变目前的困境，单靠教书是不行了，必须走出去，别辟谋生之路，靠自己的才智和勤奋来改变多厄的命运。对板桥来说，在当时最能走得通的路便是发挥自己的艺术特长——去卖画。后来板桥为官山东时，在给堂弟墨的信中，曾追忆此时的心路历程说："学诗不成，去而学写；学写不成，去而学画。日卖百钱，以代耕稼；实救困贫，托名风雅。"而卖画的市场便是离兴化较近的扬州。于是，在31岁时，板桥开始了在扬州的画师生涯。

扬州，在当时是一个十分发达的城市，用"繁华"一词形容她真是再恰当不过了。扬州之繁华，不仅指其物质财富的富足，还指其优美的风景、发达的文化，以及活跃的人文氛围。在文人墨客们心中，扬州无疑是一块风水宝地、人间天堂。唐代诗人张祜在《纵游淮南》诗中曾写道："十里长街市井连，月明桥上看神仙。人生只合扬州死，禅智山光好墓田。"扬州这地方太让人留恋了，如果能于此度过余生，真乃人生一大幸事。这位诗人是否真的将扬州作为自己人生最后的归宿，我们不得而知，但其对扬州的羡慕之情，的确是跃然于纸上的。明代散文家、史学家张岱赞誉扬州，认为"惟西湖春、秦淮夏、虎丘秋，差足比拟"。但"西湖春、秦淮夏、虎丘秋""皆团簇一块，如画家横披"，唯有扬州是"鱼贯雁比，舒长且三十里焉，则画家之手卷矣"（《陶庵梦忆·扬州清明》）。

扬州的盛景，可谓美不胜收。由新城西南角的"埂子"开始，沿着小秦淮往前走，穿过位于扬州旧城小东门和大东门外的两座钓桥，便会看到沿河两岸栉比的青楼乐户，那里到处弥漫着令人为之心醉神逸的管弦之音。金安清《秦淮粉黛》中曾描绘道："秦淮河面不宽，南北皆有水榭，寇乱前，珠帘画舫，比户皆青楼中人。红板桥低，紫金山远，时时见双桨掠波而来，必有名姝绝艳徙倚其右。端节竞渡时，游人尤盛……皆赁居焉。而楼以上，固皆衣香鬓影也，虽道府大员，亦皆藉以流连忘返者，殆近于销金窝矣。曲中酬酢，风味与苏杭绝不同，落落有大方家数，鲜脂粉俗态。"（《水窗春呓》卷下）沿城墙一路北去，经过水关外的红色板桥，折转便来到西郊的胜地。月光、花影、画舫，和着青楼乐户的残脂剩粉，无不倒映在一片粼粼的水面之上。河岸曲曲弯弯，千奇百怪的太湖石更增添了几分韵致。再向前，即是旧城的西北角，小秦淮便与北向的西市河及花山涧水汇合在一起，共同投入到瘦西湖的怀抱。瘦西湖是扬州图画长卷的中心，它本身就是一件稀世的艺术珍品。瘦西湖之名可能来源于清代乾隆年间诗人汪沆的一首诗："垂杨不断接残芜，雁齿虹桥俨画图。也是销金一锅子，故应唤作瘦西湖。"（《咏保障河》）瘦西湖清瘦狭长，水面长约4000米，宽不到100米，拥有虹桥、长堤、徐园、小金山、五亭桥、白塔等名胜古迹。其中的虹桥，更是闻名遐迩，其建始于明朝末年，是一座红栏木桥。湖中满是飘香的荷花，岸上则布满了依依的垂柳，曲栏雕柱倒映其间，真是美不胜收。正如清人王士禛《冶春绝句》中所云："红桥飞跨水当中，一字阑干九曲红。日午画船桥下过，衣香人影太匆匆。"长堤达数百米，遍植垂柳。其北端为徐园。与徐园隔山相对的是小金山，实为湖中一小岛。岛上东有"月观"，西有"吹台"，两相遥应，煞是别致。月观坐西朝东，是赏月佳处，室内后来有板桥题写的"月来满地水，云起一天山"楹联。吹台俗称钓鱼台，相传乾隆帝南巡时曾在此钓过鱼。透过吹台的窗户可看到五亭桥、白塔等景观。五亭桥又称莲花桥，桥身横跨湖西，其上建有五座桥亭，一个坐落桥中间，南北各有二亭相对称。亭顶覆黄色琉璃瓦，檐漆为绿色，典雅瑰丽。桥下纵横大小15个桥洞，游船出入，别有一番风味。尤其当月圆之夜，桥洞投影湖中，宛如仙境。

与秀丽的自然风光相较，扬州精巧独特的人工园林更是冠绝一时。清人刘大观对江南的名城曾有这样的评论："杭州以湖山胜，苏州以市肆胜，扬州以园亭胜，三者鼎峙，不可轩轾。"金安清《广陵名胜》也说："江宁、苏州、杭州，为山水之最胜处。江宁滨临大江，气象开阔宏丽，北城林麓幽秀，古迹尤多。苏州则以平远胜，所谓山温水软也。太湖诸山非不茜美，而蹊径率不深。惟杭州之西湖，则烟波岩壑兼有之，里山尤深邃曲折，四时皆宜，金陵、姑苏不能不俯首矣。扬州则全以园林亭榭擅场，虽皆由人工，而匠心灵构，城北七八里夹岸楼舫无一同者，非乾隆六十年物力人才所萃，未易办也。"（《水窗春呓》卷下）又《维扬胜地》中说："扬州园林之胜，甲于天下，由于乾隆朝六次南巡，各盐商穷极物力以供宸赏，计自北门直抵平山，两岸数十里楼台相接，无一处重复。其尤妙者在虹桥迤西一转，小金山蠹其南，五顶桥锁其中，而白塔一区雄伟古朴，往往夕阳返照，箫鼓灯船，如入汉宫图画。盖皆以重资广延名士为之创稿，一一布置使然也。"（《水窗春呓》卷下）扬州园林历史悠久，汉高帝刘邦的侄子刘濞在此做吴王时，就曾在雷塘之畔建有钓台，后来刘宋时的鲍照在《芜城赋》中还追慕过它的盛况。隋炀帝曾数次游幸扬州，并在此大兴土木，建构了许多离宫别馆，其著名者如江都馆、显福馆、临江宫等。这些皇家宫馆，或崇殿峻阁、复道重楼，或风轩水榭、曲径芳林，可谓极尽奢华，令人叹为观止。清初，板桥卖画时，扬州有王洗马园、卞园、员园、贺园、冶春园、南园、郑御史园和筱园等八大名园，其他园林则数以百计，从北郊到平山堂，就有"两堤花柳全依水，一路楼台直到山"的美誉。于扬州之故实，板桥在《答紫琼崖道人》中，有如下一段洗练描述：

> 承以燮为扬州人，下问扬州故实，并及杜舍人诗中二十四桥，辄就所知，敢告大略。扬州在唐时最为富盛，繁华壮丽甲天下，每夕妓馆燃绛纱灯数万，灯红酒绿，笙歌达旦，一夕灯烛之费，人得之即可致富。旧城南北十五里，一百一十步；东西七里，三十步，有二十四桥。最西浊河茶围桥，次东大明桥。入西水门有九曲桥，次东正当帅衙。南门有下马桥，又东作坊桥。桥东河转向南，有洗马桥，次南桥，又南河师桥、周家桥、小市桥、广济桥、新桥、开明桥、顾家桥、通泗桥、太平桥、利国桥。南水门有万岁桥、青园桥。自驿桥北，河

流东出，有恭佐桥。次东水门东出有山光桥。又自衙门下马桥直南，有北三桥、中三桥、南三桥、号九桥，不通船，不在二十四桥之数。一说出西郭二里许，有小桥、朱栏碧甃，题曰"烟花夜月"，相传即为二十四桥旧址，盖二十四桥只是一条桥，尝会集二十四美人于此，故名。或谓杜舍人之"二十四桥明月夜，玉人何处教吹箫？"即指此桥。总之，年代久远，名迹荒圮，郡志中如此说，实不能起古人而问之，今人也只好如此说说而已。

即此可见，板桥于扬州是甚为详熟的，否则不会这样如数家珍，对各名胜历历如绘。

扬州不仅风物宜人，更是富商，尤其是盐商麇集之地，有些商人甚至可以富可敌国。据说乾隆皇帝有一次巡游至瘦西湖，陶醉于这里的秀丽风光，但他又略感遗憾地指着一处的景色对侍从讲："此处颇似南海之琼岛春阴，惜无塔耳。"说者无心，听者有意。八大盐商之一的江春当时得知此事后，花重金打通皇帝侍臣，了解到白塔的图样，而后"鸠工庀材，一夜而成"。翌日，乾隆帝再游此地，突然间发现这座白塔，甚为惊讶。待得知原委后，乾隆帝禁不住感叹道："盐商之财力伟哉！"（徐珂编撰《清稗类钞·大虹园之塔》）

也正是这些富甲一方的盐商，为了美化精巧的园亭，附庸风雅，所以肯花重金索购名人字画，且在门下供养了不少文人墨客。如书法家叶天赐做客江园，学问家杭世骏做客小玲珑山馆，画家张鏐做客筱园。或许正因为这些人的氤氲推动，扬州是以成为当时最大的字画市场。许多艺术家会集于此，适意地倘徉在这个"淮左名都"。他们或流连于名园画舫，或沉醉在青楼酒馆，或沉思吟哦，或狂放性情，在繁华灵性的扬州追逐着艺术的灵感。当时在此写书卖画的书画家，康熙、乾隆年间有姓名事迹可考者，《扬州画舫录》载有170余人。这些人于书法，各擅一体，形态各异，有楷草隶篆，有擘窠书，有箸书、指书，有八分，有章草，有蝇头，甚至有人专写"福"字、"鹅"字等。其绘画，有专画花卉、山石、翎毛的，有专画牡丹、兰草、罗汉的，甚至有专画驴子的。其画风，有的"有元人风"，有的被称为逸品、神品；有道士的书法，和尚的画，甚至有闺中仕女之画作；泰西画法在当时也已传到扬州，为一些画家所吸纳。当此之时，辕门桥上画铺林立，各色佳品咸集于此，可谓琳琅满目，无美不备。

郑板桥之决意来扬州卖画，与以上情形是分不开的。但就实而论，板桥当初来扬州的时候，并未认定自己只有卖画才有出路，毕竟在他心中，卖画是"以区区笔墨供人玩好，非俗事而何"，绝非其意中的最佳选择。对板桥来说，科举功名这条最理想的道路尽管无力马上实现，退而求其次，还有一些较卖画更体面的事情可以争取，如在官府入幕或在书院教书。当其同学顾于观到山东一官署做事时，板桥在送行诗中写道："健羡尔萧然揽辔，首路春风冰冻释。"（《贺新郎·送顾万峰之山东常使君幕》）所谓健羡者，极为羡慕也。这流露出板桥对顾寄迹官场的极为羡慕之情。但对板桥本人来说，不惟自己身为一介穷儒，其亲戚朋友中又无达官显宦，要想入幕，谈何容易？显然，入幕这条路对板桥来说极为困难。那么求职于书院又如何？就当时的情形来看，扬州书院林立，广储门外有梅花书院，府东有资政书院，府西有维扬书院，三元房有安定书院，北桥有敬亭书院，北门外有虹桥书院。这些书院皆为达官或盐商创办，意在为郡城士子提供诵读研习之所。与板桥当年谋生的教馆不同，在这些书院授徒，可算得上是一种非常高尚的事业。能在这些地方任职的，大都是些知名之士，其地位也是颇受人尊崇的，绝非"教馆本来是下流"者可比。不过，考虑一下自己的身份，再对照一下入院的资格，板桥所能做的怕又只能是"望院兴叹"了。这些书院的掌院大都为进士出身，著名的如储麟趾，康熙十八年（1679）进士；查祥，康熙五十七年（1718）

进士；储大文，康熙六十年（1721）进士。而教授中，著名的如金兆燕，著述等身；俞升潜，出身举人，又"善于教人"；王世球，乃转运使府上的经师；谢溶生，为东晋谢安之后裔，工于制艺，闻名于淮南。潦倒秀才郑板桥，似乎无论如何也不能与这些人相比，又哪里有"资格"跻身于此辈之行列？一句话，教授一职，板桥同样难以实现。入幕和教授外，还有一条为读书人求取温饱和发展的栖身之所，即投靠盐商或达官显贵，在他们府中或园中做门下客。据载，扬州之豪商，康熙末年有近百家，而乾隆朝则多达200余家，他们中有不少人都招揽着一批文人墨客，为其吟诗作画，帮忙帮闲。如南河下街家财万贯的徐赞侯，做客其门下的有后来修《大清一统志》的齐召南，有书法家叶敬，还有板桥后来的好友、扬州八怪之一的金农。西园曲水的鲍棠樾，同样是门下宾客如云。其于门客，凡合于己意者便"重委之事"，一般者亦能"终年闲食"。再如筱园主人程梦星，乃康熙年间进士，属于亦政亦商者流，也聚集了一大批清客，著名者如画家陈撰等人，皆曾趋走于其门下。而当时扬州以好客著声最大者，当属东关街的小玲珑山馆主人马曰琯、曰璐兄弟，每当"四方之士过之，适馆授餐，终身无倦色"。郑板桥即曾造访过此馆，但不无遗憾的是，当时的板桥并未能如愿入馆马氏。相反，从板桥及他人的诗文中可以看出，此时的板桥常常是"落拓扬州一敝裘，绿杨萧寺几淹留"，或"乞食山僧庙，缝衣歌妓家"等景况。显然，上述三途板桥皆未能走通。

出于经济等方面的考虑，初到扬州的板桥，其所选择的栖身之所是不需费用的庙宇。在这里，板桥不仅可以免费住宿，还可以靠尽点劳务，比如帮和尚抄写经卷等来换取斋饭，从而省去了不少开支。通常讲的板桥寓枝上村，住在李氏小园（又称勺园、文园），那可是十多年后的事了。道理很简单，建筑李氏小园的汪希文是在乾隆元年（1736）才来到扬州的。扬州庙宇极多，而且庙中多有空屋，想来对一个落拓秀才来讲，到庙中求栖身应不失为一最实际的选择。此外，歌妓冠扬州之名，而且很多来自兴化、泰州等地，想来不少是板桥的同乡。穷困潦倒的郑板桥来到扬州谋生，在举目无亲的情况下，少不得劳烦老乡，也应在情理之中。和尚、歌妓给板桥以帮助，也就是很自然的事了。总之，在走投无路的情况下，当时板桥谋生的手段只剩下卖画一途了。

板桥初登扬州画坛，其所使用者乃为墨笔，亦即"写来竹柏无颜色"。然而，这一迥异于众的风格，却"卖于东风不合时"。板桥之作不能投时好所需，故而其作品一时难有好的行市，想出人头地也一时难以实现了。置身扬州这一"销金窟"，清贫的板桥在此受到了很大的刺激。卖画时期，板桥曾写有《扬州》七律四首，不无感慨地描摹了他彼时彼地的观感。其饱含情感的笔触，以外似客观的雅致格调，展现出扬州的畸形繁华，同时也表达了自己内心的苦闷。尤其是"尽把黄金通显要，惟余白眼到清贫"，更是板桥切身之感的流露，其内里充满了愤懑和不平。这也是这位清贫的年轻画家初涉画坛后，对世态炎凉的真实痛苦体验。

扬州卖画的失意，使板桥不得不转而北行，以寻求发展的机会。雍正三年（1725），33岁的板桥第一次出游京师。板桥此次出行京师，其目的一则为游览那里的名胜古迹（板桥穷则穷矣，却生性喜好游览）；另一目的，也是最主要的目的，就是他试图在那里寻求人生转折的机遇。但遗憾的是，板桥此次在京师的游历，仍旧是四处碰壁，收效甚微。他既不善于"朝扣富人门，暮随肥马尘"，讨人家的残羹冷炙；也不甘于默默无闻，布衣终生。在一片诽谤声中，他思念起水道弯弯的江南，思念起荷红藕碧的家乡，思念起倚门而望的妻儿。这时他写的《花品跋》，就是当时这种心绪的投影。其言道：

仆江南逋客，塞北羁人。满目风尘，何知花月；连宵梦寐，似越关河。金樽檀板，入疏篱密竹之间；画舸银筝，在绿篛红蕖之外。痴迷特甚，惆怅绝多。偶得乌丝，遂抄《花品》。行间字里，一片乡情；墨际毫端，几多愁思。书非绝妙，赠之须得其人；意有堪传，藏者须防其蠹。

　　雍正三年十月十九日，板桥郑燮书于燕京之忆花轩。

　　也正是感到"衣裳检点不如归"，板桥终于踏上了南下的归程。总结这次游历，板桥自己不得不承认是"落拓而归"。

　　扬州卖画的不景气，漫游（板桥此间曾游历很多地方）的几多花费，再加上板桥夫人的多病，板桥的家庭生活又一次陷入困顿之中。就在这落拓烦恼的时候，板桥谱写了著名的《道情十首》。时为雍正七年（1729），板桥年37岁（《道情十首》始草稿于雍正三年板桥自京师返扬州后，下文将详细论及）。

　　雍正九年（1731），板桥39岁时，与他同甘共苦的妻子徐夫人病逝了。徐氏的病逝，给板桥精神上带来又一次沉痛的打击。事情发生得太突然了，板桥明年即要参加南京的乡试，用数十载寒窗的苦读与命运搏斗，而偏偏在这时，命运却抢先一步夺走了他心爱的妻子，这使板桥终生怀着剜心之痛。在其50岁任范县知县时，板桥尝刻有一"常恨富贵迟"印；而其所作《贫士》诗称："待我富贵来，鬓发短且稀。莫以新花枝，诮此蘼芜非。"这些都表达出板桥对妻子的深深思念之情。而其"恨"，亦蕴含了对自身仕进的感叹和对妻子的歉疚。

　　由于办理妻子的丧事花了一些钱，再则其字画又没有什么销路，所以这年冬天，板桥的家境极为艰难。此时的板桥，只能裹着亡妻生前补缀过的破裘御寒，而除夕前的辞年祭祖，也只能供上一瓶白水。眼看明年乡试之期迫近，而板桥又苦于盘缠无着，借贷无门。但倘若放弃这个机会，那么十载寒窗又所为何来？人生出路又在何处？"致君泽民"的抱负又何由得展？希冀和痛苦，就这样无情地折磨着这位穷秀才。

也许正应了那句俗话，"天无绝人之路"。正当板桥感到人生无望之时，兴化知县汪芳藻帮了板桥一个很大的忙。这位知县，民望、政声都很好。正是为此，板桥于雍正九年（1731）除夕前一日，写了一首《除夕前一日上中尊汪夫子》诗，向这位父母官求援。在诗中，板桥坦率地叙述了自己穷酸的境况，恳切地请求援助道：

> 琐事贫家日万端，破裘虽补不禁寒。
> 瓶中白水供先祀，窗外梅花当早餐。
> 结网纵勤河又涸，卖书无主岁偏阑。
> 明年又值抡才会，愿向东风借羽翰。

汪芳藻得诗后，慧眼识英才，慷慨解囊，赠给板桥足够的银两，以解板桥之急。汪知县的赠银之举，对此时的板桥来说，已不仅仅是物质上的支持，更主要的是精神上的勉励。有了这一资助，板桥终于雄心勃勃地踏上去南京乡试的征途。

功夫不负苦心人，南京乡试一搏，郑板桥还真的顺利过关，中了举人。其后，于雍正十一年（1733）秋，板桥客居海陵。这一年，其叔父省庵先生去世。按照清廷的规定，乡试、会试均为三年一次，会试于乡试的次年举行。板桥于雍正十年（1732）壬子考中举人，翌年逢癸丑（1733）会试，但他此科并没应试，大概与适值"居忧"有关（板桥此科缺考，另有他因，后文将论及）。按古代礼仪，父母去世，儿子要守丧，不治外事，是为"居忧"。因为板桥父母已故去，只有这么一个叔叔，而且"有叔有叔偏爱侄，护短论长潜覆匿"（《七歌》之四），省庵先生平时待板桥很好，所以板桥为之执"居忧"之礼，也是情理中事。

板桥之客居海陵，其目的一般认为还是卖画。因为既决定不参加癸丑科会试而参加丙辰（1736）科会试，则温习功课尚非眉睫之急，而当前的生计倒需要着力操持。海陵即泰州，又称吴陵，在扬州东面约百里。和在扬州一样，当时板桥仍然寄居在一处叫弥陀庵的寺庙中。主持弥陀庵的是梅鉴上人，与板桥早在雍正元年（1723）就有交往，此次重逢，甚是相得。梅鉴上人不修边幅，常着一身破僧衣，天寒霜逼也懒得补缀，但酷爱诗文，时常请板桥题诗写字。梅鉴上人闲散的气质与板桥很相契，唯其如此，板桥为他作有两首诗。其中之一《别梅鉴上人》云：

> 海陵南郭居人少，古树斜阳破佛楼。
> 一径晚烟篱菊瘦，几家黄叶豆棚秋。
> 云山有约怜狂客，钟鼓无情老比丘。
> 回首旧房留宿处，暗窗寒纸飒飕飕。

这首诗与一般留别诗不同，毫无伤感的情调，也不显得缠绵浓郁，而具有一种闲淡平静的美，这当然是主客双方思想情绪的反映。于此，可见两人交情之一斑。

毫无疑问，在板桥成就功名之前，他的人生道路始终是坎坷的。他的字画能够闻名于世，并由此具有不菲的身价，那是以后的事情。然其童年、少年以至青壮年，则始终是在和劣困打交道。也正是由于这一缘故，板桥在其文学作品中时常将穷困流露于笔端。板桥的诗词，无论是少年之作还是老年之作，都有一种洒脱豪放的气势，但唯独在描写贫穷时，则总是工笔描摹，凄楚动人，催人泪下。这些皆是其亲身经历的感受。如他这样写食不果腹：

> 时缺一升半升米，儿怒饭少相触抵。（《七歌》）

清晨那得饼饵持，诱以贪眠罢早起。（《七歌》）

半饥半饿清闲客，无锁无枷自在囚。（《教馆诗》）

乞食山僧庙，缝衣歌妓家。（《落拓》）

饥和寒往往是连在一起的，板桥如此刻画衣被不全情形道：

布衾单薄如空橐，败絮零星兼卧恶。（《七歌》）

萧萧夜雨盈阶戺，空床破帐寒秋水。（《七歌》）

琐事贫家日万端，破裘虽补不禁寒。

（《除夕前一日上中尊汪夫子》）

仅仅从这些诗句中，我们便完全可以体会出板桥经历了一个怎样的"落拓"人生。然落拓归落拓，板桥心中的希望之火，却从没有就此熄灭过。人生不如意事，十常八九。板桥无疑尝到了个中三昧，但这并没能将板桥击垮，恰恰相反，从这些人生磨砺中，板桥更获得了自信，增强了奋斗的勇气。大丈夫立天地中，怎能为一点挫折所折倒？！

一介书生求学恨

家学渊源　受业外祖　师从陆震　天宁寺读

雍正举人　焦山苦读　乾隆进士　干谒京师　知遇允禧

> 忽漫泥金入破篱，举家欢乐又增悲。
>
> 一枝桂影功名小，十载征途发达迟。
>
> 何处宁亲惟哭墓，无人对镜懒窥帷。
>
> 他年纵有毛公檄，捧入华堂却慰谁？
>
> ——《得南闱捷音》

盛世文化气象并没给板桥带来多少好运。板桥虽曾一度致力于科举仕途，但其间之艰难曲折，着实令板桥为之备尝甘苦，"恨"意不已。《沁园春·恨》词，即体现了板桥对自己求学道路的怅然之怀。其言道：

> 花亦无知，月亦无聊，酒亦无灵。把夭桃斫断，煞他风景；鹦哥煮熟，佐我杯羹。焚砚烧书，椎琴裂画，毁尽文章抹尽名。荥阳郑，有慕歌家世，乞食风情。
>
> 单寒骨相难更，笑席帽青衫太瘦生。看蓬门秋草，年年破巷；疏窗细雨，夜夜孤灯。难道天公，还钳恨口，不许长吁一两声？颠狂甚，取乌丝百幅，细写凄清。

然恨则恨矣，板桥之矢志于学，则并未就此稍减，他期待着有朝一日自己也能功成名就，一消胸中块垒。

　　板桥为学之初蒙导源于其父立庵先生。立庵先生是一位品学兼优的廪生，奇才博学，隐居不仕；同时又是一位私塾先生，在家先后教过数百名学生。板桥从小天资聪慧，其父对此甚为高兴，对他加以悉心教导。（立庵先生亲自教导自己的儿子，从一个侧面说明其家之贫穷。富贵人家尽管长者学问渊博，但都是要延师教子的。要取得教育的成功，君子易子而教，乃古之明训。）板桥尝言："父立庵先生，以文章品行为士先。教授生徒数百辈，皆成就。板桥幼随其父学，无他师也。"（《板桥自叙》）在父亲的精心启蒙下，板桥3岁起就开始学字；五六岁便能背诵诗句；6岁以后即涉猎读四书、五经；八九岁时，立庵先生便教板桥开始作文联对。

　　按科举时代的学塾授业，大抵要进行启蒙、读经、举业三个发展阶段。板桥之学塾读书，一直持续到成年以后，总计在十年以上，此可见其随父所受到的教育是比较完备的。板桥自述其早年"读书能自刻苦，自愤激，自竖立，不苟同俗，深自屈曲委蛇，由浅入深，由卑及高，由迩达远，以赴古人之奥区，以自畅其性情才力之所不尽。人咸谓板桥读书善记，不知非善记，乃善诵耳。板桥每读一书，必千百遍。舟中、马上、被底，或当食忘匕箸，或对答不听其语，并自忘其所语，皆记书默诵也。书有弗记者乎"？（《板桥自叙》）即此来看，板桥读书是相当用功的。板桥不仅能刻苦读书，其于经亦能有所窥见。他曾说："平生不治经学……有时说经，亦爱其斑驳陆离，五色炫烂。以文章之法论经，非《六经》本根也。"（《板桥自叙》）板桥虽自称平生不治经学，但所谓"不治"者，乃指其不愿循规蹈矩而言。在当时来说，清廷致力于经学之倡导，悬之为功令，士子要想求取功名，经学功底是万万缺不得的。板桥之"不治"，实就不同于一般者而发。其实，板桥于读经也是十分用功的，其所作《焦山别峰庵雨中无事书寄舍弟墨》，即可视作其读经的笔记。儒家典籍向称浩繁，板桥于此，颇能由博返约，取精用宏。尤可注意者，板桥提出要在"终身受用不尽"的一批书上下功夫，"刻刻寻讨贯串"；其他的书，在他看来，是都该烧掉，或者逃不掉"不烧之烧"——被人遗忘的命运的。能有这样的识见，如果板桥早年在学塾中不用功读经，不具备广泛涉猎的功底，是万万不可能的。至于举业，即通常所说的学作"八股文"、学作"试帖诗"，在其慈父严师的督导下，板桥自然又是下了一番功夫。没有这块敲门砖，其日后成秀才、中举人、中进士，更会大打折扣。

幼年时代的板桥，除了跟随父亲攻读外，其在学业上亦颇"得外家气居多"。一则，板桥的外祖父汪翊文先生对板桥的学业颇有影响。汪翊文归隐不仕，博学多才，似为一孤傲之人。板桥后来曾自称"板桥文学性分，得外家气居多"（《板桥自叙》）。由此可见，板桥之受外祖影响，甚至包括性格和气质，当是相当大的。另外，板桥还曾得到另一个"外家"——板桥继母郝夫人的族叔郝梅岩先生的熏陶。郝氏自康熙三十六年（1697）嫁于立庵先生，至康熙四十五年（1706）去世，在郑家约十年时间。在这段日子里，郝氏每当回娘家时，便时常带着小板桥，这使得小板桥有机会聆听郝梅岩先生的教海。这段往事，尽管后来板桥自称"随其父学，无他师也"，但据郝家庄的老人回忆，板桥到其外婆家时确曾随梅岩先生学过。据说当时梅岩公曾要生徒作对联，以表达自己的志向，板桥的联对是："此人如碧梧翠竹，其志在流水高山。"此可见板桥少时之志趣。另据称，板桥当年学字时，常用长长短短的竹叶、竹枝和大大小小的卵石在地上摆字，以竹叶代撇捺，以竹枝代横竖，至于大大小小的卵石，则用来代点。真可谓童趣盎然，匠心独具。其后，板桥曾有一联赠梅岩先生，称赞其"虚心竹有低头叶，傲骨梅无仰面花"之高洁人品，以志敬慕和感激之情。①

　　板桥的少年时代正处于康熙中叶，即所谓的"盛世"渐呈之时。正如前面所提到的，当时的统治者在对知识界实行怀柔政策的同时，还对思想文化进行严格的控制。他们拜孔庙，祭孔陵，追封孔子为"大成至圣先师"，大力提倡程朱理学，将朱熹抬升于"十哲之列"，并将其思想推崇为官方的统治思想。此外，"博学鸿儒"的召开，《朱子全书》《性理精义》的结撰，以及重新把朱熹的《四书集注》作为科举考试命题和写作八股文的依据，皆体现出当时统治者的思想取向；而这一取向的确立，无疑对士子们产生了很大的导向作用。和其他许多读书人一样，家境贫寒而又怀"修身、齐家、治国、平天下"抱负的郑板桥，也非常想从科举中寻求一展怀抱的时机。在此政治、学术氛围下，少年时代的板桥，其所读书之主题当然离不开四书、五经的范围。也就是说，板桥的求学和求功名是二位一体的。

　　四书、五经作为儒家的经典文献，是明清士子科举考试所必须研读的钦定文献。四书指《大学》《中庸》《论语》《孟子》；而五经指《诗经》《尚书》《礼记》《周易》《春秋》。自汉代以来便形成了治经的传统，但随着时代的变迁，治经的主题又各有所不同：如两汉经师重训诂；而宋元学者则重义理；明人承宋元余风，衍为高谈心性，束书不观；至有清一代，空疏学风得到一定程度的矫正，但也有不少读书人并不潜心研读，而是浮光掠影，依凭几本高头讲章、八股选文，便发挥成连篇累牍的文章。清代大儒顾炎武尝言："呜呼！圣人之所以为学者，何其平易而可循也……今之君子则不然，聚宾客门人之学者数十百人……而一皆与之言心言性，舍多学而识，以求一贯之方，置四海之困穷不言，而终日讲危微精一之说……我弗敢知也。"（《亭林文集·与友人论学书》）可谓一针见血地指出当时士

① 薛振国、董保康、单虹：《郑板桥与盐城郝氏》，《美术研究》，1984年第4期。

林中所存在的弊病。

所谓文章，也有其特定的含义，指八股时文、试帖诗。这也是求取功名所必需的基本功。明清两代取士，以八股文为准衡。所谓八股文，指的是作文的程式，由破题、承题、起讲、入手、起股、中股、后股、束股八部分构成，是以名为八股文。八股文的命题主要来自四书、五经，其形式比较固定，有时几近于呆板僵化。更有甚者，由于出题范围有限，有时命题者便把四书、五经中本来有固定内容的句子割裂开来，而将毫无关联的词、句拼凑在一起，令人难以捉摸，不知所云。加上考生所论述的内容被限定在朱熹《四书集注》等书范围内，个人不能随意发挥，而只能代圣人立言。试帖诗指五言排律八韵，如同八股时文，也不讲求内容，而只要求能达到切题、合平仄、不走韵即算合式。八股文格式之严谨拘板，内容之限制狭窄，无论对个性、感情的抒发，还是进行思想创新，都是很大的束缚。因此，八股时文往往为一些古文学家所不齿，对之多所讥评。顾炎武尝指出八股之害甚于"焚书"，黄宗羲等人亦有是见。他们力矫时文之陋，主张治学应"经世致用"，弃虚崇实。尽管有种种弊端，八股文毕竟是一般读书人踏入仕途的敲门砖（对大多数出身低微的读书人来说，这恐怕是唯一的一块敲门砖），不致力于此，是很难在跻身仕途的。这一政治范式，注定了大部分士子要将许多时光倾注于四书、五经，甚至要倾其毕生精力，皓首穷经，以打通利禄之门。

而要通过科举考试步入仕途，第一步要做的是努力使自己的八股、试帖中式。通过县考，被录取后始成为生员（又叫秀才）。取得生员资格后，才能进行第二步的考试——乡试（即省一级的考试），乡试合格者为举人，亦称中举。举人资格取得后，便具备了进京城参加会试的资格。会试录取者为贡士，成为贡士便可有资格参加殿试。殿试及第者为进士，前三名通常称为状元、榜眼、探花，其他为进士及第、赐同进士及第。至此，读书求功名的历程算是告一段落，而这正是传统社会士子们梦寐以求的目标。

出身寒儒之家而又心怀治国、平天下之志的板桥，一如其他士子，其为学之初，也是致力于科举功名的。板桥所居之兴化，向来是名人辈出之地，仅明朝中叶以后由科举而做上宰相的，就有高谷、李春芳、吴甡等人，其中李春芳还是状元出身。这些乡贤的"壮举"，以及其父立庵先生等人的教导，必定对板桥会有所触动。

大约16岁时，板桥在其父的安排下，开始跟随本乡的陆震先生学作词，与其一起同学的还有方国栋、顾于观等人。陆震，字仲远、仲子，一字种园。《重修兴化县志·人物志·文苑》称其"少负才气，傲睨狂放，不为龊龊小谨。宋家宰莘巡抚江南，期以大器。震淡于名利，厌制艺，攻古文辞及行草书。贫而好饮，辄以笔质酒家，索书者出钱为赎笔。家无儋石储，顾数急友难……诗工截句，诗余妙绝等伦"。板桥师之，受益匪浅。这位陆先生很注意教学方法，他先教板桥学婉约派柳永、秦观的词，而后又让他沉潜豪放派苏轼、辛弃疾的词。正是在种园先生的悉心教诲下，板桥得以取诸家之长，从而形成自己的作词风格——既有婉丽之美，又有豪宕之势。板桥对陆师种园极为尊重，在其后所作的《七歌》中，板桥这样追忆其与陆震先生的师生之谊道：

> 种园先生是吾师，竹楼桐峰文字奇。
>
> 十载乡园共游憩，壮心磊落无不为。
>
> 二子辞家弄笔墨，片语干人气先塞。
>
> 先生贫病老无儿，闭门僵卧桐阴北。
>
> 呜呼！七歌兮浩纵横，青天万古终无情！

此外，板桥50岁时，在他自刻的《词钞·自序》中还特别提到这位恩师，而且还特意附刻了其词以资纪念。其言曰："陆种园先生讳震，邑中前辈。燮幼从之学词，故刊刻二首，以见一斑。"而陆震于板桥，亦是相得甚契，其所作《虞美人·郑克柔述梦》词曰：

> 寻思百二河山壮，更陟莲峰上。那能牖下死勾留，恨杀尘缘欲脱苦无由。
>
> 故人一觉荒唐甚，娓娓殊堪听。君还有梦到秦中，我并灞桥驴背梦俱空。

由此可见，板桥与其师陆震之人生取向，及亲密的师生之谊。事实上，正是鉴于陆震之学识人品，立庵先生才放心地让板桥师从于他；而板桥确实从陆震先生那里学到了不少东西，其后板桥之所以能在诗词及品学方面有所成就、提升，与陆震的教导是分不开的。

板桥辞别其师陆震后，约于24岁时，顺利通过了县考，中了秀才。[①] 此前一年，即板桥23岁时，与同邑徐氏结婚，其后育有一男两女。但不久因生活所迫，板桥无力专攻学业，无奈辍学谋生，做起了教书先生，坐馆于江村。前面已经说到，江村的教馆生活让板桥过得并不如意。这一则是其收入微薄，更主要的是板桥思想上受到很大的煎熬。板桥之致力于学，意于科举考试中一展身手。在板桥看来，读书——科举——做官是一条光明大道。他尝言："明清两朝，以制艺取士，虽有奇才异能，必从此出，乃为正途。"（《板桥自叙》）且充满期待地赞叹道："圣天子以制艺取士，士以此应之。明清两朝士人，精神聚会，正在此处。"（《题高凤翰画册》）后来在潍县任上时，板桥还时常写信勉励其堂弟墨要勤奋读书，并一再叮咛："信此言，则富贵；不信，则贫贱。"（《潍县寄舍弟墨

---

① 关于郑板桥考取秀才的年份，尚有17岁、20岁左右、22岁等说法，姑且阙疑。

第四书》）此外，在《赠高邮傅明府》的诗中，板桥表明心迹道："出牧当明世，铭心慕古贤。安人龚渤海，执法况青天。"其渴求用世之情，溢于言表。基于此，这段时期，板桥所读的书必然仍是为科举考试做准备的四书、五经之类。与此相应，生性豪放狂宕，对古文如《左传》《史记》又极喜爱且钻研极深的郑板桥，不但不反对八股，而且对这种令人窒息的八股文还有着特殊的爱好，认为"其理愈求而愈精，其法愈求而愈密。鞭心入微，才力与学力俱无可恃，庶几弹丸脱手时乎"？（《板桥自叙》）在今天看来，这简直是把绳索当宝贝，把鸩酒当甘露。但在当时，时势使然，板桥亦只能如此。

值得一提的是，当时的科举考试对书法有特殊的要求，规定写卷的书体须用"乌""光""方"的"馆阁体"。所谓"馆阁体"（明代称"台阁体"），指乌、方、光、大小一律不能出格的小楷，因馆阁和翰林院的官员擅长这种字体，故而得名。不过，由于皇帝的不同爱好，"馆阁体"亦时有变化。金安清《馆阁书变体》称："馆阁书逐时而变，皆窥上意所在。国初，圣祖喜董书，一时文臣皆从之，其最著者为查声山、姜西溟。雍正、乾隆皆以颜字为根底而赵、米间之，俗语所谓墨圆光方是也。然福泽气息，无不雄厚。嘉庆一变而为欧，则成亲王始之。道光再变而为柳，如祁寿阳其称首者也。咸丰以后则不欧不柳不颜，近且多学北魏，取径愈高，成家愈难，易流于险怪，千篇一律矣。然白摺小楷仍取匀秀。"又《书契圣手》云："时尚楷书，所谓欧底赵面，皆华实挺秀，十数人如出一手。"（《水窗春呓》卷下）然则统一字体倒也罢了，更有甚者，当时还规定书法的好坏是决定录取与否的重要标准之一。事实上亦是如此，当时就有不少人八股文章虽作得好，却因书法不合要求而在科举路上屡屡受挫。《清代名人轶事》中，就记载了一位叫彭刚直的人有过这种坎坷的经历，文中称："彭刚直公不能作楷书，试卷誊正，往往出格。九应童子试，皆坐是被斥。"（《科名类》卷5《彭雪琴之知遇》）为适应这一要求，板桥当时练的书法当然也是这种"馆阁体"了，而非后来大家所熟知的极富板桥个性的"六分半书"。

雍正六年（1728）春天，板桥时年36岁，为参加乡试做准备，他寓居在扬州天宁寺①读书，研习制艺，潜心于四书、五经。板桥之所以选择天宁寺攻读，出于以下几方面的考虑：其一，天宁寺周边环境清静优雅，有利于潜心攻读，避开家庭琐事的困扰；其二，寺里的斋饭便宜，板桥在经济上能承担得起；其三，板桥爱与和尚交友阔谈。基于这些考虑，天宁寺无疑是板桥的理想读书之地。

在天宁寺期间，板桥的读书生活既紧张、艰辛，同时也有些许乐趣在其中。当时板桥的心绪如何，其诗词中虽没留下痕迹，但其所作《四子书真迹序》中，多少披露了一点当时的情况。文中称，这一时期，板桥常和陆白义、徐宗于诸砚友聚在一起谈诗论文。而每于夜深人静后，虽残灯如豆，冷风将破庙廊中的落叶吹得沙沙响，这几个人的谈兴却十分浓烈，仿佛置身世外，久久不愿散去。有时，皓月当空，周围一片空灵，他们干脆就到寺前的小坪里坐谈，兴之所至，有时还拔剑起舞，对酒当歌，尽情挥洒自己的"寂寞"；之后，又骑到门外的石狮子上，再次兴奋不已地议论起军国大事来。三十几岁的热血青年，虽然一贫如洗，却个个雄心勃勃，大有天下舍我其谁的豪迈之气。

有时为了比赛记诵经文，板桥等人还在市坊间买来一些比较便宜的印格纸，默写经文。一天之中，或默写三五纸，或默写七八十余纸，或兴之所至，亦可默写二三十纸。如此默下去，用了不到两个月的工夫，便将《论语》《孟子》《大学》《中庸》全部写完。"虽字有真草讹减之不齐，而语句之间，实无毫厘错谬"，体现出板桥"诵

---

① 位于扬州城北，江南名刹之一，本为晋太傅谢安之别墅。康熙年间曹寅兼任两淮盐运使时，奉朝廷之命在此设立书局，纂修《佩文韵府》，刊刻《全唐诗》。

读之勤，亦刻苦之验也"（《四子书真迹序》）。

尤为难能可贵的是，板桥不仅能默写经书，而且对于读经有不同于时儒的看法。其尝言：

> 孔夫子删书，圣也；秦始皇烧书，暴也。则非秦始皇与孔子，前人著作，不得妄加芟除矣。近见有腐儒老伧，以全《礼》不便幼学，甚且不便两闱，简而为《礼注》，又简而为提要，为心典，殊可痛恨。夫使《礼》果可删，前人亦何必著之为经？既已著之为经，吾人复从而删之，不几欲法孔子而师始皇乎？可乎，不可乎？而要之亦无足深怪。此老伧腐儒之见，亦仅为不便幼学，不便两闱。夫不便幼学，则其见不出乎小儿；不便两闱，则其见不过望着中举、中进士，做个小官，弄几个钱养活老婆儿女。以言夫日月经天、江河行地，处而正心诚意，出而致君泽民，其义固茫乎莫辨也。而必沾沾焉与之论可删不可删，亦何异馈聋以声、谕瞽以色！
>
> ——《四子书真迹序》

在这里，板桥对"老伧腐儒"们删简《礼》而为《礼注》、提要、心典之举进行了无情地抨击，认为他们的这种做法，仅仅是为幼学和科举需要着想，并非真正地研治学问。在板桥看来，读书的真正要义是能"处而正心诚意，出而致君泽民"。显然，板桥是针对当时不少读书人醉心理学、不读他书的现象而发声的。他认为："讲理学者，推极于毫厘分寸，而卒无救时济变之才。"（《范县署中寄舍弟墨第五书》）以上认识，体现出板桥虽身处困境，但仍然执着于自己的个性。

有这么一件有趣的事情，同样体现了板桥的个性特点。说在雍正年间，南京孔庙的围墙被风雨摧倒数丈，这件事情只不过是自然现象，本没什么可奇怪的。但板桥却不这么看，他说围墙之所以被摧倒，是因为"金陵城中龌龊秀才满坑满谷；现任教谕，亦属胸中无点墨者。斯文扫地，辱没圣门"，孔圣人才"特毁墙以示驱逐之意"（《寄墨弟自焦山发》）。板桥此见，实在是"突发奇想"，但也并非事出无因。大儒顾炎武曾指出理学家不读经书原著而尚空谈之弊，板桥于此亦深有同感。他反对那些自以为高明者之"简而为提要，为心典"，对"龌龊秀才"极为鄙视。从某种意义上来说，板桥是继承了顾炎武等批判思想家的传统的。此外，更有意思的是，板桥读经，不但钻研经义，而且还对经书有独特的研治方法，即"以文章之法论经"。他曾说："有时说经，亦爱其斑驳陆离，五色炫烂。以文章之法论经，非《六经》本根也。"（《板桥自叙》）。这或许是板桥的又一个不同于"腐儒"的地方。

板桥于《刘柳村册子》中尝自云："板桥最穷最苦，貌又寝陋，故长不合于时；然发愤自雄，不与人争，而自以心竞。"为了在困顿中燃起希望之火，在汪芳藻县令的慷慨资助下，板桥于雍正十年壬子（1732）秋得以到南京参加乡试，这也是他第一次到南京（按明清科举，称顺天（北京）乡试为北闱，江南（南京）乡试为南闱）。功夫不负有心人，板桥此次科考，终于博得举人资格。中举后，板桥曾怀着悲喜交加的心情，挥毫写下《得南闱捷音》。诗曰："忽漫泥金入破篱，举家欢乐又增悲。一枝桂影功名小，十载征途发达迟。何处宁亲惟哭墓，无人对镜懒窥帷。他年纵有毛公檄，捧入华堂却慰谁？"这份迟来的功名和欣喜，板桥已不能与自己的父母、妻儿一同分享了。念及此，板桥怎能不为之黯然泪下？真是否极泰来，乐极生悲。此时的板桥，回首往日的欢乐与伤悲，心中该有多少知心话要向亲人诉说！在《念奴娇·劳劳亭》中，板桥将自己的一腔心绪倾诉于笔端，感慨道：

劳劳亭畔，被西风一夜，逼成衰柳。如线如丝无限恨，和雨和烟偕偬。江上征帆，尊前别泪，眼底多情友。寸言不尽，斜阳脉脉凄瘦。

半生图利图名，闲中细算，十件长输九。跳尽胡孙妆尽戏，总被他家哄诱。马上旌旗，街头乞叫，一样归乌有。达将何乐，穷更不若株守。

看来，板桥之中举，并没像一帆风顺者那样获得极大的狂喜。他对亲人的思念，对自己半生坎坷求学路的不堪回首，一切的一切，使这一本应为之高兴的喜事平添了丝丝苦涩和酸楚。板桥又怎能高兴得起来？

但无论如何，南京乡试的成功，标志着板桥的求功名之路又跨上了一个新台阶，接下来就是面对更艰难的会试了。但可惜的是，因其身患大疮，板桥不得不延一科再考。于此，赵振宜先生《郑板桥行踪拾零》辨析道："郑板桥在雍正十年壬子考中举人。清初规定：乡、会试均为三年一次，按理第二年即雍正十一年应参加癸丑的会试，可这一科他弃考了，是什么原因呢？从板桥全集及其年表等资料中，均未找到答案。但从最近发现的材料中说，板桥中举后，'身患大疮'到'浑身动弹不得'，无疑当成为'弃考'的合情合理的答案。至于雍正十一年（1733），板桥重访海陵（今泰州），从《赠梅鉴和尚》诗中得知，已是重九日。从时间上考期已过（考期为八月）。尤其是在南京参加乡试后，又去杭州游历不短的时间，因而栖居小海最早也在秋后了，加上'身患大疮'，病势之重，已到了'动弹不得'，治愈需要一定的时间，不得不延至三年后下一科赴考。小海居海陵之东，历史上隶属过海陵，故重访海陵之时，有可能就是离小海外祖父家之日，赴焦山、仪征攻读的途中，所以直到乾隆元年才考中了进士。"

板桥既然决定将科举之路走到底，就必须定下心来，排除杂念，集中精力应试。雍正十三年（1735），年已43岁的板桥又一次开始其寒窗苦读的生活。这一次板桥选择了镇江焦山。

镇江在历史上是有名的江南古城，享有"天下第一江山"之美誉。南宋词人陈亮有词云："一水横陈，连岗三面，做出争雄势，"似可作为镇江地形的鸟瞰。镇江最著名的风景区是沿江夹峙的三山——北固山、金山、焦山。金山以绮丽称世，北固山以险峻胜，而焦山则以雄秀见长。

焦山位于镇江东北的大江中，高约70多米。据说从前的焦山十分荒凉，仅有少数的砍柴人光顾于此，故被取名为樵山。东汉末年时，焦光三次拒招为官，长期隐居于此山，遂又改称为焦山。焦山与象山相对，背靠大江，树木葱茏，竹林繁茂，宛如一块碧玉浮于江面之上，因此又被称为浮玉山。山路旁的悬崖上刻有"浮玉"两个大字，为宋人笔迹。山中之名胜古迹，如吸江楼日出、华严阁月色、壮观亭夕照、观澜阁听涛、三诏古洞等，无不令人为之流连忘返。山上有庙曰定慧寺，始建于东汉兴平年间，唐朝时玄奘法师弟子法宝寂来此山后建造了大雄宝殿，宋时称普济禅院，清康熙年间始称定慧寺。站在寺前远眺，可以看到惊涛拍岸。而所谓的"焦山山里寺，金山寺里山"，指的是焦山之雄浑、金山之小巧。当然，形容最妙的当属乾隆皇帝所作的《游焦山作歌》。其言道："金山似谢安，丝管春风醉华屋。焦山似羲之，偃卧东床袒其腹。此难为弟彼难兄，元方季方各腾声。若以本色论山水，我意在此不在彼。"可谓深得焦山之趣。

性喜山水的板桥，无疑相中了焦山之胜。他由象山搭舟，来到这座四面环水的孤山上，寄宿在焦山双峰之阴的别峰庵。庵内环境幽雅，除了佛殿和小客厅外，还有花树一庭，小斋三间。板桥曾作有一副楹联，曰："山光扑面经新雨，江水回头为晚潮。"抬头望，经过一番新雨泼洗，焦山愈加苍翠，秀色夺目；俯首看，江水一反常态地调头回流，预示晚潮即将到来。这首楹联贴切地描摹了造化的瑰丽与壮观。

板桥这次集中学习，内容十分广泛，可谓经、史、子、集通观博览，但重点仍然是研读四书、五经，习作八股文，毕竟他主要的任务是为丙辰科（1736）的会试做准备。此时的板桥，对八股文仍然充满了"乐趣"，这只要看一下他在学习间暇涉足仪真时给堂弟郑墨的信，即可见一斑。板桥在信中说：

> 先朝董思白，我朝韩慕庐，皆以鲜秀之笔，作为制艺，取重当时。思翁犹是庆、历规模，慕庐则一扫从前，横斜疏放，愈不整齐，愈觉妍妙。二公并以大宗伯归老于家，享江山儿女之乐。方百川、灵皋两先生，出慕庐门下，学其文而精思刻酷过之，然一片怨词，满纸凄调。百川早世，灵皋晚达，其崎岖屯难亦至矣，皆其文之所必致也。吾弟为文，须想春江之妙境，抱先辈之美词，令人悦心娱目，自尔利科名、厚福泽。
>
> ——《仪真县江村茶社寄舍弟》

信中提到的董思白其昌、韩慕庐菼、方百川舟、方灵皋苞等人，都是明、清的时文名家。在焦山期间，板桥和堂弟墨多有书信往来，在信中板桥除了谈学习制艺心得外，还教导堂弟治学要得其法，善抓重点，精读一部分书。《焦山别峰庵雨中无事书寄舍弟》云："吾弟读书，四书之上有《六经》，《六经》之下有《左》《史》《庄》《骚》，贾、董策略，诸葛表章，韩文杜诗而已，只此数书，终身读不尽，终身受用不尽。至如《二十一史》，书一代之事，必不可废。然魏收秽书、宋子京《新唐书》简而枯，脱脱《宋书》冗而杂。欲如韩文杜诗脍炙人口，岂可得哉！此所谓不烧之烧，未怕秦灰，终归于孔炬耳。《六经》之文，至矣尽矣，而又有至之至者：浑沦磅礴，阔大精微，却是家常日用，《禹贡》《洪范》《月令》《七月流火》是也。当刻刻寻讨贯串，一刻离不得。张横渠《西铭》一篇，巍然接《六经》而作，呜呼休哉！"于此一斑，足见板桥对学问之体悟。

雍正十三年（1735），板桥再次进京（《郑板桥年谱》云"约于秋天赴北京"；而《郑板桥年表》作乾隆元年"赴北京"），准备参加乾隆丙辰科（1736）会试。乾隆元年二月，板桥参加了礼部会试，中贡士。五月，殿试于太和殿前丹墀（台阶上的空地，也指台阶），中第二甲第88名进士。这位康熙秀才、雍正举人，历经二十多年的岁月，遍尝了无数的人生磨难，终于在乾隆元年熬成了进士，成就了"正果"。为庆贺这次高榜得中，板桥甚是得意地画了一幅《秋葵石笋图》，并题诗云：

> 牡丹富贵号花王，
> 芍药调和宰相祥。
> 我亦终葵称进士，
> 相随丹桂状元郎。

是啊，岁月不饶人哪，转眼间已是44岁的人了。虽过了群芳争艳的青春时代，但板桥毕竟做了回"终葵"，终于能在秋天随丹桂一起扬吐芳香！

考取进十后，板桥并未马上返乡，而是在京师逗留了一段时间。因为根据当时的规定，新中的进士优于文学书法者，有可能被选入翰林院所设的庶常馆学习，称为翰林院庶吉士。三年后（也有提前的）考试成绩优良者，可分别授以翰林院编修、检讨等官，其余则分发各部任主事等职，或以知县优先铨用。板桥之所以在北京逗留，除了进行一些必不可少的礼节性拜谒、答谢活动外，其主要目的便是准备参加庶吉士的选拔。

板桥上一次到京师，其目的并不十分明确：既有交结权贵之意，也有卖画的意图，还有就是为了游览名胜。这次考中进士后，其逗留京师的目的则非常明确：期待求得一官半职，或继续于庶常馆磨砺。也许是感到已经到了成功边沿的缘故吧，此时的板桥出仕欲望相当强烈。为官后在给堂弟的信中，板桥对此有所透露："余本书生，初志望得一京官，聊为祖父争气，不料得此外任"（《潍县署中寄舍弟墨》第62号）。其所谓的"初"，当即指这个时候。然而，板桥丑陋的容貌，横溢惊座的才气，尤其是他那孤傲癫狂的性格，都是进入仕途的大忌。为了扬长避短，板桥想起了唐代文学家韩愈的"干谒"之法，即通过向要员献诗文，请其延誉，以争取尽早谋得职位。其《读昌黎上宰相书因呈执政》云："常怪昌黎命世雄，功名之际太匆匆。也应不肯他途进，惟有修书谒相公。"由此可见板桥之急于出仕的心情。

干谒之风，唐代即颇为盛行。众所周知的大诗人李白、杜甫，和刚才提到的大文豪韩愈等，都未能免俗。据《旧唐书》记载，韩愈"举进士，投文于公卿间，故相郑余庆颇为之延誉，由是知名于时"。《昌黎先生集》中也保存有好几篇献文时写的书信，遗憾的是这些书信都仅载有献文的篇数，而未写明其题目，以致后人无法得知韩集中哪些文章曾经进献过权要。当然，板桥的干谒并不是屈志辱节的求官，这是不符合板桥的性格和做人原则的；板桥的求官是基于其"大丈夫不能立功天地，字养生民，而以区区笔墨供人玩好，非俗事而何"（《潍县署中与舍弟第五书》）的思想，企图实现自己"得志泽加于民"的抱负。板桥所效仿的韩愈曾说过："故士之行道者，不得于朝，则山林而已矣。山林者，士之所独善自养，而不忧天下者之所能安也。如有忧天下之心，则不能矣。"（《后廿九日复上宰相书》）这也正是封建时代士人充满了内心矛盾、痛苦的体现（至于板桥的此种心态，后面将会论及）。

板桥所作的两首《呈长者》，其意即在于期盼能得到当朝权要的赏识。其言曰：

> 御沟杨柳万千丝，雨过烟浓嫩日迟。
>
> 拟折一枝犹未折，骂人春燕太娇痴。
>
> 桃花嫩汁捣来鲜，染得幽闺小样笺。
>
> 欲寄情人羞自嫁，把诗烧入博山烟。

板桥之羞于自荐而又不得不自荐的心情溢于言表。但是，由于当时正处于雍正帝刚薨、乾隆帝新立政治变动之时，朝廷党派之争相当激烈，毫无政治背景的郑板桥，在这个时候的干谒活动显然是不会取得什么积极效果的。一年后，板桥终一无所获，怏怏地回到了家乡。正所谓"惭予引对又空还"（《送都转运卢公》），时在乾隆二年（1737）。

板桥由京师回到扬州后，一直到乾隆六年（1741）第三次入京，他都是在扬州和兴化度过的。中进士以前，板桥在扬州的住处经常变更，正如前面提到的，他很多时候是住在寺庙中，也曾偶尔在大盐商家寄宿过，如汪边璋、马日琯等处。这次回扬州，板桥的际遇已大不同于从前，因为有了新科进士的身份，再加上他的画名、书名、诗名、狂名等，此时的板桥可说是"远近闻名"了。回乡后，板桥定居于李氏小园。至于这个李氏小园的来头，板桥在《怀扬州旧居》题目下注云："即李氏小园，卖花翁汪希所筑。"按钱祥保《甘泉县续志》载："勺园在北门外，种花人汪希文宅也。希文吴人，善歌，乾隆初来扬州卖茶枝上村，与李复堂、郑板桥友善；后购是地种花，复堂为题'勺园'额，板桥书'移花得蝶，买石饶云'联句。有水廊十余间，湖光潋滟，映带几席，为是园最佳处。今绿杨村茶肆迤东，即其故址。"（卷13《名迹考》）由此可知，李氏小园即扬州城北的勺园。板桥身处如此幽美可人的环境中，又新娶了年轻美貌的饶氏（下文将重点提及），生活是颇为适意的。后来，他在山东任上作有《怀扬州旧居》，颇为惬意地回忆道：

> 楼上佳人架上书，烛光微冷月来初。
> 偷开绣帐看云鬟，擘断牙签拂蠹鱼。
> 谢傅青山为院落，隋家芳草入团蔬。
> 思乡怀古兼伤暮，江雨江花尔自如。

以此来表达对勺园那段美好生活的深深眷恋。还须提及的是，板桥还曾作有《李氏小园》四首，对小园邻居的贫穷生活，表达了深切的同情，体现出其一贯的民生理念。诗是这样写的：

> 小园十亩宽，落落数间屋。春草无秽滋，寒花有余馥。闭户养老母，拮据市梁肉。大儿执鸾刀，缕缕切红玉。次儿拾柴薪，细火煨陆续。烟飘豆架青，香透疏篱竹。贫家滋味薄，得此当鼎𫗴。弟兄何所餐，宵来母剩粥。

> 晨起缝破衣，针线不成行。母年七十四，眼昏手又僵。装绵苦欲厚，用线苦欲长。线长衣缝紧，绵厚耐雪霜。装成令儿暖，母衣单薄凉。不衣逆母怀，衣之情内伤。

> 儿病母煮药，老泪滴炉灰。几死复得活，为母而再来。终养理之顺，哭儿情至哀。老天有矜怜，复使归母怀。

> 兄起扫黄叶，弟起烹秋茶。明星犹在树，烂烂天东霞。杯用宣德瓷，壶用宜兴砂。器物非金玉，品洁自生华。虫游满院凉，露浓败蒂瓜。秋花发冷艳，点缀枯篱笆。闭户成羲皇，古意何其赊！

刚回到扬州，板桥就遇到了好友顾于观，顾赠诗曰：

> 郑生积学晚有名，感念平生意凄恻。
>
> 深心地底迴星芒，苦节坚冰炼木德。
>
> 文成亦爱今人赏，宦达仍惭古贤责。
>
> 遇我扬州风雪天，酒阑相向意茫然。
>
> 邱陵同寻史阁部，祠庙还过董广川。
>
> 亦有争奇不可解，狂言欲发愁人骇。
>
> 下笔无令愧六经，立功要使能千载。
>
> 世上颠连多鲜民，谁其收之唯邑宰。
>
> 读尔文章天性真，他年可以亲吾民。
>
> ——《澥陆诗钞》卷4《赠板桥郑大进士》

可见，作为板桥的好友，顾于观明显感觉得出，板桥那种固有的狂气和才气并没有丝毫的改变，倒是由于中了进士，似乎更加强了"得志泽加于民"的责任感。

的确，考察一下这段时期板桥的交往和诗文，不难发现他对国计民生的关怀。如乾隆二年（1737）春夏间，高邮知州傅椿至兴化造访板桥，两人"一谈胸吐露，数盏意周旋"，甚为相投。傅椿，号毅斋，监生出身，满洲镶黄旗人。据《高邮州志》载，傅椿从雍正九年（1731）任高邮知州，至乾隆五年（1740）去职，十年任内，清明廉洁，颇有政声。板桥曾作《赠高邮傅明府》，称颂了傅氏在乾隆元年（1736）救灾中体恤民众的赤诚之心，同时也表明了自己对为官之道的看法，声称："出牧当明世，铭心慕古贤。安人龚渤海，执法况青天……生死同民命，崎岖犯世嫌。"这里，板桥提出了"明世""安人""执法"等做官准则。再如，乾隆三年（1738）江南大旱，板桥随安徽布政使晏斯盛的学生拜谒晏（晏斯盛，字虞际，江西新余人。据《清史稿》本传载，晏是康熙进士，历官翰林院检讨，贵州学政，鸿胪少卿，安徽布政使，山东、湖北巡抚等职，"究心民事，屡陈救济民食诸疏"。板桥丙辰科会试，晏为同考官，于板桥有座师之分）。板桥当时曾作有《上江南大方伯晏老夫子^{讳斯盛}》（大方伯是明清时对布政使的尊称。安徽布政使衙门设在江宁，故称江南大方伯）。在这四首中，板桥一则流露出欲请晏引荐之意，一则呈现出对时政的关注。其言道：

> 虎瞰峰高迥出云，凤池春早曲流纹。
> 才充上苑千林秀，气压西江九派分。
> 舟下牂牁开涨海，山临铜鼓拂南薰。
> 武侯千载征蛮后，直待先生展大文。
>
> 归朝晋秩列卿班，检点形仪肃佩环。
> 虎旅千人排象阙，鹓行九品拜龙颜。
> 再持文柄心逾下，屡沐殊恩意转闲。
> 惭愧无才经拂拭，也随桃李谒高山。
>
> 星轺渺渺下南邦，剑匣书囊动晓装。
> 六代烟花迎节钺，一江波浪涌文章。
> 云边保障开钟阜，天下军储仰建康。
> 赤旱于今忧不细，披图何以绘流亡！
>
> 淮南大郡古扬州，小县人居薄海陬。
> 架上缥缃皆旧帙，枕中方略问新猷。
> 鄱湖浪阔输洋子，匡阜云来润石头。
> 手把干将浑未试，几回磨淬大江流。

按《宋史》载，自熙宁六年（1073）七月至熙宁七年三月大旱不雨，东北流民大批背井离乡，流离失所。"安上门小吏"郑侠一贯反对新法，便抓住这个机会，将旱灾归咎于新法，他让人将灾民颠沛流离的惨景绘成《流民图》，献给神宗。神宗看后叹息不已，下了"罪己诏"，废除了方田、保甲、青苗等诸条新法。板桥正是借用这个典故想提醒晏斯盛，并期望晏能进谏皇帝，赈济一下江南嗷嗷待哺的饥民，这从一个侧面体现出板桥急于泽加于民的心情。而且，从这些诗中我们又能看出，板桥的这种心情是那么急迫，以至第四首全诗向晏畅述了自己匡世救民的愿望。"架上缥缃皆旧帙，枕中方略问新猷"，隐约地透露出板桥请求晏为自己引荐的意愿；而"手把干将浑未试，几回磨淬大江流"，板桥跃跃欲试之情态则明显地透露出来。

乾隆六年（1741）九月，年已49岁的板桥第三次来到京师。这次进京可能是奉吏部之召，也可能是板桥自己去活动谋官。本次京师之行，板桥深受挚友慎郡王允禧（1711—1758）的热情款待。（按：允禧乃康熙帝第二十一子，雍正帝之弟，乾隆帝之叔父，字谦斋，号紫琼道人，又号春浮。）早在雍正三年（1725），板桥与允禧便已结交。此次重逢，板桥不仅得到了允禧的特殊礼遇，而且因允禧的地位和在官场上的活动能力，从而在仕途上有了转机，所以不久便被选授为山东范县知县。上任之前，板桥特地作有《将之范县拜辞紫琼崖主人》，称：

> 红杏花开应教频，东风吹动马头尘。
> 阑干首藿尝来少，琬琰诗篇捧去新。
> 莫以梁园留赋客，须教《七月》课豳民。
> 我朝开国于今烈，文武成康四圣人。

在这首诗中，生性狂傲的板桥对这位有知遇之恩的当朝大员表达了深深的谢意。这位慎郡王也作有《紫琼崖主人送板桥为范县令》，言道：

> 万丈才华绣不如，铜章新拜五云书。
> 朝廷今得鸣琴牧，江汉应闲问字居。
> 四廊桃花春雨后，一缸竹叶夜凉初。
> 屋梁落月吟琼树，驿递诗筒莫遣疏。

这首诗一则表示对板桥的依依不舍之情，二则更为主要的是勉励板桥将来能报效朝廷。

后来，板桥还写了《玉女摇仙佩·寄呈慎郡王》《画兰寄呈紫琼崖道人》《答紫琼崖道人》等诗词书信，表达了对慎郡王的眷念和知遇之感。在《刘柳村册子》《板桥自叙》中，板桥也浓墨重彩地记述了慎郡王对自己的礼遇。板桥之拳拳于慎郡王，还有另外一个原因，即慎郡王人品学问皆与板桥有极为相似处。在为慎郡王写刻之《随猎诗草》《花间堂诗草》所作的跋中，板桥对慎郡王的人品学问有如下评价："紫琼崖主人者……其胸中无一点富贵气，故笔下无一点尘埃气。专与山林隐逸、破屋寒儒争一篇一句一字之短长，是其虚心善下处，即是其辣手不肯让人处……琼崖主人读书好问，一问不得，不妨再三问，问一人不得，不妨数十人，要使疑窦释然，精理迸露。故其落笔晶明洞彻，如观火观水也……紫琼道人读书精而不骛博，诗则自写性情，不拘一格，有何古人，何况今人！主人深居独坐，寂若无人，辄于此中领会微妙。无论声色子女不得近前，即谈诗论文之士亦不得入室。盖谈诗论文，有粗鄙熟烂者，有旁门外道者，有泥古至死不悟者，最足损人神智，反不如独居寂坐之谓领会也……主人有三绝：曰画，曰诗，曰字。世人皆谓诗高于画，燮独谓画高于诗，诗高于字。盖诗、字之妙，如不云之月，带露之花。百岁老人，三尺童子，无不爱玩。至其画，则荒河乱石，盲风怪雨，惊雷掣电，吾不知之，主人亦不自知也。世人读其诗，更读其画，则不知足之蹈之，手之舞之。"由此可以看出，板桥之出仕，得益于慎郡王应是极其可能的。

就这样，50岁的郑板桥怀着对太平盛世的寄望，和对慎郡王知遇之恩的感激，雄心勃勃地踏上了仕途。

潦倒山东七品官

走马范县　芒鞋问俗　无为而治　破屋闲情

转官潍县　违例开赈　励志吏治　乾隆东封书画史　息意官场

衙斋卧听萧萧竹，疑是民间疾苦声。

些小吾曹州县吏，一枝一叶总关情。

——《潍县署中画竹呈年伯包大中丞括》

乾隆七年（1742）春，新任范县县令郑板桥骑着毛驴，带着年轻貌美的饶氏夫人和书童，一捆行李，几箱书，一张琴，来到范县任上。范县，清朝时归山东省曹州府管辖（属今河南省界内），兼署另一个小县朝城。"西风漳邺水，旭日鲁邹天"（《登范县东城楼》），是地近邹鲁之乡的一个朴实宁静的地方。

板桥为官，属意于"立功天地，字养生民"（《潍县署中与舍弟第五书》）。所以，当其到任之后，便力革弊政，试图给这个闭塞的小县城带来一股清新之气。曾衍东《小豆棚》中曾说："（板桥）莅任之初，署中墙壁，恶令人挖孔百十，以迪卞街。人问之，曰：'出前官恶习俗气耳。'"这或许仅仅是个传说，未必完全可信，但依板桥的性格，做出如此举动亦未尝没有可能。这从一个侧面体现了板桥初入仕途时破旧立新的志向。

板桥出身于寒儒之家，长期过着朝不保夕、颠沛流离的生活，故其矢志苦读，以期改变这一困顿命运。但求学的路实在是太艰辛了，屡经周折，年至五十，板桥始熬得一个七品县令的职位。这种种经历，使板桥既痛恨那些不问民瘼的官吏，同时也唯恐自己由于不了解民情而做出对不起老百姓的事，辜负了民心。诚如其在《范县》诗中所表露的：

> 四五十家负郭民，落花厅事净无尘。
> 苦蒿菜把邻僧送，秃袖鹑衣小吏贫。
> 尚有隐幽难尽烛，何曾顽梗竟能训！
> 县门一尺情犹隔，况是君门隔紫宸。

这体现出板桥深为民间的隐情、冤屈难以明察而惴惴不安的情怀。尤其是末两句所云，县衙与百姓相距如此之近，尚且不能体察民情，何况那远在紫宸云之上的皇宫（皇帝）呢？由自己不能或无法完全了解民情而推及到皇帝，板桥很大胆地对官场的弊端表示了不满。

就官场而言，地方官之所以敢肆无忌惮地徇私舞弊，关键的一个原因即在于天高皇帝远——"隔"。"隔"会扭曲真相，颠倒是非、善恶。为了一己之私利，很多人就会竭力维护、营造这个"隔"，达到欺上瞒下的目的。板桥对此心知肚明。为实现其一革弊病的决心，板桥遂决定深入民间，体察民众疾苦。在范县为官期间，板桥就经常到民众中去，亲自询桑问麻，熟悉农事，体察下情。"布袜青鞋为长吏，白榆文杏种春城。几回大府来相问，陇上闲眠看耦耕"（《范县呈姚太守》），便生动地描绘出板桥的生活情态。板桥还曾沿大河巡视范县东北的平阴道和西北的邯郸道，并作有《平阴道上》《邯郸道上二首》等诗以纪其行，反映了范县"云随马足，风送车声。渔者以渔，耕者以耕"的淳朴民情和疾苦。

按照当时官府的规矩，县太爷出门要坐轿子，仪仗要"排衙喝道"，就是在前面敲锣吆喝，后面水火棍、回避牌张旗护卫。板桥却"一反常态"，除了迎接上司外，很少要这种威风，甚至连每天的排衙站班也觉得过于排场。他曾写过一首《喝道》诗，言道："喝道排衙懒不禁，芒鞋问俗入林深。一杯白水荒途进，惭愧村愚百姓心。"戴延年《秋灯丛话》称板桥"遇夜出，惟令两役执灯前导，亦不署衔，自书'板桥'二字"。这些皆反映出板桥之为官朴实，能体察民情。板桥能把眼光投向世俗社会，行动上与正统的官僚士大夫大相径庭，这可视作板桥心中那种关心民瘼的情怀对千百年来正统的封建等级观念的一种冲击。

或许是因为板桥出身贫寒，或许是其受到淳朴的乡风熏陶，或许是因深入民间而亲身感受到了农事的艰难，从板桥这一时期所作的诗文中，我们可以感受到板桥的重农思想是十分明显的。前面已经提及，板桥老家在兴化东门外，族人多靠作田捞虾度日，其生活相当清贫，这使板桥从小就亲身体会到了基层百姓的贫苦生活状况，在其心底种下了对小农深深的同情。为官范县后，他更深入到小农春耕夏耘秋获冬藏的真实生活中去，观察到了他们植桑养蚕、耕地种田、放鸭养鹅、婚丧嫁娶、应差服役等各个生活层面，从而对小农的生活境状和下层民众在社会生活中的作用有了更加深刻的了解。在给堂弟墨的信中，板桥曾表达了其对小农的看法：

> 我想天地间第一等人，只有农夫，而士为四民之末。农夫上者种地百亩，其次七八十亩，其次五六十亩，皆苦其身，勤其力，耕种收获，以养天下之人。使天下无农夫，举世皆饿死矣。
>
> ——《范县署中寄舍弟墨第四书》

这一看法，真是发人所不敢发，道人所不敢道，体现出板桥的独特思想。而更为有意思的是，对民间相传已久的"牛郎织女"故事，板桥做了如下别解："尝笑唐人《七夕》诗，咏牛郎织女，皆作会别可怜之语，殊失命名本旨。织女，衣之源也；牵牛，食之本也。在天星为最贵。天顾重之，而人反不重乎！其务本勤民，呈象昭昭可鉴矣。"这与其将农夫视作天地间第一等人的思想是一致的。此外，板桥还对和小农一样同属劳动阶层的工商业者的作用给予肯定，认为"工人制器利用，贾人搬有运无，皆有便民之处"。正是从尊重劳动者的角度出发，与对小农的评价相反，板桥严厉抨击了一部分读书人"一捧书本，便想中举、中进士、作官，如何攫取金钱、造大房屋、置多田产。起手便错走了路头，后来越做越坏，总没有个好结果。其不能发达者，乡里作恶，小头锐面，更不可当"。（《范县署中寄舍弟墨第四书》）这些认识，无疑是对传统的"士农工商"等级观念的"反动"。

板桥不仅在思想上有重农意识，而且在行动上也时时、事事注意尽力维护小农的利益。在范县为官期间，板桥致信在兴化主持家计的堂弟墨，告诫道："吾家业地虽有三百亩，总是典产，不可久恃。将来须买田二百亩，予兄弟二人，各得百亩足矣，亦古者一夫受田百亩之义也。若再求多，便是占人产业，莫大罪过。天下无田无业者多矣，我独何人，贪求无厌，穷民将何所措足乎？"（《范县署中寄舍弟墨第四书》）其后，板桥转任潍县县令时，还时常写信让堂弟教育儿子"学稼学圃"，要家中妇女"习春揄蹂簸之事"。所有这些，皆体现出板桥能洁身自好。

更有进者，板桥认为，作为官府，在治民上应立足于"清静无为"，尽可能地做到不扰民。这里，板桥一方面继承了道家"无为而治"的思想取向；另一方面，也是板桥在深入民间的过程中，痛切地感悟到只有少些官吏的骚扰，老百姓才会过上安居乐业的生活。在《范县诗》中，板桥写道：

驴骡马牛羊，汇费斯为集。或用二五八，或以一四七（期日）。长吏出收租，借问民苦疾。老人不识官，扶仗拜且泣。官差分所应，吏扰竟何极。最畏朱标签，请君慎点笔。贪者三其租，廉者五其息。即此悟官箴，恬退亦多得。

显然，我们完全可以视之为一篇纪实之作。诗中的"长吏"就是板桥自己。乡村用日中为市之例，逢期市集。板桥厕身其间，探询民间疾苦，得到了"恬退"的"官箴"。这种"无为而治"的思想，在板桥的书画作品中亦有体现。请看下面一则题画："今日画石三幅，一幅寄胶州高凤翰西园氏，一幅寄燕京图清格牧山氏，一幅寄江南李鱓复堂氏。三人者，予石友也。昔人谓石可转而心不可转，试问画中之石尚可转乎？千里寄画，吾之心与石俱往矣。是日在朝城县，画毕尚有余墨，遂涂于县壁，作卧石一块。朝城讼简刑轻，有卧而理之之妙，故写此以示意。三君子闻之，亦知吾为吏之乐不苦也。"（《题画·石》。题中所说朝城，是板桥兼任的。）从这则题画中，除了可看出板桥对朋友的一片深情外，同时还可以体会出板桥作为主事的官员对辖地的为治取向——"讼简刑轻""卧而理之"。

正是由于板桥能做到"无为而治"，这段时期，板桥在生活上过得相当平静愉快，"日高犹卧，夜户长开"便是对这种生活的反映。其《范县署中寄郝表弟》（第19号）中说："范县风俗淳厚，四民各安其业，不喜干涉闲事，因此讼案稀少，衙署多暇。闲来惟有饮酒看花，醉后击桌高歌，声达户外，一般皂隶闻之，咸窃窃私相告语，谓主人殆其僶乎？语为雏婢所闻，奔告内子，旋来规劝曰：历来只有狂士狂生，未闻有狂官，请勿再萌故态，滋腾物议。"又所作《破屋》诗，亦体现出其"尚简易"的思想。诗曰：

廯破墙仍缺，邻鸡喔喔来。
庭花开扁豆，门子卧秋苔。

画鼓斜阳冷，虚廊落叶回。

扫阶缘宴客，翻惹燕鸦猜。

　　板桥此时之所以能听得到鸡啼喔喔，是因为没有了官府的衙役吆喝声；之所以看得见庭院中长满了苔藓，是因为少却了许多烦人的事务；正因为政简事易，所以看门人也就乐得安闲；公堂的鼓冷清无聊地一任斜阳涂抹，而空无一人的走廊上只有落叶在来回飘动。这是何等令人深思的宁静啊！符保森《寄心庵诗话》谓板桥作县令时，"见身说法，民皆安堵息讼。尝于公庭步月，作诗写画，六房如水，吏去无人，真循吏中仅见也"，当是指这种境界。

　　然而，正当板桥沉浸于谧静的"破屋"意境中时，官场的现实则击碎了他"无为而治"的梦幻。板桥毕竟仅仅是一个小小的七品芝麻官，他个人的"无为"之举，难以抗拒官场的纷纷扰扰；他一个人的清廉高洁，难以抵挡整个官场的浊浪滚滚。冷酷的现实，渐渐削斫了板桥入仕前的锐气；在泥足深陷的挣扎中，他开始对自己有点丧失信心。正是因为这种来自内心深处的失落感，板桥在范县任期的后一段，便开始萌生了息意官场的念头。只是由于当时巡抚大人待他很好，"士为知己者死"的知遇观使板桥碍于情面，勉强留在了任上。在给郑墨的信中，板桥透露出此时的心声。他说：

　　人皆以做官为荣，我今反以做官为苦，既不敢贪赃枉法，积造孽钱以害子孙，则每年廉俸所入，甚属寥寥。苟不入仕途，鬻书卖画，收入较多于廉俸数倍，早知今日，悔不当初。现拟告病辞职，得邀允准，如天之福。惟余每因事晋谒中丞，必蒙青眼相加，并见赏我之墨竹，谓为得文湖州真髓。凡遇上辕门，必邀余至内花厅留膳，余受宠若惊，不敢放浪。中丞笑语云："下属无留膳之例，此时吾与尔叙私交，不必目我上司而兢兢小心也。"既逢此知遇，只恐一时未必许我解组归田。

奈何？奈何？

——《潍县署中寄四弟》第55号

又其所作题《深山兰竹图》同样表达了对官场的厌倦：

深山绝壁见幽兰，

竹影萧萧几片寒。

一顶乌纱早须脱，

好来高枕卧其间。

正当板桥"进又无能退又难，宦途踟蹰不堪看"（《画鞠与某官留别》）的时候，乾隆十年（1745）冬天，他接到了调任潍县县令的命令。离任之前，板桥考虑到饶氏和新生不到两岁麟儿的健康问题，于是将他们送回到兴化老家。

第二年（1746），郑板桥出任潍县县令，时年54岁。

潍县（今称潍坊市）是一个富庶的大县，属山东莱州府管辖，地处齐鲁腹地，北濒渤海，南临沂蒙山脉，白浪河穿城而过，将县城一分为二。河东为东关，为土筑城墙；河西就是板桥《修城记》所讲的石城墙的城里。城里为繁华的市集，盐商云集，财势炙手可热。土布业和屠宰业远近闻名，它们是保持潍县经济繁荣的主要支柱。这里的交通四通八达，联结着胶州、济南、苏州、蓟中等地，极大地促进了商贸的发展，而贸易的发展更大地带动了潍县经济的繁荣和文化的昌盛。正是出于这一情况，当板桥调任此地时，当时不少人视之为"荣调"。

按理说，经济繁荣的潍县更有利于板桥的治理。但不幸的是，板桥到任之时却赶上了潍县多灾多难的年月。是年，潍县遭遇到罕见的大饥荒，给刚刚到任的板桥出了一个大难题。所以，板桥到任后，首要的政务便是抗灾救荒，赈济灾民和恢复生产。据《潍县志稿》载："乾隆十年乙丑，疫。秋七月十九日，海水溢"；"十二年丁卯春，大饥。自十一年八月不雨，至是年夏五月十八日始雨，连阴两月，无禾"；"十三年戊辰春，大蝗疫水饥"。显然，早在板桥调职潍县的前一年，灾荒便开始了。第二年，又发生了百年未遇的大旱，寸草不生，最后甚至出现了"人相食"的惨景。目睹此严重灾情，板桥忧心如焚。他一方面连连向上司报告灾情请求赈济；另一方面决定立即开仓赈灾。依当时的规定，开仓赈灾必须得到上级官府的批准才能实行。当时，虽曾有人婉转地阻止板桥开仓，认为何必为了贫民得罪上司，影响自己今后的升迁。但一心急于救灾的板桥想到成千上万挣扎在死亡线上的灾民，哪还顾得了那么多，激动地说："此何时！俟辗转申报，民无孑遗矣。有谴我任之！"于是，他毅然决定拨出一批谷子，叫百姓直接打借条来领。这一果断之举，虽然救活了上万人，但也为板桥日后的挫折埋下了"祸根"。在书旧作《潍县竹枝词》二十四首跋语中，板桥透露出当时的窘境，其言道："乾隆十二年告灾不许，反记大过一次，百姓念愁，知县解体。"此可见板桥因私自赈济所付出的代价。

由于当时潍县连续多年闹灾荒，饥馑和苦旱一直折磨着潍县民众，致使灾民数量剧增，粮价暴涨，对当地的经济乃至百姓的生活都造成了非常沉重的打击。此情此景，让板桥感到痛苦不安。在《潍县署中画竹呈年伯包大中丞括》中，板桥不无感叹地道：

衙斋卧听萧萧竹，

疑是民间疾苦声。

些小吾曹州县吏，

一枝一叶总关情。

就连听到风吹竹叶的声音，板桥也会联想到百姓的呻吟，其眼前的一枝一叶，立即化作痛苦百姓的一张张痛苦的面孔。板桥还刻有"恨不得填漫了普天饥债""痛痒相关"等印章，表达其对民间疾苦的关怀。

为了应付眼前的危机和救活更多的饥民，板桥采取了一系列果断的措施。首先，他利用县令的身份地位，劝说、感化那些大中富户轮流开设粥厂，煮粥供给老弱病残的灾民。而对于那些趁机囤积粮食、哄抬粮价、大发灾民之财的黑心富户则采取极为严厉措施，下令查封这些人家的粮仓，强迫他们按市价卖给老百姓，还派人直接管理米市，重点打击抬高粮价的不法商人，尽量压低暴涨的粮价。此一举措，在一定程度上缓解了广大灾民的生存景况。其次，板桥还想出了一种"以工代赈"的办法：他亲自规划了种种兴建和复旧工程，如修城凿池等，由政府、富户出资，招徕远近饥民来做工并给其工钱，或许工钱低微，但在很大程度上使这些人家免于饿死。板桥的种种措施，起了很大作用，但天公实在是不作美，大灾之年的秋后又是歉收，有鉴于此，板桥决定把春天放赈时灾民的借条统统烧毁，从而给灾民营造了得以宽缓的空间。当时，潍县民众很感激这位"郑青天"，为他在潍城海岛寺巷建了生祠。

由于山东的大灾过于严重，引起了清廷的重视。乾隆十二年（1747），清廷决定免去山东的赋税，并专门派遣以大学士高斌和都御史刘统勋为首的特使到山东放赈，板桥也曾随行参与赈济事务。在多方面的努力下，到乾隆十三年（1748）的时候，潍县的灾情才渐渐缓解，大批流亡的饥民开始陆续返回家园。

正是由于亲自参加了救灾工作，板桥对百姓在大灾之年的困苦状况，有了更为深切的了解。其所作《逃荒行》和《还家行》，便是对当时苦难情景的反映。《逃荒行》刻画了大批潍县难民流亡到关外的撕裂肝肺的悲惨遭遇，其言道：

十日卖一儿，五日卖一妇。来日剩一身，茫茫即长路。长路迂以远，关山杂豺虎。天荒虎不饥，舐人伺岩阻。豺狼白昼出，诸村乱击鼓。嗟予皮发焦，骨断折腰膂。见人目先瞪，提食咽反吐。不堪充虎饿，虎亦弃不取。道旁见遗婴，怜拾玉担釜。卖尽自家儿，反为他人抚。路妇有同伴，怜而与之乳。咽咽怀中声，咿咿口中语。似欲呼耶娘，言笑令人楚。千里山海关，万里辽阳戍。严城啮夜星，村灯照秋浒。长桥浮水面，风号浪偏怒。欲渡不敢撄，桥滑足无屦。前牵复后曳，一跌不复举。过桥歇古庙，聒耳闻乡语。妇人叙亲姻，男儿说门户。欢言夜不眠，似欲忘愁苦。未明复起行，霞光影踽踽。边墙渐以南，黄沙浩无宇。或云薛白衣，征辽从此去。或云隋炀皇，高丽拜雄武。初到若凤经，艰辛更谈古。幸遇新主人，区脱与眠处。长犁开古碛，春田耕细雨。字牧马牛羊，斜阳谷量数。身安心转悲，天南渺何许。万事不可言，临风泪如注。

诗中所述的不少细节，使人有一种身临其境的感觉，实非亲历者不能道出。如诗中刻画了一位卖尽自家儿的难民，逃难途中看到路边哇哇啼哭的弃婴，这或许使她想起了自己苦命的儿女，忍不住又将弃婴抱起。同行的妇女也赶紧过来帮忙给弃婴哺乳，弃婴则咿咿呀呀叫着，仿佛在急切地呼唤着自己那远去的爹娘。全诗宛如一幅长卷的《流民图》，真实地反映出当时潍县灾情的严重性及其给百姓带来的痛苦。

与《逃荒行》不同，《还家行》则以轻快、喜悦与悲伤、沉重兼而有之的笔调，描绘出潍县土地的复苏以及灾民心中永远无法弥缝的创痛：

死者葬沙漠，生者还旧乡。遥闻齐鲁郊，谷黍等人长。目营青岱云，足辞辽海霜。拜坟一痛哭，永别无相望。春秋社燕雁，封泪远寄将。归来何所有，兀然空四墙。井蛙跳我灶，狐狸据我床。驱狐窒鼯鼠，扫径开堂皇。湿泥涂旧壁，嫩草覆新黄。桃花知我至，屋角舒红芳。旧燕喜我归，呢喃话空梁。蒲塘春水暖，飞出双鸳鸯。念我故妻子，羁卖东南庄。圣恩许归赎，携钱负橐囊。其妻闻夫至，且喜且彷徨。大义归故夫，新夫非不良。摘去乳下儿，抽刀割我肠。其儿知永绝，抱颈索我娘。堕地儿翻覆，泪面涂泥浆。上堂辞舅姑，舅姑泪浪浪。赠我菱花镜，遗我泥金箱。赐我旧簪珥，包并罗衣裳。"好好作家去，永永无相忘。"后夫年正少，惭惨难禁当。潜身匿邻舍，背树倚斜阳。其妻径以去，绕陇过林塘。后夫携儿归，独夜卧空房。儿啼父不寐，灯短夜何长！

这简直就像一部凄婉动人的诗体小说，宛若一曲低回哀怨的乡村牧歌，使人体会到饥荒给一个个家庭所带来的人间悲剧。灾难总算过去，人们终于可以结束颠沛流离的逃难生活，终于又可以回到自己的故土了。但这种得以还家的喜悦，又夹杂着多少家园破败、痛失亲人的辛酸，喜悦的心情则反衬出撕肝裂肺的痛楚。通篇文字中，板桥一直用白描的手法向世人展现出一幕幕悲喜剧，未曾用一句议论，而是让事实说话，把特定历史下的悲剧准确地摹写出来，给人以一种动人心弦的震撼！

在传统社会里，地方长官身兼一地的行政、司法、治安、教化等多种职能，可谓是朝廷治理民众的全权代表。板桥所任的县令，便是封建政府最基层的一级地方官，也是离百姓最近的"父母官"。作为"父母官"，板桥除了能体察民情、千方百计帮助灾民重建家园外，在吏治方面亦能有所作为，其吏治思想颇值得注意。

板桥在潍县时曾作有一首题为《署中无纸书状尾数十与佛上人》

的诗，言称："闲书状尾与山僧，乱纸荒麻叠几层。最爱一窗晴日照，老夫衙署冷于冰。"可知他如宰范县时一样，在潍县同样本着"无为而治""卧而理之"的原则来治理百姓。落实到现实操作中，板桥的吏治思想主要体现为如下几个方面：

其一，推行文教，识拨人才。

潍县富商云集，奢靡之风甚盛，人们以攫财为荣，重利轻义，社会风气相当浇漓。板桥就任潍县后，竭力提倡文事，力图于"留取三分淳朴意，与君携手入陶唐"。如乾隆十五年（1750）潍县重修文昌祠，板桥撰有《文昌祠记》，其中提到："本县甚嘉此举，故爱之望之，而亦谆切以警之，是为民父母之心也。"其提倡文教之切切心情，于此可见一斑。板桥还抓住一些似乎与文教之事相趋颇远的时机，以推进文教事业。乾隆十七年（1752）潍县新修城隍庙，板桥在其所撰《城隍庙碑记》中，即大力宣扬文事。他说："今城隍既以人道祀之，何必不以歌舞之事娱之哉！况金元院本，演古劝今，情神刻肖，令人激昂慷慨，欢喜悲号，其有功于世不少。至于鄙俚之私、情欲之昵，直可置弗复论耳。则演剧之楼，亦不为多事也。"城隍本是泥塑木雕，并无七情六欲。演剧楼的建立，实际是在"娱神"的招牌下为人服务的。板桥提倡上演一些"演古劝今""有功于世"的戏曲，也正是其新修城隍庙的目的所在。

与重视文教相应，板桥还极力造就人才，奖掖后进。据说有一天晚上，他微服出衙散步，当来到东关韩家涯一带时，无意间听到一间破屋内传出琅琅的读书声。经询问，板桥得知这位书生叫韩梦周（字见复，号理堂，东关人，著名理学家），其家境虽十分贫寒，但酷爱读书，勤学不辍。板桥对这位处境和自己当年极为相似的穷书生十分同情，当即慷慨解囊，以资相助。韩梦周后来没负板桥所望，经过多年的苦读，终于在乾隆十七年（1752）考中举人，并于乾隆二十三年（1758）成为进士。板桥去世后二年，即1767年，韩梦周被署安徽来安县知县，颇有政声。后罢归授徒，研治学问，著有《理堂集》行世。

板桥在潍县的得意门生韩镐，同样属于家贫有才的情况。板桥对他不仅在经济上予以资助，而且在学业上也加以悉心教导。板桥尝作一联赠予韩镐，曰："删繁就简三秋树，领异标新二月花。"以激励韩镐一心向学。箴言名句，于韩镐启益良多。但遗憾的是，韩镐因家庭多故，历经坎坷，久踬场屋，直至乾隆四十八年（1783）方才中得举人，其时他的恩师郑板桥早已离开人世了。《潍县志稿》卷30云："韩镐，字西京。为文豪宕有奇气。郑板桥燮令潍时，县试识拔冠其偶。寻游庠食饩，而乡举则屡蹶。乾隆甲午，母亓病殁。又连遭期功丧，坎坷潦倒二十年。胸次牢骚不平之气，一寄之于诗酒。酒酣，与诸友生谈史论文，及古今奇士亮节伟行、非常功业，唏嘘感叹，勃勃有壮志。癸卯始登乡荐，而年已老矣。"此可见韩镐的成长曾受板桥影响，同时也体现出"板桥先生蕴书卷之秀，发于政治笔墨，此其一事也"（陈介祺跋板桥赠韩镐联语）。

板桥之着意人才，其间也颇费了不少心血。如有这么一个例子：有一位叫胥伦彝的贡生，天资聪颖，尤其做得一手好文章，板桥对他甚为赏识。但胥伦彝生性嗜赌，有时腊月天连件御寒的衣服都没得穿，还披着件破毡恋在赌场舍不得离开。板桥不忍心看着胥伦彝就此消沉下去，便极力地去感化他、帮助他，并举荐他担任了某县的书院山长。清末潍人郭麟作《竹枝词》，其中一首提道："胥君生有樗蒲癖，腊月披毡一片青。不遇扬州郑疯子，只应冻杀老明经。"即指此而言。

其二，保护贫民弱民的利益。

由于板桥青少年时代生活屡涉困境，与贫苦百姓有着共同的情感，亦由于在读书求学过程中形成"立功天地""字养生民"的远大抱负，所以他读书做官，意在"得志泽加于民"之志。这些对板桥此后为官产生了很大影响。在宰潍理政时，板桥力矫弊政，体恤贫民和小商贩，富商大贾所说板桥"讼事则右窭子而左富商"，即体现了板桥的此一思想取向。

潍县的大盐商经营官盐，有钱有势，往往仗势欺压小本经营的小盐贩，而这些私盐小贩大多是失去田地的农民。板桥对这些小盐贩的处境寄予很大同情。在所作《潍县竹枝词》中，板桥如此感叹道：

> 绕郭良田万顷赊，大都归并富豪家。
> 可怜北海穷荒地，半篓盐挑又被拿。（其二十四）
> 行盐原是靠商人，其奈商人又赤贫？
> 私卖怕官官卖绝，海边饿灶化冤磷。（其二十五）

板桥不仅在认识上对小盐贩有所体察，在实际行动中亦有所反映。法坤宏《书事》称："辛未五月，下第归，过潍，招饮友人家。潍俗重贾，二三贾客与语焉。语次及板桥，余亟问曰：'何如？'群贾答曰：'郑令文采风流，施于有政，有所不足。'余曰：'岂以诗酒废事乎？'曰：'喜事。丙寅、丁卯间，岁连歉，人相食，斗粟值钱千百。令大兴工役，修城凿池，招徕远近饥民，就食赴工；籍邑中大户，开厂煮粥，轮饲之；尽封积粟之家，责其平粜。讼事则右窭子而左富商。监生以事上谒，辄庭见，据案大骂：驮钱驴有何陈乞，此岂不足君所乎！命皂卒脱其帽，足踏之，或挥头黥面驱之出。'余曰：'令素怜才爱士，此何道？'曰：'惟不与有钱人面作计。'余笑而言曰：'贤令，此过乃不恶。'群贾相视愕，起坐去。"

又《小豆棚·郑板桥》中记载了这么一件事情：说有一个开盐店的大商人，抓住了一个盐贩，送到县衙要求板桥老爷对他给予严惩。板桥见被抓来的被告是一个衣衫褴褛的穷人，当下便明白了七八分，心知肯定是这个大盐商在搞鬼。于是，板桥对盐商说："尔求责扑，吾为尔枷示之何如？"盐店老板一听，自以为阴谋得逞，于是喜出望外，连口答应。板桥随即命差役取芦苇做的枷锁，高八尺阔一丈，前留一孔，令小盐贩钻进去，抬到盐店老板门口，示众一周。板桥又着意在芦席上画上十几幅兰草。一时间，盐店门口热闹非凡，围观者络绎不绝，搞得盐店接连两天都不能正常营业。盐店老板起初还颇为自得，这时方感到事情有点不大对头。到了第三天上，他再也待不下去了，赶紧跑到县衙，请求板桥大人放了此人。板桥却说，放人可以，但需拿银子来，因为"犯人"刑期未满，每天须交二十五两银子，四天共一百两。事已至此，盐店老板也只好答应，自认倒霉了。板桥将罚来的银子一并给了小贩，作为其损失的补偿。这个故事虽未免有些夸张，却以艺术的形式，表达了板桥体恤小民的吏治思想。

板桥不仅给予小商贩以道义上的同情，还从法令、措施上尽力维护小商贩的利益。乾隆十四年（1749），他曾立告示碑《潍县永禁烟行经纪碑文》，其文称：

乾隆十四年三月，潍县城工修讫，谯楼、炮台、垛齿、睥睨，焕然新整；而土城犹多缺坏，水眼犹多渗漏未填塞者。五六月间，大雨时行，水眼涨溢，土必崩，城必坏，非完策也。予方忧之。诸烟铺闻斯意，以义捐钱二百四十千，以筑土城。城遂完善，无复遗憾，此其为功岂小小哉！查潍县烟叶行本无经纪，而木县莅任以来，求充烟牙执秤者不一而足，一概斥而挥之，以本微利薄之故。况今有功于一县，为万民保障，为城阙收功，可不永革其弊，以报其功、彰其德哉！如有再敢妄充私牙与禀求作经纪者，执碑文鸣官，中责重罚不贷！

此碑表彰了烟行众小铺捐资修土城的义举，并永禁设经纪，使其不受欺凌剥削，体现出板桥体恤小商小贩、力矫弊政的决心。

然而，凡事有利亦有弊。板桥虽百般维护小民利益，客观上便损害了富豪大商的利益，不可避免地会遭到他们的反对、责难。晚年板桥息意官场的原因之一，便是要趁早摆脱富豪大商的纠缠、攻击。所谓的"讼事则右窭子而左富商"，就是富商大贾们一腔怨气的反映。

其三，情理结合、执法公允的法治思想。

"秉公办案"是古代中国民间所津津乐道、孜孜以求的法治理想。板桥继承了这一法治理想，在当时的历史条件下做了许多有利于民众的事情。板桥在潍县折狱时所留下的部分判牍，便体现出了其"秉公办案"的思想取向。为保证执法的公平，板桥在处理民事纠纷时，十分重视体察事情的真实原委，而绝不听信一面之词。如办理王廷美"恃强逞凶"案时，板桥见原告的状词里并无充足的事实根据，便立即给出批复："词未声明，混覆不准。"再如一宗诬告他人偷窃案，板桥一眼就看出其中的破绽，立即批复道："郑生瑞等果将粮食器具私载潜逃，该庄何止尔一人呈控？明有别情，不将实情说出，不准。"

在潍县赈灾期间，有的人贪图小利，冒领赈粮。在当时灾情十分严重而赈粮又极为有限的情况下，无灾村庄、村民冒领一份，即意味着受灾村庄百姓可能会多饿死一些。对此冒领行为，板桥大为光火。在审理此类案件中，板桥表现出明察秋毫的识力，对冒赈者严加训斥。如某社欲冒领，板桥核实后，做出批复道："查勘该社，并未被灾，不准。"又有一地主，也想乘机浑水摸鱼，冒领赈粮，板桥遂以申斥道："既据有地二顷五十亩，尚谓之穷人乎？不准！"这种有理有据的办案精神，其背后浸透着板桥平时体察民情的多少心血！

板桥情理结合、执法公允的断案原则，在婚姻、家族、伦理等类案件中也有诸多体现。民间流传着这样一个故事：说是有一天晚上，板桥正在衙署纳凉，忽听外面吵吵嚷嚷，其中还夹杂着女人的哭泣声。板桥正纳闷间，差役来报，说有人状告僧尼私通。板桥心觉蹊跷，便率一干人等出堂审理。单只见一个年轻的小和尚和一个貌美的小尼姑被一些人捆扭在一起，有人还嚷着"僧尼私通，天理不容，该当严惩"。板桥见这阵势，觉得其中或有情由，不便马上审理，于是佯称案情重大，待本县问个明白，明天再行发落。实则，板桥想弄情其间的情委。经一番耐心的开导，小僧尼始吐露真情。原来，这对僧尼本是一对恋人，但迫于双方父母压力，不能如愿结合，一气之下，两人双双出家崇仁寺和大悲庵。但遁入空门的他们，心中仍然挥不去昔日的那份情感。此后，两人利用崇仁寺和大悲庵相距不远之便，时常于深夜相会，一诉衷肠。恼人的是，他们的幽会不慎被当地的好事者发现，是以落得个"伤风败俗"的尴尬局面。听了这番话后，板桥对如何处理这件事已心中有数。第二天，板桥升堂断案，当众宣判如下："本官已探得事情原委。两僧尼自幼相爱，情投意合，父母阻挠不当，判两人无罪，愿天下有情人终成眷属，着令其双双还俗，结为百年之好，当众拜堂成亲。"兴之所至，板桥还当下作就《判僧尼还俗完婚》诗，曰：

> 一半葫芦一半瓢，合来一处好成桃。
> 从今入定风规寂，此后敲门月影遥。
> 乌性悦时空即色，莲花落处静偏娇。
> 是谁勾却风流案，记取当堂郑板桥。

——《小豆棚》卷16

这虽仅是一则民间传说，却生动地反映出板桥对青年男女自由恋爱所持的支持态度。这一开明的态度既同情下层百姓合理的人情物欲，则与当时社会中种种假道学判然有别。板桥既同情青年男女的自由恋爱，又巧妙地利用了官府的权力功能，为青年男女的自由恋爱提供了"保护伞"。板桥的这种态度，与明清以来主张男女婚姻自由的进步思想在精神实质上是一致的。况且从纯粹的办案角度来说，板桥对此案的处理是十分精明的：既维护了宗教的圣洁性，又照顾到了世俗的情欲。这与清初思想家们所倡导的"天理不害人欲"的理念是相一致的。

板桥既倡导男女自由恋爱，故对以金钱来干涉青年婚姻的行为大为不满。《判牍》中载有这么一件事：说某人因嫌弃其未婚女婿家贫，而上诉欲毁弃婚约。对此，板桥则判为"不准"，理由是："尔女十五，婿年二十，年甲未为不当，亦难审断分拆。业经做亲，应成连理。彼此当堂具，销案。"另据说：有一富家因嫌弃女婿贫穷，欲悔婚。为达此目的，这位富人向板桥贿赂了一千两银子。板桥在了解到事情的真相后，并未揭露这位富人的小伎俩，相反，他提出要把富家的女儿认作义女，这位富人为之喜不自胜，自以为得了天大的便宜。而后，板桥又把他那个穷女婿招来，把他藏在县衙中。待到那位富人将女儿带来拜见板桥这位义父时，板桥当下把穷女婿叫出来，命两人当堂成亲，结为夫妻，并将那一千两银子当作嫁资。木已成舟，富人也只能暗自叫苦，打掉牙和血吞，真是"聪明反被聪明误"了。

对于既成婚姻，板桥亦提倡充分尊重个人的意愿，反对以种种借口拆散本来美好的姻缘。如有这么一个案子，原告（公公）说儿媳私自回娘家，久留不归，请求板桥动用官府力量强迫其儿媳回家。板桥从当时社会的妇女生活实际推测，心想媳妇如果在婆家生活得幸福美满，绝不会私自回娘家且久留不归，事情的起因十有八九是婆家待她不好。基于这一想法，板桥做出如下判决："妇必恋夫，尔子相待果好，焉肯私赵氏自归家？应着尔子以礼去唤，不必控。"俗话说，"清官难断家务事"，但板桥对这宗家务事的决断，即使在今天看来，亦不失为成功的调解家庭纠纷的典范。由此案例，可看出板桥同情妇女的思想倾向。他要求原告的儿子"以礼去唤"自己的媳妇，表现出对妇女这一封建社会弱势群体的尊重。

至于寡妇问题，更是一个令人"剪不断理还乱"的复杂社会问题。在封建礼教社会，寡妇的社会地位本就十分低微，出于财产（包括寡妇所应继承的财产权和再嫁时"财礼"的归属等）等利益方面的考虑，往往会出现寡妇被夫家家族势力逼迫，甚而有为此而将寡妇送上公堂者。板桥在处理这类案件时，其基本原则是遵从寡妇本人的意愿。从板桥判牍中，可找出一些"为财礼起见"而反对寡妇改嫁的案件。板桥以如炬明眼探得原告方背后的图谋，一一予以否决，从而维护了寡妇再次选择婚姻的权利，同样也维护了寡妇应有的经济地位。如有个判词是这样写的："郎氏因无嗣而嫁，又有母家主婚，便非苟合，明系不得分财礼，借词渎控。既无干证，又无代书状图记，不准。"类似的判词还有："李氏如果守贞，岂肯改适？今成亲一月，告亦何益？无非为财礼起见。着词证确查理处。"这两宗案件中，特别是在后一起案件中，板桥对原告以"守贞"的枷锁来束缚李氏，以达到自己从中谋取钱财的不轨动机，当场予以揭穿，果断明确地判为"不准"。再如有一个原告以守节的道德枷锁来诬告寡妇王氏的案件，板桥同样判了个"不准"。判词是这样写的："王氏果欲守节，二十日嫁婆，即应喊鸣地邻禀究，何迟今始控？明系有别情，不准。"

有些判牍中涉及到寡妇"守志"的问题，板桥也给予了合情合理的处理。如寡妇姜氏因守志而不愿嫁人，她丈夫的族人却挑拨她的儿子逼其母改嫁。板桥对此案的判决是："孀居寡媳，应善为抚恤，何得纵子逼嫁？姑从宽准息，再犯倍处。"板桥在这里是明显站在同情寡妇的立场上的。再如寡妇姜氏没有子嗣，族人也始终未能帮她立继。姜氏病重时，板桥要求其族人赶紧选定继子，以慰藉姜氏。判词是这样写的："姜氏现在患病，未便延缓，速继一子，以慰寡妇之心。"或许是族人痛恨这位寡妇守节影响到他们的经济利益，故迟迟拖着不办，直到姜氏死后，亦未办理。板桥对此事念念不忘，又下公文，催其族人办理："姜氏虽死，理应择继承嗣。"族人依然以姜氏守寡的意志并不坚定，当初曾想过要改嫁，故尔不应立嗣等为由加以拖延。板桥为姜氏开脱道："既据姜氏始欲改适，今仍悔过终志，查应继嗣人，议继可也。"当然，板桥在此褒奖"守寡"的行为，有一定的历史局限性。但其中毕竟包含了一定的"仁爱"精神，那就是关心寡妇非常低的精神要求——希望有一过继子嗣满足自己有了后代死后方不做孤魂野鬼的愿望。这也反映出板桥遵从寡妇个人意愿的"人道"情怀。

在执法过程中，板桥不可避免地会遇到一些依仗财大势重轻视或无视法律的现象，或某些人欲以装疯卖傻、蛮横无赖方法讨得法律上的便宜。从维护法律尊严的角度，板桥对此类现象进行了不妥协的斗争，表现出其铁面无私、不徇私舞弊的刚毅性格。以下几个案件即体现出板桥的这一精神。有一人家在官司输掉之后，不服县府的判决，便纵容家中妇女采取撒泼要赖的办法，大闹县衙，企图用这种方式挽回败诉。在封建社会百姓畏官如畏虎的情势下，敢于如此闹腾的，看来绝非什么善良之辈，这些人要么是地方豪绅，要么是权势之家。板桥向来不信邪，也从不畏惧那些权势，对那些豪绅、势要者的小伎俩洞若观火。面对此情此景，板桥为维护律法的尊严，果断地做出判决，警诫道："业经批出，不得倚妇女多渎"；"昨已明批示，不得倚妇人混渎"。又据称：在一起民事械斗致丧人命的恶性案件中，死者家属或许因悲伤屡用刁泼来干扰正常的审判活动，并指责官府偏向被告一方。面对当事人的一次次刁泼行为，板桥据理力争，真诚地劝告死者家属要理性地对待这一事件，不要再制造新的不幸。板桥苦口婆心地劝告道："王朴庵被王六戳伤身死，尔将其全家兄弟人等悉行告上，已拖死王奋荐一人，王六叠夹几次，未得真情。现去严审，刑房理当伺候，有何徧袒？从来杀人者死，一人一抵，有何拘纵之处？因该犯病未痊愈，不能招解，何得听信讼师倚恃尸亲，屡行刁渎？凛之，慎之。"由此来看，作为执法官的板桥，是极力维护律法的理性精神的。一则表现为，从某种意义上来说，板桥对杀人犯应有的"权利"，是给予充分考虑到的。在他看来，王六虽然是杀人犯，而且注定要为死者偿命，但因其患病，不能出庭招解，应先让他养病，待身体恢复到可以履行正常的法律程序时，方可依照律法定其罪刑。其次，对于亡者家属蛮横无理的胡闹，板桥则坚持按照正常的程序来对待，在耐心劝慰的同时，坚持一切依法行事，毫不屈服于地方上的权势。这体现出板桥公正无私、刚正不阿的精神。此外，从郑板桥所写的判牍中，还经常可以看到诸如"不得恃倚妇女多渎""刁渎可恶"等字样，也同样表明板桥对当地的一些豪绅、地头蛇刁蛮行为的不妥协。

以上几个方面，可粗略地体现出板桥的吏治思想。如果概括一下板桥的治理效果，或者说对他的作为加以评价的话，板桥可称得上是一位为民着想、勤于政务、"无留牍，亦无冤民"的难得的好官。其友沈廷芳有赠诗云："郑君郑君，尔才特奇风义古，为政岂在守文簿？一官樗散鬓如丝，万事苍茫心独苦。"（《过潍县郑令板桥进士招同朱天门孝廉家房仲兄纳凉郭氏园》）有抱负而难以施展，行善政而多被阻挠，这是封建社会里一切正直的下层官吏所面对的窘境。

如果说官场的种种不快令板桥为之闷闷不乐的话，有一件事则使板桥为之一展眉头，感念终生，那就是当乾隆帝"东封"时，板桥做了一回"乾隆东封书画史"。所谓"东封"，就是封建社会的皇帝祭祀泰山，举行大典。泰山向有"五岳之长""五岳独尊"之称誉。古代帝王登基之初或太平之岁，大多来泰山举行一下登封仪式。乾隆十三年（1748），乾隆帝东巡，日程中的重要一项便是祭祀泰山。为迎接皇帝的驾临，山东的官员们忙前忙后，做了精心的筹备。当此之时，"燮为书画史，治顿所，卧泰山绝顶四十余日"（《板桥自叙》）。这段恭迎圣驾的时光，被板桥视为一生中最光彩、最富纪念意义的日子。后来，他自豪地镌一印章云："乾隆东封书画史"，并常以此而感到自豪。

然而，如此得意的事实在是太少了，板桥需面对的仍然是令人气馁的残酷现实。官场的黑暗，百姓的苦难，以及自身的坎坷经历等，无不撞击着板桥的心灵，销蚀着他的锐气。遥想当年，板桥是那样的雄心勃勃，勤读不辍，一心想做个"得志泽加于民""执法况青天"的清官。但在理想和现实的两难选择中，板桥的幻想逐渐破灭了。60岁时，板桥尝作有自寿联，其言道：

常如作客，何问康宁，但使囊有余钱、瓮有余酿、釜有余粮，取数叶赏心旧纸，放浪吟哦，兴要阔，皮要顽，五官灵动胜千官，过到六旬犹少；

定欲成仙，空生烦恼，只令耳无俗声、眼无俗物、胸无俗事，将几枝随意新花，纵横穿插，睡得迟，起得早，一日清闲似两日，算来百岁已多。

由此可见，在做了十年的县令后，板桥息意官场的念头越来越明显了。对官场的厌倦，遂使板桥归隐的念头开始十分强烈地涌上心头。在梦中，板桥时常梦到那日思夜想的江南水乡，思念那荷红藕碧的扬州。其所作《满江红·思家》词曰：

我梦扬州，便想到扬州梦我。第一是隋堤绿柳，不堪烟锁。潮打三更瓜步月，雨荒十里虹桥火。更红鲜冷淡不成圆，樱桃颗。

何日向，江村躲；何日上，江楼卧。有诗人某某，酒人个个。花径不无新点缀，沙鸥颇有闲功课。将白头供作折腰人，将毋左。

又其于《和学使者于殿元枉赠之作》诗中，亦曾不无感慨地说：

> 潦倒山东七品官，
> 几年不听夜江湍。
> 昨来话到瓜洲渡，
> 梦绕金山晓日寒。

于学使指于敏中，学使即负责地方教育的学政代称。于敏中与板桥一样，也是由江南到北方来做官的。当他们一块谈论到瓜州渡的风物时，愈加激起板桥浓浓的思乡之情。

思想上的折磨已够板桥烦恼的了，但偏偏在此时，他的身体也日渐衰老多病，精力日渐不济。在写给堂弟墨的信中，板桥时常提到自己的身体状况，如说："惟脑力日渐虚弱，偶然握管作应酬文字，夜来必致通宵失眠。大抵年老之人，心血亏耗，天君不能用矣。纵使勉力握笔，志欲强而心血不能副，每经一度构思，便一夜不能成寐，颓唐之象，日见日衰。作宰十年，无功于国，无德于民，屡思乞休，遄返故里，与我弟畅叙手足之情，而犹不见谅于当道，殊令人欲哭不得、欲笑不能"（《潍县署中寄墨弟》第45号）；"余年五十有九……惟齿落较多，精神亦愈觉疲惫，兼之近来办事，诸多不顺……人皆以做官为荣，我今反以做官为苦，既不敢贪赃枉法，积造蘖钱以害子孙，则每年廉俸所入，甚属寥寥。苟不入仕途，鬻书卖画，收入较多于廉俸数倍，早知今日，悔不当初。现拟告病辞职，得邀允准，如天之福"（《潍县署中寄四弟》第55号）；又曰："而今年事日增，精神亦觉难支，足疾不瘳，疝气时发，并且左耳失聪，目光昏蒙，自知就木有期，若得息影蓬庐，以资静养，或可苟延残喘。倘恋栈不去，日寻烦恼，直如自速其死也。余已决计告病乞休，若上峰不允，整备一辞不获命，则再辞，再辞不获命，则三辞，务必遂我初服而后已。与我弟聚首之期，当在橙黄桔绿时也。"（《潍县署中寄四弟墨》第62号）显然，身体日渐衰病是板桥决定归隐的重要原因之一。

而板桥决定归隐的最主要的原因，还是他日益感到做官的无聊。他这样向堂弟倾诉心声说："我今直视靴帽如桎梏，奈何，奈何！"（《范县署中寄郝表弟》第19号）板桥之所以有如此感慨，是由于在他看来，"宦途有夷有险，运来则加官晋爵，运去则身败名裂……惟久羁政海，精力日衰，不仕又无善退之法，自寻烦恼，未知何日始克遂我初服也"（《潍县署中寄内子》第56号）。在一首名曰《青玉案·宦况》的词中，板桥同样抒发了这种对官场生活厌倦的心绪。其言道：

> 十年盖破黄绸被，尽历遍、官滋味。雨过槐厅天似水，正宜泼茗，正宜开酿，又是文书累。
>
> 坐曹一片吆呼碎，衙子催人妆傀儡，束吏平情然也未？酒阑烛跋，漏寒风起，多少雄心退！

词中的"酒阑烛跋，漏寒风起"和"雨过槐厅天似水"成一鲜明对比，愈加使人觉得为官之难。

出于以上种种原因，板桥辞官归隐的念头逐渐形成。在《唐多令·思归》这首词中，板桥便表达了这种情怀：

> 绝塞雁行天，东吴鸭嘴船，走词场三十余年。少不如人今老矣，双白鬓，有谁怜？
>
> 官舍冷无烟，江南薄有田，买青山不用青钱。茅屋数间犹好在，秋水外，夕阳边。

在这种情绪的支配下，板桥的心情愈加郁闷。在《复同寅朱湘波》（第33号）书中，板桥披露心迹道："去家十一载，久思解组归田，以延残喘，而苦衷不为上峰见谅，能不悒悒乎？"

板桥辞官的时间难于确考，大约在乾隆十八年（1753）春。至于板桥最终是被罢官还是自己辞职，目前尚有争议。而持罢官和辞官说之内部，亦说法不一。持罢官说者，以阮元《淮海英灵集》、窦镇《国朝书画家笔录》、李斗《扬州画舫录》、姚鹏春《白蒲镇志》、曾衍东《小豆棚》等为代表。而阮元、窦镇以为"以岁饥，为民请赈忤大吏，罢归"，李斗以为"后以报灾事忤大吏，罢归乡里"，曾衍东《小豆棚》则谓"因邑中有罚某人金事，控发，遂以贪婪褫职"。持辞官说者，则以金农《冬心先生写真题记》、王文治《梦楼诗集》、罗聘《叶香草堂诗存》、凌霞《天隐堂集》、《重修兴化县志》、《潍县志稿》、《增修甘泉县志》，以及《清史列传》、《清代学者象传》、郑方坤《本朝名家诗钞小传》、张庚《国朝画征续录》、徐世昌《水竹村人集》、《清史稿》等为代表，而这之中，亦有"乞病归""乞休归""谢事归""辞官鬻画"等不同说法。①板桥本人有"解组""罢官""乞休""告病乞休"之说。在我们看来，板桥的去官是各方面综合因素决定的。对他来说，此时以何种原因去官，其结果都是一样的。毫无疑问，以板桥的处世风格，肯定会得罪某些权贵从而受到排挤、报复；另一方面，正是厌倦于这种尔虞我诈的官场生活，板桥方决定归隐，如果是被罢官的话，那倒正好从某种意义上来说成全了他。

封建社会的官场，卑鄙、险恶、自私、邪恶、谀谄等织成了一张硕大无比的"网"，正直、高尚的人想在这个"网"下容身，往往难免身罹其祸。所谓"适者生存"，一个成功的官僚苟要立足于官场，

---

① 周积寅：《郑板桥》，吉林美术出版社1996年版，第48页。

便需拥有八面玲珑的心智，圆熟滑头的处世技巧，"游刃有余"地斡旋于各种矛盾、利益之间。这些都是板桥所不具备的。不具备是一回事，但板桥并非对此一无所知，其身边的一些朋友亦颇有深谙此道者。如板桥的一位好友丹翁，其人便能与世沉浮。在对一次冒滥领赈的处理中，丹翁如此判道："写赈时原有七口，后一女出嫁，一仆在逃，只剩五口；在首者既非无因，而领者原非虚冒。"（《与丹翁书》）对此，板桥曾一遍又一遍地玩味，对其做法自叹弗如。他觉得丹翁处理事情的能力包容了人世间的冲突，就像兰花包容了荆棘。在一幅送给朋友的长卷中，板桥画有一丛丛摇曳有致的兰花，伴着几竿清瘦孤标的劲竹，周围错错落落的是些石头，然后穿插画上数枝荆棘，题云："满幅皆君子，其后以荆棘终之，何也？盖君子能容纳小人，无小人亦不能成君子。故棘中之兰，其花更硕茂矣。"（《题兰竹石二十七则》）而其所作的六分半书匾额曰："聪明难，糊涂难，由聪明而转入糊涂更难。放一着，退一步，当下心安，非图后来福报也。"凡此，无不反映出板桥对于理想、个性与现实之间矛盾的认知与体验。

然佩服归佩服，认识归认识，实行起来则又是另一回事。所谓江山易改、秉性难移，板桥的性格过于倔强，为人处世不可能如他的朋友那样做到"糊涂"到八面玲珑的程度。他在潍县时常用的印章中有一枚刻有"橄榄轩主人"，这枚印章颇值得玩味。橄榄是生长于南方的常绿乔木，李时珍的《本草纲目》卷31"橄榄"条说："其味苦涩，久之方回味。王元之作诗，比之忠言逆耳，世乱乃思之，故人名为'谏果'。"北宋王禹偁喜臧否人物，遇事敢于直言，曾任官左司谏，并因此有八年三黜的经历。其所作《橄榄》诗云："良久有回味，始觉甘如饴。"板桥之作"橄榄轩主人"印，以及以"橄榄"名书斋，正是寓有此意。由此来看，板桥晚年的归隐，我们有理由认为他采取了一种不同于其朋友的"糊涂"方式。

板桥虽然因厌倦了仕宦生涯而决定离开潍县，但他对于潍县民众和潍县这方水土却是怀有深深眷恋的。他不仅留恋潍县的民众，而且留恋潍县的一景一物。在他离开潍县前夕，他想办法将潍县周围有名的碑匾都拓了下来，其中有他最珍爱的东岳庙内于适所书的"发育万物"四个大字，这四个大字笔力浑厚，一气贯注，摄人心魄。他留恋郭尚书府的旧华轩，那里有他喜爱的幽林小阁、古砚残碑。他留恋城东北的关帝庙，留恋那里幽雅的风景，以及与他的朋友恒彻上人一边谈禅，一边摘吃架上葡萄的那种闲适生活。板桥对潍县有着那么深的感情，在以后的岁月里他时常在诗词中提到潍县，甚而在离潍十年后，还作有《怀潍县二首》，言道：

> 相思不尽又相思，潍水春光处处迟。
> 隔岸桃花三十里，鸳鸯庙接柳郎祠。

> 纸花如雪满天飞，娇女秋千打四围。
> 五色罗裙风摆动，好将蝴蝶斗春归。

其对潍县的风物一往情深，历久弥切。

潍县的民众更留恋板桥，在板桥"去官日，百姓痛哭遮留，家家画像以祀"（《清代学者象传》）。他们从内心里敬重这位清廉高洁的父母官。俗话说："三年清知府，十万雪花银。"一般官吏离任时，经过多年的搜刮，私囊定会不少。但板桥做了十多年的县太爷，日子却过得非常寒酸。离开山东南归时，百姓们看到的是"囊橐萧然，图书数卷而已"（《扬州府志》卷48）。板桥只用三头毛驴，一头自己骑着，同时装了些简单的行李；另一头则驮两夹板的书，外加上一把阮咸（一种乐器）；还有一头由小书童骑着在前面带路。再看板桥的装束，其头上戴的是顶岚帽，身上穿的是件毡衣，完完全全一副平民百姓的打扮。板桥向站在衙阶前送行的新任县令和送行的群众深深一揖，语重心长地说："我郑燮以蠹败，今日归装，若是其轻而且简。诸君子力踞清流，雅操相尚，行见上游器重，指顾莺迁，倘异日去潍之际，其无忘郑大之泊也。"（《小豆棚》卷16）言罢，跨上驴背，依依不舍地走出潍县县城。

潍县民众不仅爱戴板桥，同时对其艺术作品也非常地喜爱，以至一度出现"一县持团扇，争来乞草书"（杨钟羲《雪桥诗话》卷6）的盛况。在即将离开潍县的时候，板桥曾画竹留别潍县的绅士民，并于其上题诗云："乌纱掷去不为官，囊橐萧萧两袖寒。写取一枝清瘦竹，秋风江上作渔竿。"（《题画·予告归里画竹别潍县绅士民》）这首诗写得如此清高悲愤，表达出板桥无言的心声。但"此时无声胜有声"，板桥似乎在向世人暗示：我郑板桥不稀罕这顶乌纱帽，虽然两袖清风，但俺无愧于心！

板桥虽然离开了官场，但他的惠政与精神，则久久令人难以忘怀。诚如刘熙载（1813—1881）所慨叹的："孤抱出风尘，兀傲嶙峋，拈来俚语也精神。书画是雄还是逸？只写天真。北海吏称循，别有奇勋，蹇驴破帽起人文。听说文翁亲教授，恐系前身。"（《浪淘沙·闻潍县人颂吾乡郑板桥先生遗政有感而作》）

怪异癫狂写真情

傲骨寒梅　青藤门下牛马走　『秀才』该骂　使酒骂座

画与不画　灵苗自探　自竖脊骨　『俗』亦可耐　金莲肥臀

秋风昨夜渡潇湘，

触石穿林惯作狂。

惟有竹枝浑不怕，

挺然相斗一千场。

——《题画竹》（乾隆二十三年三月板桥画并题）

　　与正统人物相比，板桥无疑是一个"狂傲怪异"之人。其"狂"，其"傲"，其"怪"，其"异"，渗入到板桥的灵魂，渗透到板桥的各种文学作品中。然而正是有了这些"狂""傲""怪""异"之品格，板桥才成其为板桥。

　　板桥生活的时代，从某种意义上来说，既是一个由治而盛的繁荣时期，也是一个风云变幻、思想受牵制的时代。然而，面对"文字狱"的高压，人批士子已不能肆无忌惮，放言高论，而是慢慢地收敛起自己的个性，或孜孜于科举功名，或埋首于训诂考订。唯有一小部分人士，不愿将自己"打昏"，依顺于现实政治所框定的规范之中，故而或遁世以避俗，或奋力与世俗抗争，或以狂傲癫怪、放荡不羁的"超常"举动顽强地保持着自己心灵上的一片"净土"。这些狂怪之人，不仅在行动上不谐于俗，其在文学或艺术等领域也能展现出自己的个性。板桥便是此类人物之一。

板桥尽管不是遁世者，相反和许多同时代读书人一样，曾一度醉心于科举功名，尽管其科考之路走得十分坎坷，但板桥有其独特的性格，并未将自己桎梏在四书、五经和八股文的"牢笼"之中，成为像《儒林外史》中所描绘的范进，而是能出乎其类，拔乎其萃，虽未"离经叛道"，却也卓然成为才华横溢、狂傲癫怪的"扬州八怪"之典型人物。

一般来说，一个人性格的形成与其生活的环境和经历有着密切的关系。板桥的家乡——兴化，是一个水乡：仅兴化城东与得胜湖之间方圆几十里就有一万多个小洲立于水上，其大者二三亩，小者亦十余步，当地人称之为"垛子"。板桥的出生地——夏甸，即是一个较大的"垛子"。板桥后来曾在《贺新郎·食瓜》词中这样描述这一"万岛之乡"："吾家家在烟波里，绕秋城藕花芦叶，渺然无际。"兴化，从某种程度上讲是一块有灵性的地方。除风光秀丽外，这里自古流传着许多神秘的传说和美好的神话。有一种传说，说兴化是一块"真龙宝地"，东城为龙头，西城为龙尾。还有传说称，板桥出生的夏甸是当年夏禹王治水往东海置放镇海神针时留下的马蹄印。当然，这些传说和神话不免附会或比附，但这一带出生的人的想象力之丰富和浪漫，则是实实在在的。明初的施耐庵所著的《水浒传》，以犀利的笔触，刻画出梁山英雄好汉们月黑风高劫富济贫的动人故事。明嘉靖二十六年（1547）的状元李春芳，自号"华阳洞天主人"，是吴承恩所撰《西游记》的积极合作者，在这部书里，他们以怪异的风格，将人间万象一泄无余，加以无情的鞭挞。陆西星，相传是小说《封神演义》的作者，在这部书中，作者同样以怪异的手法，尖锐地讽刺了人世间的邪恶与不平。所有这些，对打破思想枷锁，无疑起到了极大的促进作用，增长了人们的浪漫想象力，虽然在思想上有所"出格"，但在艺术上还是多有创新的。[①]这些乡贤们思想上的创新，对板桥定会有所触动。或者说，板桥之性格及其在艺术上个性的形成，或许是因缘于这方水土的滋养吧。

板桥性格的形成，与其所接触的师友更有很大关联。板桥幼时师从其父，但在性格上，却明显地与其父立庵先生相差很大。板桥虽没能继承其父的性格，却从下面几个人那里受到不少熏陶。其中最值得提出的，是陆种园，他对板桥的性格和处世态度影响很大。陆种园，名震，字仲远、仲子，号榕材、北郭生、蓼村。从家世看，陆震是个衰落世家子弟，其先祖在明代曾做过京官（礼部主事），出使过朝鲜，但传至其父亲时，家道业已中落。种园先生讨厌制艺，淡于名利，一生很不得志。《重修兴化县志·文苑》称其"少负才气，傲睨狂放，不为龊龊小谨"，虽然生活窘迫，但"淡于名利，厌制艺，攻古文辞及行草书"，大有隐士风度。据说有一次春日酒后，他曾折一枝鲜红的桃花，插于发梢，一边高歌，一边在闹市中行走。花瓣满身，行人侧目，友人规劝，他却一脸无所谓地笑道："我贫士耳。彼奈我何？"陆震书法相当好，又甚喜杯中之物，然则囊中羞涩，有时便把那支写字的大笔抵押在酒店赊酒喝。等有人请写字时方代其将笔赎回。不过，陆震虽穷，却很有侠义心肠，能解人之急。有一次，一位朋友因欠官方银钱无力偿还求助于他，他二话没说，便把家中一件十分珍贵的祖传之物（其先人出使朝鲜之赠行诗卷）付予朋友暂作抵押。后来，那件祖传之物被遗失，朋友甚感过意不去，他反而安慰朋友道："好比一口锅，已经碎了，遗憾何用？任其去吧！"其人慷慨如此。《板桥集》中曾附录了一首他的《赠王正子》，述二人偶然相遇，互通消息，叹人生无常以后，说：

---

① 陈书良：《郑板桥传》，巴蜀书社1989年版。

同是客，君尤苦。两人恨，凭谁诉？看囊中罄矣，酒钱何处？吾辈无端寒至此，富儿何物肥如许！脱敝裘付与酒家娘，摇头去。

词写得明白如话。笔也当了，传家之宝也没了，甚至身上的破衣裳也脱下来了，还是要喝酒。这样的士人，越是穷，越是狂，因为有了生活的真切感受，词便越发做得好。板桥师从种园之时，正当风华年少，性格的可塑性很大，陆震的这些性格无疑会对板桥产生一定的影响。事实的确如此，两人在性格和作品风格上有很多相似之处。当然，这同板桥长期以来和种园先生一样过着贫苦流离的生活也有很大的关系。后人讥笑陆词"暴言竭辞，何无含蓄至此"，兼讥板桥继承种园诗品，以"沉着痛快"为第一，认为是病在浅显（陈廷焯《白雨斋词话》卷6）。

对板桥性格可能有所影响的，还有前文提到的板桥的另一位老师，即其"外家"之一的郝梅岩先生。板桥曾短期从梅岩先生学习，对这位先生板桥是非常敬重的。在中年，板桥曾有一联赠梅岩先生，曰："虚心竹有低头叶，傲骨梅无仰面花。"表达了其对梅岩先生的仰慕之情，同时也体现出梅岩先生的洒脱性格。据说，梅岩先生赴考，主考对他的考卷大为赏识，将其放在一旁，结果放榜时竟给忘了，后来发现又给补上。当报喜人来到梅岩先生家，他本人则表现得相当平静，认为既已落榜何必再补，于是置之不顾地又去教他的书了。板桥所云"傲骨梅无仰面花"，正体现了梅岩先生之高洁人品。①

板桥不仅受到陆种园、郝梅岩等先生极富个性的熏陶，其友朋中的一些慷慨激昂之人，亦颇有对板桥相激相励者。《范县署中寄舍弟

---

① 薛振国、董保康、单虹：《郑板桥与盐城郝氏》，《美术研究》1984年第4期。

墨》中曾经提到，板桥和徐宗于、陆白义等学友甚为相得，时常"谈文古庙中，破廊败叶飕飕，至二三鼓不去。或又骑石狮子脊背上，论兵起舞，纵言天下事"。又《范县署中寄陆伯仪》称："回忆尔时数人读书古庙，深更半夜，谈文娓娓不去，虽天寒风劲亦不顾。有时一人烧粥，一人斧薪，以咸豆子下粥，大唉大笑，腹饱身暖，剔灯再读，如是其乐。或短衣骑石狮子脊背上，纵谈天下事，谁可将十万兵，谁可立功边徼，以异国版图献天子者，又如是其乐。今一念及之，古庙无恙耶？石狮子无恙耶？谁得再与我古庙谈文？谁得再与我在石狮子背上论兵？谁得再与我唉咸豆子下粥？"回首当年意气风发之情景，不由得不使板桥为之唏嘘落泪，感慨良多。

师辈的风范，同辈的相激，使板桥在青少年时代，颇为意气风发，逐渐形成其桀骜不驯、特立独行的性格、品质。

板桥不仅从当世师友身上获得熏陶，还从前人身上得到诸多启发，其最要者为徐渭。徐渭（1521—1593），字文长，号青藤山人。此翁出身贫寒，一生经历坎坷：考中秀才后，有八次应考，均遭到挫折，没能在求取功名上再进一步；中年惧祸，得了狂病，病中杀妻，下狱七年，自杀九次。就是这么一个人物，却在诗、画、书，乃至剧本等方面独树一帜，独步千古。徐渭一生可谓怀才不遇，不为时人所重。"笔底明珠无处卖，闲抛闲掷野藤中"，即其落拓遭际的写照。他自称"畸人"，且将所自编年谱称作"畸谱"。正是这位才华横溢而又乖时背俗的"畸人"，却成了板桥同情、赞叹和敬仰的对象。板桥曾刻"青藤门下牛马走""徐青藤门下走狗郑燮"印，特别是后者，在他人看来"太不雅观"，但板桥并不这么看。在致无方上人的信中，板桥如此解释道："大师于孙公家见燮所画竹石横幅，因印文有'徐青藤门下走狗'字样，以为太不雅观，大师何不达哉。世之营营扰扰，奔趋如狗者众矣。大师春秋七十，目所见，耳所闻，怪怪奇奇之行，数当不少，大师曾无一语以为怪，乃于燮印文中著一狗字，独惊异以为怪，何不怪世之营营扰扰，奔趋类狗者之行，而独怪印文中之狗字乎？世事纷纭，人情幻忽，人而狗行者，秦镜难穷，温犀难遍，人不如狗，莫说绝无，或者竟有。反之，狗胜人者，若古人文集中所记义犬，见非一见，所谓顽奴黠仆，破家陷主，其不及狗也多矣！燮平生最爱徐青藤诗，兼爱其画，因爱之极，乃自治一印曰'徐青藤门下走狗郑燮'。印文是实，走狗尚虚，此心犹觉慊然！使燮早生百十年，而投身于青藤先生之门下，观其豪行雄举，长吟狂饮，即真为走狗而亦乐焉。山阴童钰诗曰：'尚有一灯传郑燮，甘心走狗列门墙。'今为大师诵之，不知再以为怪否？"（《范县答无方上人》）即此，足见其对徐渭是多么的崇拜。板桥向来不肯轻易许人，但一旦有人征服了他，他又会佩服得五体投地。徐渭便是一个令他五体投地的人。徐渭的画艺，其瘦笔、破笔、燥笔、断笔等技法，无不让板桥赞叹不已。在《题画竹》中，板桥曾对徐渭的这种高超技法有一评述，认为："徐文长先生画雪竹，纯以瘦笔、破笔、燥笔、断笔为之，绝不类竹，然后以淡墨水钩染而出，枝间叶上，罔非雪积，竹之全体，在隐跃间矣。"板桥还十分崇拜徐渭的书法，认为其翰墨馨香，笔势惊人，如狂风、云朵，如银河、烟霞，变化万端，妙不可言。《贺新郎·徐青藤草书一卷》曰：

墨沈余香剩，扫长笺狂花扑水，破云堆岭。云尽花空无一物，荡荡银河泻影，又略点箕张鬼井。未敢披图容易玩，拔烟霞直上嵩华顶。与帝座，呼相近。

半生未挂朝衫领，狠秋风青衿剥去，秃头光颈。只有文章书画笔，无古无今独逞，并无复自家门径。拔取金刀眉目割，破头颅血迸苔花冷。亦不是，人间病。

板桥同样倾倒于徐渭的文学才能，对其所作剧本《四声猿》，终生读之不厌。板桥曾这样看和徐渭之间的关系：徐渭"才横而笔豪，而燮亦有倔强不驯之气，所以不谋而合"（《题画·靳秋田索画》）。看来，无论从坎坷的人生经历，还是从超人的才识，乃至狂颠的性格，板桥都和这位自称"畸人"的徐渭"不谋而合"，难怪板桥对之大有惺惺相惜之意，甘愿"青藤门下牛马走"了。而无独有偶，与板桥服膺徐渭如出一辙，晚清的陆钢（字紫英，萧山人，善山水画，尤精临摹，兼工花卉）因"慕郑板桥之为人"，所以刻了一方"板桥门下牛马走"小印（李濬之《清画家诗史》壬上），可谓与郑板桥前后相映成趣了。

他人之"狂""怪"固然对板桥有所影响，最要者还是板桥自己在世相的沉浮中的所感、所悟造就了其独特的"狂""怪"。板桥尝自言："幼时殊无异人处，少长，虽长大，貌寝陋，人咸易之。又好大言，自负太过，漫骂无择。诸先辈皆侧面，戒勿与往来。"（《板桥自叙》）本身的"貌寝陋"，已足以使"人咸易之"，加之"又好大言，自负太过，漫骂无择"，板桥虽自称"殊无异人处"，实则已显露出异于人之处。即此来看，板桥之"狂""怪"，于其早年就有所呈露了。而更为有意思的是，板桥虽在求取功名路上磕磕碰碰，好不容易才取得秀才，按理说应深知其中甘苦，但令人纳闷的是，他时常将秀才作为骂的对象。

板桥为何要骂秀才？在其所作家书及致朋友的信中有所表露。其于《潍县署中寄四弟墨》（第31号）中说："老弟只知我好骂人，不知我崇拜人。更不知我只骂一班推廓不开之秀才，而崇拜之人则不胜屈指也。"于《再谕麟儿》（第61号）中称："吾壮年好骂人，所骂者都属推廓不开之假斯文。异乎当世恃才傲物者之骂人：动谓人不如我，见《乡墨》则骂举人不通；见《会墨》则骂进士不通；未入学者见秀才考卷，则骂秀才不通。既然目空一世，自己之为文，必能远胜于人，讵知实际非特不能胜人，反不如所骂之秀才、举人、进士远甚。所为不反求诸己，徒见他人之不通，自己傲气既长，不肯用功深造，而眼高手低，握管作文，自嫌弗及不通秀才，免得献丑，索性搁笔不为文，于是潦倒终身，永无寸进。"又其《寄潘桐冈》云："板桥平生好谩骂人，尤好骂秀才，以此招人怨毒，此自惹也，与天何尤？与人何尤？"即此来看，板桥一方面深知目空一切者好骂人之不自量，自己虽不目空一切但也好骂人，也因此招人怨毒；另一方面板桥又始终好骂人，尤其好骂那些"推廓不开之秀才"。其所说"推廓不开之秀才"，虽于其文中可知"所骂者都属推廓不开之假斯文"，但"假斯文"者何止秀才而已？看来板桥所骂定还有其他原因，或者说什么样的"假斯文"秀才惹得板桥大动肝火地去骂。原来，板桥之斤斤计较于骂秀才，个中缘由是：

　　试看秀才们，一篇腐烂文章，侥幸中式，即如小儿得饼、穷汉拾金，处处示人阔大，却处处露其狭窄，处处自暴丑陋。诗云子曰，动辄以《诗》《书》吓人，酸腐之气，尤属可憎！若问胸中经济，只一团茅草乱蓬蓬耳。板桥尝见一秀才手札，四引孔子，五引孟子，经训满纸，宛如一篇阴骘文，归根到底，只是劝人戒酒，费如许大气力，该骂乎？不该骂乎？细细想来，不怪他们不读书，反怪他们读书太多，囫囵吞枣，一团茅草乱蓬蓬，塞的肚皮里推廓不开。若以秦火燔而空之，亦是一快！或曰"板桥亦是秀才出身，因何不骂"？因为板桥生平读书而外，只识得寒而思衣、饥而思食、倦而睡觉、病而服药，凡举动饮食之间，坐不必端正之席，吃不必割方之肉。免被唾骂，或者在是。

——《寄潘桐冈》

　　无须多言，板桥此番话，已为我们透透彻彻地揭示出何渭"推廓不开之秀才"，以及板桥何以要不骂不快的缘由。然板桥虽骂得在理，但实在是骂得不合时宜。既然大家都习惯于"子曰诗云"，都习惯于"目空一世"，都习惯于"假斯文"，你郑板桥为何偏偏"不习惯"？更有甚者，"坐必端正之席""吃必割方之肉"乃孔夫子他老人家的"万古遗训"，你郑板桥又有什么"权力"不去遵守？如此等等，难怪别人对你"怨毒"，避之唯恐不及了？！不过，板桥倒也有自知之明，坦然承认这全是"自惹也，与天何尤？与人何尤"？其潜台词似可这样理解：我板桥就是这么一个"狂怪"之人，我就是爱这么做，生性如此，想改也改不了，听不听由你。

但话说回来，人家板桥也非逮谁骂谁，倘非"推廓不开之秀才"，而"有一才一技之长、一行一言之美"者，也"未尝不啧啧称道"（《淮安舟中寄舍弟墨》）。"例如画家文湖州，诗家杜少陵，文学家方百川、侯朝宗，现任东抚"（《潍县署中寄四弟墨》第31号），均系板桥崇拜之人。在《再谕麟儿》（第61号）中，板桥表示："余壮年傲气亦盛，而对于胜我者，却肯低首降服。见佳文爱之不肯释手，虽百读不厌。"尤令板桥感念于心者，是其与学友当年于古庙中或高谈阔论、臧否人物，或偃仰啸歌、说诗议文，其狂其傲，其笑其闹，无不富含激情，嬉笑怒骂皆文章。在他们眼里，那些以技巧取胜的文人不过是些小儒腐生，何足挂齿，而那些自认为胸罗万卷的名士，文章尽管莽莽苍苍，同样也是绣花枕头，无补于世。只有那些能匡时济世的人手笔、大豪杰，才真是傲立天地间的有用人才，国家栋梁，天下柱石。

兴化民间的一则传说，可鲜活地展现板桥的性格，姑且引来，供大家赏玩。说有位读书人，某日获得一幅珍藏的《斗牛图》，神气十足地向众人炫耀。一些自负颇有学问的人便凑在一起展开了宏论：这位说是唐代戴嵩的作品，真乃神牛也；那位说此画气势不凡，非唐人之作断不能至此；还有人说这幅作品为唐人精品，眼下可值银若干，胜过良田百亩。在这一片吹捧赞美声中，那位读书人好不得意。但这时有位年轻人在一旁却冷笑了一声。众人为之一惊，问他何以发笑。这位年轻人旁若无人地说道：两牛格斗，必定会两腿夹紧尾巴，哪有高高翘起的道理，这么一点基本的常识都不懂，还说什么珍品不珍品的？简直是乱弹琴。小小后生的一盆冷水，使众人无不为之愕然，一时无言以对。此年轻人便是郑板桥。然板桥之狂傲，虽自得其乐，但也为其日后涉世埋下了许多不幸的种子。在"唯把黄金通显要"的钱权结合时代，一个出生于寒儒之家的人，既然不愿俯仰随人，其命运只能是崎岖坎坷了。但板桥就是板桥，其狂傲个性是很难与世沉浮的。

雍正三年（1725），33岁的板桥来到京师。作为全国的首善之区，当时的京师集天下英才秀士于一堂，但其间亦不乏利禄之徒和庸俗之辈。板桥的朋友杭世骏曾说："自吾来京都，遍交贤豪长者，得以纵览天下之士，大抵绰章绘句、顺时以取宠者，趾相错矣。其肯措意于当世之务、从容而度康济之略者，盖百不得一焉。"（《道古堂文集》卷15《送江岷山知晋州序》）这是杭世骏到京师后的观感。于此，板桥也深有体会，其所闻、所见、所感，与杭世骏所说相差无几。但是，板桥之桀骜不驯，远没有杭世骏那样的"涵养"。在交往中，板桥又时不时流露出其狂傲之气，以至于"使酒骂座，目无卿相"。而使板桥更为之鲠鲠于喉的，是当时以程式化"四王"画风所垄断着的正统派画坛，容不得他那种歪脖子跷腿的狂怪笔墨。再加上与板桥经常交往游玩的不少是禁卫军官的子弟，这些人因父兄出入宫廷、官场，对上层的黑暗，甚至那些头面人物的丑闻秽行都有所了解。板桥与之放言高论，激浊扬清，臧否人物，其"狂名"也就随之传扬开来。以上种种，无怪乎板桥此次的京师之行一无所获了。

庸俗的社会风气简直连率真的个性都容不得，这是使板桥最感难以忍受的。在《自遣》诗中，板桥既愤怒又无奈地发出心底的感慨：

啬彼丰兹信不移，我于困顿已无辞。

束狂入世犹嫌放，学拙论文尚厌奇。

看月不妨人去尽，对花只恨酒来迟。

笑他缣素求书辈，又要先生烂醉时。

板桥心中十分纳闷：自己已约束轻狂的性格有所收敛了，为何还被人嫌恶为"放荡"；自己已尽力藏智埋聪，为何仍被人厌弃为"新奇"？罢罢罢，还是去对酒当歌、伴花而眠吧！这首《自遣》诗，当是板桥对那些污蔑之词的还击，同时也从一个侧面展现出板桥的个性。据阮元《广陵诗事》载，板桥曾借韩愈解嘲的话，刻了一方"动而得谤，名亦随之"印，亦可作为当时板桥尴尬处境的参证。京师的"强劲风沙"，对板桥来说，无异于当头棒喝，将其雄心和热情吹得隐隐作痛。初出茅庐便遭受挫折，遂使板桥心生厌倦仕途的念头。当时他所作的《燕京杂诗》，便表露出这种心态。其言曰：

不烧铅汞不逃禅，不爱乌纱不要钱。

但愿清秋长夏日，江湖常放米家船。

偶因烦热便思家，千里江南道路赊。

门外绿杨三十顷，西风吹满白莲花。

碧纱窗外绿芭蕉，书破繁阴坐寂寥。

小妇最怜消渴疾，下盘红颗进冰桃。

其中所说"不烧铅汞不逃禅，不爱乌纱不要钱。但愿清秋长夏日，江湖常放米家船"，无疑表达出板桥的愤激之情。当然，并不能就此便说板桥真的"不爱乌纱"了，但他的确鲜明地表示了对当时众生的鄙弃和怒不从流的决心。诗中同时还表达了他因受挫而对家乡产生的思念情绪，抒写了对闲居情趣的向往。诸种情感交织在一起，凸显出板桥此时进退两难的窘境。板桥此诗写得非常的洒脱，且略带自负，但其内心又隐藏了多少难言的苦处，更向何人诉？

傲气成就了板桥的性格，但也使他尝到了不少苦头。在《再谕麟儿》（第61号）中，板桥如此检讨自己的傲气说："余壮年傲气亦盛，而对于胜我者，却肯低首降服。见佳文爱之不肯释手，虽百读不厌。故能侥幸成名，然亦四下乡场，始得脱颖而出，亦为傲气所阻也。至今思之，犹如芒刺在背。"话虽如此，板桥又怎能改变得了其狂傲之气？也许是"好了伤疤忘了痛"，或者是"本性难移"，走上仕途后的板桥在性格上并未因此而有所改变。从某种意义上来说，板桥的性格注定了他的前程：从他当官的第一天起，他便是当时污浊官僚群体中的一个"异类"，官场并非板桥这种狂狷之士的长久容身之所，更不是理想主义者施展抱负的舞台。下面两件事，可窥见县令板桥"异"之一斑。

有一次，板桥因公来到山东省城济南。或许是慕于板桥的艺术才华，诸位上司都十分器重他。某日，众官在趵突泉会宴，板桥亦被邀请参加。众人知板桥有才，让他作诗助兴。在众上司面前，板桥自然无法推辞，随口吟道："原原有本岂徒然，静里观澜感逝川。流到海边浑是卤，更谁人辨识清泉。"此诗一出，满座震惊，陪坐诸人皆认为板桥之诗是在嘲弄他的上司，且过于露骨，当时即有人拂袖而去。曾衍东《小豆棚》对此事有详细记载，且认为正是由于这件事板桥得罪了自己的上司，"后因邑中有某人金事，控发，遂以贪婪褫职"。再如，板桥有感于天灾给百姓带来的苦难，曾作有《思归行》，其中对官方的失责有"赤裸裸"的谴责。其言道：

山东遇荒岁，牛马先受殃。人食十之三，畜食何可量。杀畜食其肉，畜尽人亦亡。帝心轸念之，布德回穹苍。东转辽海粟，西藏湘汉粮。云帆下天津，艨艟竭太仓。金钱数百万，便宜为赈方。何以未赈前，不能为周防？何以既赈后，不能使乐康？何以方赈时，冒滥兼遗忘？臣也实不材，吾君非不良。臣幼读书史，散漫无主张。如收败贯钱，如撑断港航。所以遇烦剧，束手徒周章。臣家江淮间，虾螺鱼藕乡。破书犹在架，破毡犹在床。待罪已十年，素餐何久长。秋云雁为伴，春雨鹤谋梁。去去好藏拙，满湖莼菜香。

去官南归后，板桥还曾作诗攻击某些官僚曰："长官好善民已愁，况以不善司民牧。"（《悍吏》）对此，阮元的评价是"真至言也"（《淮海英灵集》）。凡此，皆体现出板桥对当时官场腐败现象的痛恨。虽为"至言"，却难以为腐败官场所容忍。其所谓"更谁人辨识清泉"，直斥贪庸官吏，而"何以未赈前，不能为周防？何以既赈后，不能使乐康？何以方赈时，冒滥兼遗忘"之问，则锋芒所指已触及到了上层统治者的痛楚。这些都是为官者的大忌，板桥不是不知，其秉性使然也！如此"狂士"做县令，又焉得无祸？又谈何高升？依板桥的才能做十年县令而不得升迁，想来问题就出在这个"狂"字上。

板桥因狂傲而仕途无进，不得已"乌纱掷去不为官"，"一官归去来"，息影扬州，重操卖画生涯。离开官场的板桥恰如鱼入大海、鸟归山林，他再也用不着顾及官场的那些繁文缛节，终于可以自由地施展自己的个性了。正所谓"板桥道人老更狂，弃官落拓游淮阳"。不再为官，板桥有了"狂"的自由，而其在艺术上的境界更有了"狂"的资本。板桥卖画，绝不像一般画师那样取媚于世俗，去迎合世俗的"欣赏品味"。一般富商大贾大都是些附庸风雅之辈，并没有多高的审美情趣，他们所喜欢的是牡丹、鹤、鹿等所谓的吉祥之物，追求的是大红大绿、富丽堂皇的"雅致"。对于这些，板桥一概不画，从不会为了几个小钱去讨好他们。板桥作画，全凭意兴，兴之所至，便欣然命笔，意境高远。其所画一般都是些兰呀，竹呀，石的，而且多着墨色（偶尔也加一点赭色）；题跋中决不题什么"生意兴隆""财源茂盛"之类"俗不可耐"的字眼。尤为可怪的是，板桥还有一个倔脾气，就是——"索我画偏不画，不索我画偏要画"（《题画·靳秋田索画》）。

随着板桥知名度的远扬，求画、索画者络绎不绝，令板桥应接不暇，烦恼丛生。为官山东时，这种烦恼就已呈露。板桥在《范县衙斋答李萝村》中曾对世人对其画的态度转变发了一番感慨，说："板桥当年习画兰竹，只是乱涂乱撒，无所谓家数，无所谓师承，花费了纸张笔墨，自己拿来涂贴墙壁，自己玩玩而已。此中不知是何冤孽，二十年前画的是兰竹，无人问起，无人谈论。二十年后画的仍是兰竹，不曾改样，却有人说好，有人出钱要买。甚至有人专喜板桥画的兰竹，肯出大钱收买，二十年前他所摇头不要，送他他亦不受者，二十年后却承他如此看重，赞赏到世间罕有，板桥可谓有福气也！然我自家看看，板桥仍是板桥，兰竹仍是兰竹，到底好在哪里？自家问自家，也问不出一个道理，想是众人说了好，眼里看来也觉好了。"《范县署中寄四弟墨》（第21号）中说："近时求书画者，较往年更增数倍，都属同年同寅及巨绅，大抵挟赠物而来，势不得不为之一挥。早知今日，悔不当初不习画，则今日可减却一半磨烦。"《复同寅朱湘波》中说："……兼之索书索画，积纸盈案，催促之函，来如雪片，如欠万千债负，未识可有清偿之日否？"在《潍县署中寄靳秋田》中，亦表达了同样的苦烦心绪："我不知是何冤孽，自到潍县以来，官事不忙，却忙于写字作画，天天执笔，累得人好苦也！本来画是文章经济之余，雕虫小技，不足为贵。昔人课余习画，陶情寻乐，原雅事也。我今反因作画而忙，官书簿册，几至不治，我不是做官而来，变了作画而来，此苦事也！苦至应接不暇，我虽欲画一兰、一竹、一石、一水，又安望其能画得有神哉？"更可恼的是，索画者并非任由板桥随兴而画，而要求这个要求那个，使板桥愤恨懊恼不已。他感慨道："我非俳优，而人乃以俳优视我，索画则径画可耳，由我造境，由我落墨，一竿竹，几片叶；一本兰，几朵花，任意随心，方有乐趣。然而索画者偏不然，此人要我画竹石，彼人要我画水竹，一纸传来，出题点索，或要题诗，或要题款，我非戏台上之俳优，岂能宛转依人，任他点戏乎？忿恨之极，亦懊恼之极！"迫于无奈，板桥想出一个办法，"凡有来纸出题点索者，原纸退回，一概不画，彼以白纸来，我以白纸去，我笔不动，彼能强执我之手腕哉？"别说，板桥这招还真灵，"行之数月，其法大验，求者既少，身心俱安，此拒画之灵方也，而板桥得其应验，不亦快活！"这体现出板桥决不媚俗的桀骜性格。

板桥如此的桀骜不驯，不可避免地会与那些傲慢的富商之间发生冲突。每当遇到这种场合，板桥不仅从来不屈服，还常常利用自己的聪明才智来戏弄一番那些无知而又霸道之人。为官范县时，财大气粗的琅玡氏曾托板桥好友李萝村求板桥为之作画，板桥非常幽默地断然拒绝道："……至若以金求我，偏不肯画，不请我画，却喜画一幅赠与之，这是什么道理？我自家也觉索解不得。琅玡氏多财，板桥早已知之；琅玡氏好画，板桥今日才晓。方今画家多矣，大江南北之以画鸣于时者，指不胜屈，琅玡氏不求张不求李，乃独求板桥为之画，可谓有缘哉！惟板桥是穷措大出身，最喜金银，也最怕金银。喜者，喜其能养家活口，救人性命也。怕者，怕他能熏灼心肺，使人改行变节也。若琅玡氏之金银钱物，尤使人寒心而不肯受用。何以故？惧怕他叫痛而造孽也。写了几幅纸，不曾明说一个道理，到底画与不画？曰：怕他钱多，不画不画。"（《范县衙斋答李萝村》）

当板桥卖画扬州时，不少买他画的富商其实并不懂画，但这些人却常常提出许多莫名其妙的要求，致使板桥为之哭笑不得。据说，有某暴发户三兄弟新砌了一座华堂，为附庸风雅，便让板桥为他们题写匾额，但其态度却极其傲慢，一副霸道气。板桥心中甚感恶心，但并没表露出来，对他们的要求未加拒绝，而是暗藏玄机地给他们写了"竹苞堂"三个大字，还特地将"苞"字的"艹"头写成隶书的"艸"字。这哥仨为此好不得意，自以为占了天大的便宜，神气十足地将"竹苞堂"匾额高高悬挂起来，并大宴宾客，以示庆贺。欢宴过程中，有个明眼人看出了匾额上"竹苞堂"三字暗含的奥妙，禁不住说道："这上面写的不是'个个草包'吗？"经其点破，众人豁然，哄堂大笑。再看那哥儿仨，已是满脸的不自在，也说不清他们心里在想些什么了。

还有一件事与上面的情况类似。说某大盐商腰缠万贯，却爱钱如命。对他来说，只要自己想要的，没有什么得不到的，且常能花很少的钱或不用花费。此人有个癖好，爱附庸风雅。一天，他突发一念，想在家中挂上一副郑板桥亲笔题名落款盖章的对联。于是，他便向板桥提出这一要求。板桥知其为人，也不客气，开口要价一千两银子。盐商一再还价，板桥答应降到五百两，并要求先付钱后写字。盐商自知板桥字不易得，为达到目的，只好先把五百两银子交给板桥。收好银子后，板桥铺纸挥毫，笔走龙蛇，顷刻间写就了"饱暖富豪讲风雅"上联，尔后将笔一放，转身欲走。盐商一看急了，连忙拉住板桥的袍襟问因何只写上联不写下联？板桥冷然一笑，不急不躁地说道：一副对联我要一千两，你给我五百，一半价，一半联，这半副联也够你挂在墙上风光的了。盐商知道自己上了板桥的当，无奈只好又掏出五百两银子，求板桥一并将下联写出来。板桥这才再次挥毫，写出下联："饥馑画人爱银钱。"两人各取所需，"半斤八两"，真乃幽默风趣也。

这就是怪异癫狂的郑板桥！

至于这一系列的"怪异"之举会招来这些富商们什么样的报复，郑板桥是从来不去顾及的，只管我行我素就是了。如果做事瞻前顾后、藏头缩尾的话，那就不是郑板桥了。

板桥这种鲜明的性格特征，对其艺术特色和思想产生了深刻的影响。

板桥出生于康熙三十二年（1693）十月二十五日，恰逢民间的"雪婆婆生日"。这对板桥来讲仅仅是一种生命的偶然巧合，然而这种巧合却在他心中留下了深刻的印象。在其成年后，为纪念自己的生日，同时更是为了表达某种难以言说的对生命的感悟，板桥曾刻有"雪婆婆同日生"印章。这一印章在当时被斥为"不典"，但也恰恰能从这件事本身洞悉出板桥高洁不俗的艺术品格和独特的艺术价值取向。板桥生活的年代尽管被称为清王朝的鼎盛时期，但无论学术界还是艺术界都弥漫着一股复古主义的思潮。板桥刻此印章正是要表达他所追求的一种不同流俗、亲近民间的艺术价值取向。面对世人的讥诮，板桥这样回应道："古之谚语，今之典；今之谚语，后之典。"（《板桥先生印册·雪婆婆同日生》）板桥的另一枚印章同样体现了他的这种性格特点，即"麻丫头针线"。"麻丫头"本来是其父母为他起的一个乳名。起此贱名的缘由，是因为当时郑家人丁不旺，而板桥又自幼体弱，他父母为使儿子能健康成长、赓续郑家香火，故取此贱名以期消灾免难，俗话说贱名好养活，这也是当时民间很多地方都有的风俗。板桥作此印，反映出他对这一乳名的珍视。至于其中"麻"之含义，或说指板桥脸上的斑点，但在多大程度上属实，难以据考，也没必要去较这个真。尽管板桥本人一再宣称自己容貌"寝陋"，也有人认为可能是皮肤过黑，并认为确有若干麻点。但就现有的板桥数幅画像来看，似乎根据并不那么充分。我们认为，将幼贫说为"极贫"，容貌不够出众说成"寝陋"，人讳言之我则言之，这实际上是板桥狂放的一种反映。事情总是相反相成，越是容貌寝陋，越是有那么多女子钟情于他，麻丫头的"针线"越是为人珍藏，从中我们自能领略出主人公的那种怨气与傲气。

　　板桥孤狂性格在其思想和艺术上最典型的体现是他的独立意识。在现实生活中，板桥敢于冲破种种世俗观念，在学术、艺术、思想领域，他同样坚决主张独立思考，反对人云亦云，反对"死"于古人、今人之下。如对读书，他认为自己的读书态度是"能自刻苦，自愤激，自竖立，不苟同俗，深自屈曲委蛇，由浅入深，由卑及高，由迩达远，以赴古人之奥区，以自畅其性情才力之所不尽"（《板桥自叙》）。在《复同年孙幼竹》中，他说："承示'明季诸儒都喜放言高论，适足以致寇'，实非苛责前贤。申公不云乎，'为政不在多言'，为学亦然。无如矫同立异，几为儒者之通病，贤如朱子，尚不免有门户之见，尝与陆子讨论无极，见解各殊，遂成冰炭。朱诋陆为顿悟，陆诋朱为支离，其实见理合一，并无差异。朱子主'道问学'，何尝不开达本原；陆子主'尊德性'，何尝不实征践履。盖学识之争辩，往往因毫厘之相差，酿成水火之不相容。足下来书，洋洋数千言，畅论黄南雷、孙苏门、顾亭林、李二曲诸先儒学术，语语入微，丝丝入扣，仆何人斯，敢萌希贤之想？所以与士林断断争辩者，只为一般推廓不开之秀才而发，若谓党同伐异，则吾岂敢！"基于以上看法，他在《范县署中寄舍弟墨第三书》中，批评了那些"小儒"之见，对《春秋》提出自己的见解，认为《春秋》的记载不过是真实历史的十分之一、千分之百罢了；春秋为极乱之世，夏殷之际，又何尝不是极乱？为此，他告诫其堂弟要善于读书，只有"诚知书中有书，书外有书，则心空明而理圆湛，岂复为古人所束缚，而略无张主乎？岂复为后世小儒所颠倒迷惑，反失古人真意乎"？并强调"读书要有特识，依样画葫芦，无有是处"；"而特识又不外乎至情至理"。概言之，板桥对待学术的态度是："学者自出眼孔，自竖脊骨，读书可尔。"板桥的这一思想取向，与明清之际的社会启蒙思想家傅山（1607—1684，初名鼎臣，字青竹，后改为青主，别号公之它、石道人、啬庐、朱衣道人等，山西阳曲即今天的太原市人）反对

"世儒""奴儒""奴君子",提倡历史批判精神,有其一脉相承处。傅山在《学解》一文中批评了"世儒之学"和"奴儒"之学,认为:"世儒之学无见。无见而学,则瞽者之登泰山、泛东海,非不闻高深也;闻其高深,则人之高之深也";"后世之奴儒,生而拥皋比以自尊,死而图从祀以盗名,其所谓闻见,毫无闻见也,安有所觉也"?(《经子解》)板桥所见,与傅氏所论有异曲同工之妙。

　　体现在艺术创作方面,板桥则主张在学习古人、师法古人的同时,艺术家要能"灵苗自探",而不可囿于古人而不能创新。其于《李氏园再答方超然》中说:"吾辈赋诗作文,写字,习画,虽云不悖于古,亦不可信古太过,神而明之,明而化之,全由此心主持,不为所囿,亦不为所惑,师法古人,变化在我,如此始能卓拔成家,与古抗争。"正是基于这种主张张扬自我的艺术观,即使是同辈友好,板桥也不肯步其后尘,与之雷同。板桥曾评自己与李鱓所画兰竹曰:"复堂李鱓,老画师也。为蒋南沙、高铁岭弟子,花卉翎羽虫鱼皆妙绝,尤工兰竹。然燮画兰竹,绝不与之同道。"(自题《兰竹石图》)作为板桥的好友,李鱓是支持板桥这种观点的,因而称赞板桥"是能自立门户者"。又板桥画兰受石涛影响颇大,在《题画·兰》中,板桥指出了这一点,说:"石涛和尚客吾扬州数十年,见其兰幅,极多亦极妙。"但在学习石涛时,板桥则主张:"学一半,撇一半,未尝全学。非不欲全,实不能全,亦不必也。诗曰:十分学七要抛三,各有灵苗各自探。当面石涛还不学,何能万里学云南?"板桥还曾强调:"八大只是八大,板桥亦只是板桥,吾不能从石公矣。"(《靳秋田索画》)也就是说,艺术的生命在于有所创造,贵在艺术家能"各探灵苗",抒展个性。若一味讲求师承,裹步不前,不仅不能发扬光大,相反却会扼杀艺术的生命力,这便是板桥"不必全学"他人的道理所在。"自立门户","发愤自雄","怒不同人",是板桥一生的自觉追求,要在不同流俗,以个性取胜,以自我面目取胜。

而一个艺术家要想保持自己的独立性，有一个不可忽视的前提，就是要能在金钱物质诱惑面前持有一份傲骨。板桥的"自竖脊骨"，就是这个意思，亦即在金钱势力面前保持张力，不为金钱、权势所压倒。事实上也是如此，许多本来造诣极高的艺术家由于过于媚俗而使得自己的社会地位，尤其是自己作品的品位大为失色。对于这种艺术家，板桥是嗤之以鼻的，且宣称："学者当自树其帜。凡米盐船算之事，听气候于商人，未闻文章学问，亦听气候于商人者也。"（《与江宾谷、江禹九书》）在《与起林上人》中，板桥对当时某些扬州士人奔走于权贵富商之门的行径有深入揭示，其中说："扬州风尚，近来又为之一变，巨富之商，大腹之贾，于玩弄骨董余暇，家中都聘有冬烘先生，明言坐馆，暗里捉刀，翻翻诗韵，调调平仄，如唱山歌一般，凑集四句二十八字，使人扬言于众，某能做诗矣，某能作文矣，若黄某、杜某、金某，是此一类之魁渠也。更有一班无赖文人，日奔走于彼等之门，依附阿谀，说石为玉，指铁成金，谓某诗近古，某诗逼唐，才由天授，非关人力，谁说商贾中无才乎？阿谀人到如此地步，亦已尽止。"这种"以其一言之是非为欣戚，其损士品而丧士气"（《与江宾谷、江禹九书》）的状况，令板桥大为痛心。是以板桥明确提出："凡作文者，当作主子文章，不可作奴才文章也。"为此，他还刻了一方图章，文曰"郑为东道主"（《板桥先生印册》）。在板桥看来，文章也好，艺术作品也好，自有其重要的社会效用，是用来开心明理、醇化风俗的，"切不可趋风气，如扬州人学京师穿衣戴帽，才赶得上，他又变了"。这种缺乏独立自持意识的行径，只能一朝衰败。在《与杭世骏书》中，板桥劝戒自己的这位朋友，要利用其地位，学习宋代的欧阳修，"一洗文章浮靡积习"，振衰起弊，不要"因循苟且，随声附和，以投时好"。凡此，均体现出板桥独立不苟的独特思想取向。

板桥的性格同样在他的文学风格中体现出来，有人认为板桥诗词最有特色的地方就是它的狂怪。所谓狂怪，就是倨傲、反俗、诡异奇特。《尚书·洪范》将"狂"疏为"倨慢"；《诗经·鄘风·载驰》将"狂"疏为"狂者进取，仰法古例，不顾时俗"；《白虎通》称"凡行之诡异曰怪"。正是这种贯穿始终的狂怪雄风，使板桥的诗词在清代文坛上能够独树一帜，为时人和后人留下深刻的烙印。

板桥诗词的狂怪风格，是他狂怪性格的反映，也是他用狂怪的心理观察表现世态的结晶。以下几个方面，可体现出板桥诗词的狂怪风格。

其一，板桥在他的部分诗词中表现出一种爱奇反经、思想解放的独创精神。在《乱兰乱竹乱石与汪希林》中，板桥发出如下惊世之语：

> 掀天揭地之文，震电惊雷之字，呵神骂鬼之谈，无古无今之画，原不在寻常眼孔中也。未画以前，不立一格；既画以后，不留一格。

在《偶然作》中，板桥更是强调：

> 英雄何必读书史，
> 直摅血性为文章。
> 不仙不佛不贤圣，
> 笔墨之外有主张。

这恐怕是一般文章家所不敢想的，也是他们闻所未闻的。板桥的"奇谈怪论"远不只这些，他还曾一反历来所崇奉的孟老夫子之"劳心者治人"观点和传统"士农工商"四民等序，公然提出农夫才是

"天地间第一等人",而"士为四民之末"。此一重农思想,在他的诗词中屡有流露。如《喜雨》诗曰:"宵来风雨撼柴扉,早起巡檐点滴稀。一径烟云蒸日出,满船新绿买秧归。田中水浅天光净,陌上泥融燕子飞。共说今年秋稼好,碧湖红稻鲤鱼肥。"文人历来多有描写喜雨诗词佳作,但一般把重点放在喜雨滋润下的山水风光,如"随风潜入夜,润物细无声"等,而板桥则与之不同,来得非常实际,他由及时雨首先想到的是丰收景象。其他如《呈姚兴滇太守》《范县诗十首》等作,亦体现了这一主题。所有这些,皆表现出板桥对民众生活和农副业等的关心。

在评价历史人物时,板桥也同样有着不同时俗的观点,所谓"量今酌古情何限?愿借东风作小狂"(《扬州》之二)。《钜鹿之战》反映出板桥对"只此快战千古无"豪迈人物项羽的同情;《渔家傲·王荆公新居》则赞扬了"千古文章根肺腑"的王安石;《偶然作》中,板桥公开表明自己对"曹刘沈谢才,徐庾江鲍俦"等人的鄙视,认为他们虽"自云黼黻笔",其实只不过是"乞儿谋"。当然,板桥的上述看法未必十分公允,有其偏激之处,但这却正体现了他的特性:决不人云亦云,言由己出,随性而发,毫无依傍。真可谓有裂石惊天之气概!板桥的这种特性,于《铜雀台》中也有深切体现。诗曰:

> 铜雀台,十丈起,挂秋星,压寒水。漳河之流去不已,曹氏风流亦可喜。西陵松柏是新栽,松下美人皆旧妓。当年供奉本无情,死后安能强哭声?
>
> 穗帷八尺催歌舞,懒慢盘鸦髻不成。若教卖履分香后,尽放民间作佳偶。他日都梁自捡烧,回首君恩泪沾袖!

"铜雀台"指的是曹操所筑的供其宴会歌舞的场所,而"西陵"

指曹操的墓地。历代咏铜雀台者多追怀旧妓们对曹操的感念之情，如北周人庾信《拟咏怀诗》云："徒劳铜雀妓，遥望西陵松"；唐人王勃《铜雀妓》云："西陵松槚冷，谁见绮罗情！"板桥写铜台雀则反其意而用之，其后四句是说，假使曹操能够下令在自己死后将这些宫女都放还民间从而让她们拥有自己的幸福家庭，宫女们一定会自动地焚香感念其恩德，为之泪流沾袖。在这里，板桥并非感怀曹操这个大人物，而是为受奴役者鸣不平。

事实上，板桥之怪论乃是出于其内心真情实感的流露，而非一般文人的无病呻吟或粉饰太平之作，他所创作的许多惊世之文，正是基于对广大人民的同情而发的。由于板桥长期在基层为官，又长期靠卖艺为生，有机会亲身接触到挣扎在水深火热之中受苦受难的劳苦大众，对于这些人，板桥不仅寄予了很大的同情，而且以别人不敢为的笔触，对现实中的黑暗进行了大胆、无情的揭露批判。如他将那些悍吏直斥为"豺狼"，痛恨他们"豺狼到处无虚过，不断人喉抉人目"（《悍史》）；写私刑，板桥则以夸张的笔法，痛斥"雷霆收声怯吏威，云昏雨黑苍天泣"（《私刑恶》）；另外，板桥还刻画了"十日卖一儿，五日卖一妇"逃荒者（《逃荒行》）的惨象，以及"摘去乳下儿，抽刀割我肠"还家贫民（《还家行》）的辛酸，更有那"低头屏息，不敢扬声"的凄苦孤儿（《孤儿行》）、"疤痕掩破襟，秃发云病疏"受尽折磨的小媳妇（《姑恶》）、"听他笞骂由他辱"的可怜童仆（《潍具竹枝词》）；等等。这一幕幕人间悲剧，无不在板桥笔下令人不忍卒读地展现出来！可见，板桥的"狂怪"，是其满腔悲愤的倾泻，是其对民不聊生现实的控诉。

其二，板桥之"狂怪"还表现为他在诗词中"目空一切"地"臧否人物"，进而疑天、恨天。《清史列传》称："家贫，性落拓不羁，喜与禅宗尊宿及期门子弟游。日放言高谈，臧否人物，以是得狂名。"（卷72《文苑传三·郑燮》）板桥的这种精神，在其文学作品中多有反映，如前文所引其对"曹刘沈谢才，徐庾江鲍俦"的评论即是。其实，板桥不仅对历代名人大有不敬之词，他那狂怪的笔触有时会直接指向"天"。他敢于这样问天："长啸一声沽酒楼，背人独自问真宰。"（《七歌》之五）其怨天云："呜呼！七歌兮浩纵横，青天万古终无情！"（《七歌》之七）甚至于恨天："花亦无知，月亦无聊，酒亦无灵。把夭桃斫断，煞他风景；鹦哥煮熟，佐我杯羹。焚砚烧书，椎琴裂画，毁尽文章抹尽名。荥阳郑，有慕歌家世，乞食风情。单寒骨相难更，笑席帽青衫太瘦生。看蓬门秋草，年年破巷；疏窗细雨，夜夜孤灯。难道天公，还钳恨口，不许长吁一两声？颠狂甚，取乌丝百幅，细写凄清。"（《沁园春·恨》）不仅恨天，板桥甚至欲扫天、掀天："一阵狂风倒卷来，竹枝翻回向天开。扫云扫雾真吾事，岂屑区区扫地埃。"（《墨竹图》题识）这是何等"狂傲"的气魄！

其三，板桥的"狂怪"还表现在其以俗自居、俗中见奇的民生主义思想。板桥为官，毫无官架子，不讲任何排场，实在是"俗"得很，时人多看不惯，板桥却不以为然。相反，在其诗词中，板桥常常以俗自居，如说："俗吏之俗亦可怜，为君贷取百千钱"（《小游》）；"一别朱门，六年山左，老作风尘俗吏"（《玉女摇仙佩·寄呈慎郡王》）。《喝道》则生动地展现出板桥芒鞋问俗的情景，其言曰："喝道排衙懒不禁，芒鞋问俗入林深。一杯白水荒途进，惭愧村愚百姓心。"很显然，这里的"俗"，是指板桥对充满苦难而又朴实淳厚世俗社会的无限关注。板桥之"芒鞋问俗"，也正是对正统封建等级观念的嘲弄和蔑视，体现出其可贵的民生主义精神。板桥之"俗"，俗得可亲，俗得可爱。尤为难能可贵者，板桥从不避俗，相反，在他笔下之俗物，往往能俗中见奇。"白菜腌菹，红盐煮豆，儒家风味孤清"（《满庭芳·赠郭方仪》）；"江南大好秋蔬菜，紫笋红姜煮鲫鱼"（《闲居》）；"柳坞瓜乡老绿多，么红一点是秋荷"(《由兴化迁曲至高邮七截句》);"碧绿新筐果,轻黄旧草鞋"(《招隐寺访旧五首》);"触窗无力痴蝇软,切莫欺他失意时"(《雪晴》)。如此俗景琐事,到了板桥笔下,活灵活现,情趣盎然,哪里还有半点"俗"气,实在是"俗"得可耐。

此外,板桥还有些狂怪、不合时俗的行为不能不提,那就是他对"裹足"的看法,和对"打屁股"所发出的质疑。

"三寸金莲"向为品评女子美丑的重要标准之一,长期以来得到达官显贵、文人骚客甚至一般民众的认同,为之吟哦唱叹者代不乏人。而若某女子不幸生得一副"天足",则不仅嫁人难,为人嘲笑,就连其本人也会感到无地自容。板桥一反世人之好,认为"大凡一个妇女之美丑,并不全在于裙下双钩,尽有金莲三寸"。在《潍县署中答侯嘉璠》中,板桥对此曾申辩道:"鄂公子选妾吴门,得邵氏之女,姻缘将成,忽因此女足大而黜,事遂中变。嘻!公子何不达乎。凡女子之美丑,不全系于足,设有足下如菱,而身躯臃肿,肌肤糙黑,麻瘢满面,如鸠盘荼、母夜叉者,试问公子当意否耶?"板桥既反对以足之大小来评判女子之美丑,原因已如上指,进而,他还对一般所认为的妇女缠足始自李后主之说提出不同看法。他说:"老弟谓妇女弓足,始作俑者是李后主,后主宫中,有令官女素帛裹足之说,此说恐不尽然,未敢全信。按,乐府《双行缠》词云:'新罗绣行缠,足跌如春妍。他人不言好,独我知可怜。'以此,似起始于六朝时代。然《史记》有云:'临淄女子,弹弦缠足。'又云:'揄修袖,蹑利屣。'意古已有之,不始于六朝也。又《襄阳耆旧传》云:'盗发楚王冢,得宫人玉屣';而晋世履有凤头、重台、分稍之制,亦似与弓足有关。陶宗仪谓唐人题咏,略不及之,亦未博考。杜牧诗云:'钿尺裁量减四分,碧琉璃滑裹春云。五陵年少欺他醉,笑把花前出画裙。'段成式诗云:'醉袂几侵鱼子缬,彩缨长戛凤凰钗。知君欲作闻情赋,应愿将身托绣鞋。'《花间集》云:'慢移弓底绣罗鞋。'据说，则妇女弓足，亦屡见于唐人诗咏矣。可知妇女缠足之风，实不始于李后主，其来已古，特无从考定起始于何代何人耳。总之，若以妇女足下为美，正见其瞳子如豆大，不识丰韵姿色为何物也。陋劣之极！"在《潍县再寄侯嘉璠》中，板桥再申前说："考妇女弓足，必于幼小时以帛缠裹极紧，使肌肉受坚逼之力，两足不得生长过大，渐至瘦小而成弓形，此即今之缠足也。咏足诗之见于古者，如'两足白如霜'，如'临流濯素足'，此不缠之说也。若前书中所引，却是缠足之说。相传东昏始作其俑，使潘妃以帛缠足，金莲贴地行其上，谓之步步生莲花；然石崇屑沉香为尘，使姬人步之无迹，殆又已先之矣。《史记》所云利屣者，以屣首尖锐言之也。若据此言，则缠足之风，由来已久，如唐诗所云'六寸肤圆光光致致'，但不及后世之极纤小耳。至于弓足之称，言足缠久而中断，弯如弓形，殊不知燕赵女子，于五六岁时即缠，天然纤小，并无弓形，其弓形者，或嗤之为鹅头脚，何足为贵？愚以为妇女妍媸，不能专凭双足之大小断，当分别其肌肤、面目、姿色、丰韵等等，分而观之，合而论之，美丑自辨。若姿态绝佳之妇女，而裙下衬以一双鹅头脚，窃恐不见其美，反显其有病态耳。尝有士人娶一女，姿色绝世，而裙底之双足极大，士人意有不满，时露郁悒之色。女问之，士人以实告。女微哂之，随口朗吟曰：'三寸金莲自古无，观音大士赤双趺。不知缠足何时起？起自人间贱丈夫。'士人顿觉开悟，夫妻欢爱，逾于新婚燕尔焉。愚谓此女性灵质慧，胸中具有如许大学问，寥寥二十八字，竟能启悟其夫，闺房婉好，女子中实不可多得。惜鄂公子选妾吴门时，无人念此诗与他听耳。"板桥的此番博辩，似乎引起侯嘉璠的疑问，以为板桥在为自己的夫人作开脱。于此，板桥不无幽默感地做了一番解释，回复道："乃今老弟来书，烘云托月，语带双关，若谓板桥之妇之双足，不是尺二莲船，定是十寸鳊鳎，心有顾忌，故不得不为大足作护法，以博床头人之欢心。怨哉枉也！老弟之多疑如是乎？余二十五岁始娶妇，夫妇同庚，至今已届三十年，虽人老珠黄，说不到一个美字，但拙荆双足，固不因年高而变大。老弟指我为大足解嘲，为床头人护法，直以河东狮子视拙荆，以季常疑我也，可不怨哉！若言拙荆裙底真形，虽不及燕赵女子之天然纤小，犹足压倒一般鹅头脚而有余。我若夸口，烂断舌头。老弟再不相信，不妨亲来署中一见，端的人老脚不老，不是妻子脚大，丈夫替他撒一大谎也。掷笔胡卢。"（《潍县三寄侯嘉璠》）甫说，这板桥老还真够风趣的，不仅自己信誓旦旦，而且说罢连自己也忍不住掷笔胡卢。想必侯嘉璠读得此信后，也会禁不住开怀大笑，忍俊不禁。

如果说板桥对缠足的看法有些怪异的话，其对男人被"打屁股"所表达的独特之见，更是"怪"得可以。按过去的刑律，犯了法的男人是要"打屁股"的。对于这一处罚方法，板桥认为很不尽情理。原因是什么呢？在《与豸青山人》书中，板桥为我们揭示了个中缘由。他说："刑律中之笞臀，实属不通之极。人身上用刑之处亦多，何必定要责打此处？设遇犯者美如子都，细肌丰肉，堆雪之臀，肥鹅之股，而以毛竹板加诸其上，其何忍乎？岂非大煞风景乎！夫堆雪之臀，肥鹅之股，为全身最佳最美之处，我见犹怜，此心何忍！今因犯法之故，以最佳最美最可怜之地位，迎受此无情之毛竹大板，焚琴煮鹤，如何惨怛，见此而不动心怜惜者，木石人也。女人之两只乳，男子之两爿臀，同为物之最可爱者，人无端而犯法，其臀则未尝犯法，乃执法者不问青黄皂白，动辄当堂吆喝，以笞臀为刑罚之第一声，此理实不可解。我又不知当初之制定刑律者，果何恶于人之臀，惩罚时东也不打，西也不打，偏欲笞其无辜之臀也。臀若有口，自当呼怨叫屈。昔宰范县时，有一美男犯赌被捉，问治何罪，按律须责四十大板，当堂打放。余谓刑罚太重，曷不易之？吏对不可。余无奈坐堂，但闻一声呼喝，其人之臀已褪露于案前，洁如玉，白如雪，丰隆而可怜，笞责告终，几至泪下。人身上何处不可打，而必打此臀，始作俑者，其无后乎！足下尝谓犯法妇女之揾颊掌嘴，最为可怜可痛，桃腮樱口，岂是受刑之所在乎？板桥则谓男子笞臀，尤可痛惜。圣朝教化昌明，恩光普照，将来省刑薄税，若改笞臀为笞背，当为天下男子馨香而祝之！"我们无须追究板桥所说"改笞臀为笞背"是否合理，也无须去就此怀疑板桥是否有"同性恋"怪癖，看似幽默滑稽的背后，实则隐含了板桥对当时所施酷刑的不满。

板桥之思想、行为缘何如此"狂怪"呢？个中缘由，我们认为除了其性格使然，以下几个原因不可不考虑。

其一，与当时政治的高压有关。板桥生活的时代正是文网密织的"康乾盛世"，容不得文人去激扬文字，横生意见。于此，板桥有着切身的体悟。其好友杭世骏就曾因条陈"泯满汉之见"被罢官，陆骖更因文字酷狱而被戮尸。对于这些，板桥从中定会深深感受到时势的凶险，也不能不有所顾忌、趋避。据说，板桥在听到同学因文染狱消息后，赶忙把已刻好的《诗钞》里的十几首明显流露出不满情绪的诗从版上除去。为此，在愤懑之余，他曾作《历览三首》诗，其中这样感慨道：

> 历览前朝史笔殊，英才多少受冤诬！
> 一人著述千人改，百日辛勤一日涂。
> 忌讳本来无笔削，乞求何得有褒诛？
> 唯余适口文堪读，惘怅新添者也乎。

诗之笔锋直指虐民害贤的"文字狱"。即此可见，板桥虽不能不有所顾忌、趋避，但其性情所在，还是忍不住要牢骚一番，他没因此而惹祸已是天大的万幸了。然生性倔强的板桥即使再不满现实，再痛恨官府的腐败和同情民众的疾苦，出于生存的本能，满腹牢骚也只能曲折地寄托于笔墨之中，还是不敢公开表露对朝廷的不满。"扯碎状元袍，脱却乌纱帽"，活化出板桥对不堪现实的无声抗争。

其二，板桥的身世与经历之坎坷，也是促成其性格及文学狂怪特色的重要因素。出身之穷苦和经历之坎坷，使性如烈火、桀骜不驯的板桥常常处于苦闷彷徨或忧愁愤慨情绪之中，这常常会促使他发出狂怪之言，做出狂怪之举。生活的困顿，就像块块礁石，激起了其狂怪艺术创作的浪花。诚如他在《自遣》诗中所自称："啬彼丰兹信不移，我于困顿已无辞。束狂入世犹嫌放，学拙论文尚厌奇。"板桥还曾刻有"古狂""动而得谤，名亦随之"等印，用以发泄和寄托心中的苦闷。《竹石》诗则表达了板桥心中之火的志向，其言曰：

咬定青山不放松，

立根原在破岩中。

千磨万击还坚劲，

任尔东西南北风。

这是何等的韧性，何等的执着！倘非没有这份艰苦卓绝的毅力，板桥也许早就沦落为与世沉浮的"腐儒"了。

其三，板桥之狂怪又与他对高洁、超俗艺术境界的追求大有关系。因长期沉醉于艺术创作而在日常生活中多显怪异，古今不少艺术家皆然。板桥同样不能免"俗"，其在艺术上亦有很多痴癖。他曾自道："终日作字作画，不得休息，便要骂人；三日不动笔，又想一幅纸来，以舒其沉闷之气，此亦吾曹之贱相也。"（《靳秋田索画》）因为不得休息便要骂人，从某种程度上来说可谓"怪癖"。更可怪者，板桥因对徐渭书、画等极其倾倒，尝刻一印曰"徐青藤门下走狗郑燮"，甘愿以"走狗"自期，也真的是够"怪"的了。板桥怕去世后别人滥改自己的诗集，便声称："板桥诗刻止于此矣。死后如有托名翻版，将平日无聊应酬之作，改窜烂人，吾必为厉鬼以击其脑！"

（《后刻诗序》）这实在又是一"怪举"。对艺术的沉醉，常常使板桥天真烂漫，忘乎所以。他想念扬州，便会发出："我梦扬州，便想到扬州梦我。"（《满江红·思家》）大有当年庄子"庄周梦蝶"之意境！如此种种怪念、怪举，也只有板桥他老人家这类人能想得出来、做得出来。

板桥真是"怪"到家了。

亲情爱情风流情

情感震撼 禄不如饼 糟糠之妻 郭二奶奶

分韵饶氏 香火麟儿 潦草嫁女 红粉知己 坐怀不乱

颠倒思量，朦胧劫数，藕丝不断莲心苦。

分明一见怕销魂，却愁不到销魂处。

——《踏莎行·无题》

人总是有感情的。作为社会中的人，一个人一生中要同许许多多的人之间产生感情，而且会对其中的某些人产生极为深刻的感情。在板桥的感情世界里，亲情（包括母子情、父子情等）、爱情、风流情，可说是其一生情感的寄托所在。正是这些情，为板桥的精神生活增添了诸多情趣、诸多动力，使其心灵得到慰藉和安抚，在磕磕绊绊中有勇气奋斗拼搏下去。

母子情

板桥的亲生母亲为江夫人，但她在板桥4岁时便病逝了，这使板桥自小便尝到了失去母爱的苦痛，这种撕心裂肺的痛此后时常在板桥心中呈现，使其久久难以挥去这片阴影。失去母爱后的小板桥，虽曾一度得到继母郝夫人的爱，但命运之神对板桥实在是太吝啬了，在其14岁时，无情地将郝夫人也夺去了。一连串的打击，使板桥经历了感情上的巨大摧残。后来，板桥曾满怀伤感地追叙两位母亲的挚爱：

我生三岁我母无，叮咛难割襁中孤。

登床索乳抱母卧，不知母殁还相呼！

儿昔夜啼啼不已，阿母扶病随啼起。

婉转噢扶儿熟眠，灯昏母咳寒窗里。

呜呼！二歌兮夜欲半，鸦栖不稳庭槐断！

——《七歌》之二

无端涕泗横阑干，思我后母心悲酸。

十载持家足辛苦，使我不复忧饥寒。

时缺一升半升米，儿怒饭少相触抵。

伏地啼呼面垢污，母取衣衫为湔洗。

呜呼！三歌兮歌彷徨，北风猎猎吹我裳！

——《七歌》之三

板桥心之凄凄，情之切切，声泪与俱，不自知其泣鬼神而咽金石矣。

板桥是不幸的，但他又是那样的幸运，因为在他屡遭丧母之痛的时候，却从另外一个人身上得到了母爱的补偿，这个人就是其乳母——费氏。费氏本为板桥祖母的侍女，长期以来一直在郑家做女佣。费氏心地善良，任劳任怨，对郑家是一片忠诚。早在板桥生母汪夫人去世后，费氏便担当起抚育小板桥的重任，并逐渐成了小板桥生活和感情上的依托。

但在小板桥刚刚4岁时，兴化发起了大水，全县大饥。家境本就很一般的郑家这时根本养不起仆人，但由于其家平时待人厚道，原先一直在这儿做工的几个仆人甘愿继续为郑家劳作。当时，费氏虽然每天三顿饭回家吃，但依然来郑家操劳家务，照顾年幼的板桥。有一幕在板桥的记忆里印得特别深，令他终身难忘：每天早晨，乳母费氏为板桥穿戴完毕后，就背着他出门，穿过一条大约两百步长的竹巷，到东城门口，花上一文钱给他买一个饼吃，之后再回来忙其他的家务。有时乳母偶尔搞到一点诸如鱼、肉之类的好东西，也是先紧着小板桥吃，然后才轮到她自家的孩子。

不幸的是，兴化于康熙三十七年（1698）、三十九（1700）年又两次遭受洪涝灾害，人民的生计愈加困难。费氏一家的生活此时困苦到难以维持的程度，不得不外出逃难。由于多年在郑家做工，费氏对郑家十分留恋，尤其是舍不得离开与己相依为命的小板桥。为此，费氏暗地里没少流泪。走之前几天，她把板桥祖母的旧衣服都拿出来洗净补好，又在厨房里存好了十几捆柴草，并把水缸灌满。临走的那天早晨，她又把饭菜做好，放在锅里，而后依依不舍地悄悄离去。三年后，或许由于家乡的光景有所好转，费氏一家返回家园，她又继续到郑家做女佣。一年后，费氏之子费俊做上了八品的提塘官。为尽孝道，费俊曾多次请求要把母亲接到身边赡养，但这位善良的乳母担心板桥无人照顾而受委屈，宁愿留在郑家做工也不愿到儿子那里享清福。从板桥幼年时算起，费氏伴板桥一起生活了34年，年76岁时去世。对于从小先后失去生母和继母的板桥来讲，是这位善良勤劳的乳母为他遮风挡雨，对他精心呵护，给予他深深的"母爱"。

正如乳母爱板桥一样，板桥对乳母也是一片深情。乳母的离世，使板桥伤心不已。他撰挽联曰："一饭尚铭恩况负抱提携只少怀胎十月；千金难报恩论人情物理也应泣血三年。"（《联海撷珠》）又作《乳母诗》，十分感伤地哀悼这位不是母亲胜似母亲的乳母：

> 平生所负恩，不独一乳母。
>
> 长恨富贵迟，遂令惭恧久。
>
> 黄泉路迂阔，白发人老丑。
>
> 食禄千万钟，不如饼在手。

是啊，俸禄再多，怎抵得上乳母当年为自己买的"饼"？富贵虽来，又怎能博乳母欣慰一笑？每念及此，板桥怎不为之心伤？对乳母深深的歉意，时常萦绕于板桥之怀。

费氏对板桥无微不至的关爱，体现了她善良、高尚的情操，也对板桥产生了潜移默化的影响，而且这种影响是深远的。板桥后来之为官清廉、爱民如子、乐善好施等强烈人道主义精神的呈现，与费氏的教诲和影响是分不开的。

夫妻情

康熙五十四年（1715），板桥年23岁时，与同邑徐氏完婚。从这一年到雍正九年（1731）徐夫人去世，是板桥一生极不得意的一段时期，即其《自序》中所说的"初极贫"时期。板桥和这位徐夫人之间的感情，可谓是一种患难与共的感情。在他们共同生活期间，板桥先是设塾真州江村，而家中常是"爨下荒凉告绝薪，门前剥啄来催债"（《七歌》之一）；后迫于生活压力去卖字画，也是"卖与东风不合时"，生意相当萧条。尽管如此，徐氏却毫无怨言，含辛茹苦地帮丈夫操持着家务，分担着忧愁。板桥与徐氏曾育有二女一子，但令人悲痛欲绝的是，其子犉却不幸夭折，给板桥带来极大的打击。

徐氏之于板桥，可谓是"糟糠之妻"。两人间的感情，虽不像后来板桥与饶氏那样极富浪漫色彩，但在长期的患难与共中，其深深的爱则是实实在在的。板桥在诗词中虽然没有直接描述这位结发妻子的容貌，但于描绘全家穷困生活之时，常常不经意间向人们洞开一窗，展示了他与徐氏"贫贱夫妻"的情谊。如《贫士》诗：

> 贫士多窘艰，夜起披罗帏。
>
> 徘徊立庭树，皎月堕晨辉。
>
> 念我故人好，谋告当无违。

出门气颇壮，半道神已微。

相遇作冷语，吞话还来归。

归来对妻子，局促无仪威。

谁知相慰藉，脱簪典旧衣。

入厨燃破釜，烟光凝朝晖。

盘中宿果饼，分饷诸儿饥。

待我富贵来，鬓发短且稀。

莫以新花枝，诮此蘼芜非！

这首诗完全可视作板桥当时真实生活的写照，显露出他与妻子之间那种患难与共的真挚情感。而《七歌》亦曰：

几年落拓向江海，谋事十事九事殆。

长啸一声沽酒楼，背人独自问真宰。

枯蓬吹断久无根，乡心未尽思田园。

千里还家到反怯，入门忸怩妻无言。

呜呼！五歌分头发竖，丈夫意气闺房沮。

我生二女复一儿，寒无絮络饥无糜。

啼号触怒事鞭朴，心怜手软翻成悲。

萧萧夜雨盈阶屺，空床破帐寒秋水。

清晨那得饼饵持，诱以贪眠罢早起。

呜呼！眼前儿女兮休呼爷，六歌未阕思离家。

《闲居》诗则展现出板桥与徐氏日常生活的一个镜头：

懒慢从来应接疏，闭门扫地足闲居。

荆妻拭砚磨新墨，弱女持笺索楷书。

柿叶微霜千点赤，纱厨斜日半窗虚。

江南大好秋蔬菜，紫笋红姜煮鲫鱼。

在《哭犉儿》中，"啼号莫倚娇怜态，逻刹非而父母来"表达出板桥对自己与徐夫人爱情结晶夭折的深沉哀痛。深厚的父爱显然是与对妻子的感情有着内在联系的，这也从另一侧面反映了板桥对妻子的爱情。

总之，板桥与徐夫人之间的婚姻生活是既和谐又辛酸的。正由于他们患难同心，感情真挚，所以才能解释徐夫人殁后板桥在诗词中所表达出的凄伤。雍正九年（1731），也就是徐夫人病逝那年，板桥作有《客扬州不得之西村之作》，诗曰：

自别青山负凤期，偶来相近辄相思。

河桥尚欠年时酒，店壁还留醉后诗。

落日无言秋屋冷，花枝有恨晓莺痴。

野人话我平生事，手种垂杨十丈丝。

有人以为此诗是怀人之作，并怀疑板桥在西村有艳遇。我们以为这种说法有失其实。此诗前四句抒写了对西村的怀念，五、六句写目前处境：惨淡的落日默默无言，屋宇显得格外凄冷。花枝似乎也蕴含着怨恨，而传来的莺啼又仿佛带着一片痴情。景物依然，却令人有人去楼空之感。联系当时的情景，此诗实际上凸显了板桥丧妻后悲痛凄婉、空虚落寞的心情。而且，板桥在次年游杭州所作的《韬光》诗，有"我已无家不愿归"之句；中举后所作《得南闱捷音》则有"无人对镜懒窥帷"之句，同样从不同角度表达了他对徐夫人的悼念。

徐氏去世后，板桥继娶郭氏。关于这位郭二奶奶，板桥诗词中没有述及，偶在家书中提及一二。虽不能就此判断其与板桥的感情究竟如何，但有一点是可以肯定的，即她是板桥寄望生子的人。

自其子犉殇后，板桥便一直盼望着能再得一子，其心情是十分迫切的。《范县署中寄四弟墨》（第21号）中称："余年将届五十矣，而膝下仅有一女，望子情殷，思积些功德，所以治盗主捕而不主杀，问供亦不尚严刑。"《范县署中寄舍弟墨》（第24号）中说："愚兄年届知命，伯道无儿，年来精力渐衰，自省难延嗣续；惟冀我弟早征熊梦，以继我后耳。余家财丁之不旺，何若是之甚欤！"后虽再娶饶氏为妾，于年52岁时喜得一子麟，但"麟儿犹时时患病"（《潍县署中寄四弟墨》第44号），这使板桥为之甚是心忧。他在《潍县署中寄墨弟》（第48号）中说："缘我麟儿体弱多病，殊为可虑。余年将届六十，断无添丁之兆，惟愿吾弟早征熊梦，稍宽余怀，而结缡十二载，直至今日始获弄璋之喜，殊令人望眼欲穿也。"其后，小麟儿又不幸夭折，板桥顿时为之肝胆欲裂，心中的希望再次破裂了。

两个儿子的得而复失，使板桥伤透了心，但他并未就此听天由命，而是仍然寄希望郭二奶奶能为他再生一子。《与四弟书》中，板桥坦白了心迹，说："郭奶奶不肯来，亦怪不得。但愚兄迩日年老近道，盖其心本平易协和。昨因有儿子，故凡事听其大概。今儿子又死，非郭奶奶不能为我生儿也。我已买得滚盘珠十二颗，虽颗头略小，亦可值百二十金。又买得古镜一百面，亦可值百金。都要付与郭奶奶收掌。将来卖出本钱，制市房一所，亦是二位奶奶养老之资也。若决意不来，我亦不怪，但成我平生之过，终古之罪人耳。此时先着人来，带裱背匠，俟我出场后，再着人来请二位奶奶。我因郭奶奶不肯来，故书中细细说明当来之故。饶奶奶无不来之说，故不必喋喋重言也。我历观书史，有儿无儿，自有天命。郭奶奶来，或可望，若再买丫头，作死作业，亦殊可笑尔。四弟将书中意，细讲与郭奶奶听。"即此来看，板桥之盼儿子之心，彰然矣。但不知何故，这位郭二奶奶终没能为板桥再生出个儿子来，板桥也因此没能实现自己的夙愿。

　　继徐、郭二氏之后，板桥于乾隆二年（1737）又娶了一位饶五姑娘。当时板桥已45岁，而饶氏却芳龄19岁。板桥的这段姻缘不仅十分美满，且充满了浪漫色彩。乾隆十二年（1747）板桥于济南锁院所作的《扬州杂记卷》，极富情趣地刻画了其与饶五姑娘的这段浪漫姻缘。兹移录于此：

　　　　扬州二月，花时也。板桥居士晨起，由傍花村过虹桥，直抵雷塘。问玉勾斜遗迹，去城盖十里许矣。树木丛茂，居民渐少，遥望文杏一株，在围墙竹树之间。叩门径入，徘徊花下。有一老媪，捧茶一瓯，延茅亭小坐。其壁间所贴，即板桥词也。问曰："识此人乎？"答曰："闻其名，不识其人。"告曰："板桥，即我也。"媪大喜，走相呼曰："女儿子起来，女儿子起来！郑板桥先生在此也。"是刻已日上三竿矣，腹馁甚，媪具食。食罢，其女艳装出，再拜而谢曰："久闻公名，读公词，甚爱慕，闻有《道情》十首，能为妾一书乎？"板桥许诺。即取淞江蜜色花笺、湖颖笔、紫端石砚，纤手磨墨，索板桥书。书毕，复题《西江月》一阕赠之，其词曰："微雨晓风初歇，纱窗旭日才温。绣帏香梦半朦腾，窗外鹦哥未醒。蟹眼茶声静悄，虾须帘影清明。梅花老去杏花匀，夜夜胭脂怯冷。"母女皆笑领其意。问其姓，姓饶；问其年，十七岁矣。有五女，其四皆嫁，惟留此女为养老计，名五姑娘。又曰："闻君失偶，何不纳此女为箕帚妾？亦不恶，且又慕君。"板桥曰："仆寒士，何能得此丽人？"媪曰："不求多金，但足养老妇人者可矣。"板桥许诺，曰："今年乙卯，来年丙辰计偕，后年丁巳，若成进士，必后年乃得妇，能待我乎？"媪与女皆曰："能。"即以所作词为订。明年，板桥成进士，留京师。饶氏益贫，花钿服饰拆卖略尽，宅边有小园五亩亦售人。有富贾者，发七百金欲购五姑娘为妾，其母几动。女曰："已与郑公约，背之不义，七百两亦有了时耳。不过一年，彼必归，请待之。"江西蓼洲人程羽宸（名之骏），过真州江上茶肆，见一对联云："山光扑面因朝雨，江水回头为晚潮。"傍写"板桥郑燮题"。甚惊异，问何人，茶肆主人曰："但至扬州问人，便知一切。"羽宸至扬州，问板桥，在京，且知饶氏事，即以五百金为板桥聘资授饶氏。明年，板桥归，复以五百金为板桥纳妇之费。常从板桥游，索书画，板桥略不可意，不敢硬索也。羽宸年六十余，颇貌板桥，兄事之。

这段文字记叙的是雍正十三年（1735）的事情。当时板桥在扬州卖画，正处于穷困落魄之际。尽管如此，性好交游的板桥访古寻幽的兴趣丝毫未减，而这宗风流韵事的起因正由于板桥寻访一个叫玉勾斜的地方。玉勾斜，位于扬州城西北十五里的雷塘附近，为隋朝亡国昏君隋炀帝及其许多宫女的葬身之地，故又叫"宫人斜"。历来有不少文人墨客，来此凭吊，并多有怀古之作。板桥亦曾作有《广陵曲》，其言曰："隋皇只爱江都死，袁娘泪断红珠子。玉勾斜土化为烟，散入东风艳桃李。楼上摘星攀夜天，斗珠灼灼齐人肩。雷塘水光四更白，月痕斜出吴山尖。晓阁凉云笛声瘦，碎鼓点花撒秋豆。长夜欢娱日出眠，扬州自古无清昼。"不过，与其他文人不同的是，在这个恬静的乡村里，竟会有桩浪漫的机缘在等待着板桥。正如引文中所描述的，在这里板桥竟然得遇一位惜才钟情的少女，且两情相悦，当场定下终身。后来的事实证明，这还真是一场经得起考验的爱情，虽其间不免波折，但饶氏却始终忠贞不贰，又得义士（程羽宸）相助，才子佳人终成眷属。

郑、饶年龄虽悬殊颇大，但两人情投意合，其婚姻也非常的美满和谐。尤其是板桥又中了进士，生活状况渐渐有所好转，此时的板桥在爱情与生活上无疑是相当得意的。难怪板桥时常以适意的心情吟哦其与饶氏的爱情生活，如："小妇窃窥廊，红裙扬疏篱。黄精煨正熟，长跪奉进之"（《赠梁魏金国手》）；"闺中少妇，好乐无猜"（《止足》）；"小妇便为客，红袖对金尊"（《雨中》）等，即为板桥的写意之作。而在《细君》诗中，板桥更以轻灵的笔触，描绘了一个天真俏皮、活泼艳丽的少妇形象。诗曰："为折桃花屋角枝，红裙飘惹绿杨丝。无端又坐青莎上，远远张机捕雀儿。"无疑，诗中的这位少妇即是板桥的至爱——饶氏。为官潍县时，因饶氏病，板桥尝作有一诗《饶诗》，曰："客来颇有一盘棋，客去非无酒数卮。发短官忙身又病，倩君饶我一篇诗。兴到千篇未是多，愁来一字懒吟哦。非云此事从今绝，脱复佳时待体和。"表达了婚后两人相濡以沫的深深情感。不仅如此，即使当板桥失意时，他也念念不忘他的这位美娇娘。如板桥任范县县令时，所作《怀扬州旧居》，便是因对官场的厌倦而生发了对饶氏的思念。其言道："楼上佳人架上书，烛光微冷月来初。偷开绣帐看云鬓，擘断牙签拂蠹鱼。谢傅青山为院落，隋家芳草入园疏。思乡怀古兼伤暮，江雨江花尔自如。"

总之，饶氏虽然仅是一个妾的身份（当时板桥已经有了正妻郭氏），但她在板桥心目中的位置，却较郭二奶奶还要重要。饶氏的聪明、娇伶、可人，都使她拥有更多的资本获得板桥的宠爱。同样，她也为板桥的生活增添了不少情趣，这应该说是板桥落拓人生的一大慰藉。

更为令板桥为之感到满意的，是饶氏于乾隆九年（1744）为他生了一个大胖小子麟儿。麟儿的降临，给板桥带来了无比的快乐与欣慰，暂时抹去了积压在其心头的早年殇子之阴影。但老天爷对板桥实在是太苛刻了，竟然无情地将麟儿从板桥手中夺走，使板桥再次遭历了丧子之痛。呜呼！悲哉！

父子（女）情

板桥一生中曾经有过两个儿子：一是徐氏所出犉；一是饶氏所出麟（小名小宝），皆不幸早夭，给板桥留下辛酸的回忆。鉴于第一个儿子的殇逝，板桥对年52岁时再生的第二个儿子甚为珍爱，同时也对他寄予了很大的希望，故名之曰"小宝""麟儿"。板桥对小宝倾注了极大的心血，盼望他能早日成才，以赓续自己的夙愿。这可从以下几方面体现出来：

其一，精心抚育。前已述及，板桥52岁始再得一子，这使他感到十分欣喜和充满了快乐。不过，欣喜之余，板桥亦稍稍有所担心，因为小宝经常闹病。小宝生病的原因，一则与先天不足有关，因为"当其母怀孕时，胎气极恶，眠食难安，为预防滑胎计，请医调治，谓系不服水土"，鉴于此，板桥"遂决意遣归饶氏"，饶氏"抵家后果然眠食如常"。及至小宝降生后，板桥"恐长途跋涉，与母子均有妨碍，未敢遽接来署。直至周岁始来"。再则水土不服。自4岁断乳，小宝的身体便"日渐瘦削，疾病常侵，求医服药，胃口愈败，骨瘦如柴"。板桥请胡医生诊断，胡称："本元不足之儿童，容易不服水土。欲其发育完全，只有移居产生地，不须服药，身体自能强壮也。"（《潍县署中寄四弟墨》第44号）于是，板桥便让郭二奶奶带小宝回老家兴化，而把饶氏留在潍县署中照料。小宝在老家兴化期间，板桥时时写信给堂弟墨，询问有关小宝各方面的情况。其殷殷之情，常流露于字里行间。

其二，审择师傅。板桥既对小宝寄予很大希望，所以在教育方面，很注重对小宝的培育。先是，板桥送小宝回老家兴化之时，便一再嘱咐堂弟墨注意对小宝的教育："返里后教育之责，全赖我弟，内子仅可寒暖饥饱，尚恐不周，遑论教育。"（《潍县署中寄四弟墨》第44号）其后，随着小宝的渐渐长大，板桥考虑到堂弟墨既费心劳神于家中事务，恐难有太大精力教导小宝，因而，他致信堂弟墨为小宝另寻塾师。郑墨遵板桥之意，为小宝请了一位师傅范芝翁。但不久范芝翁即离去了，板桥立刻督促郑墨另觅他师。在《潍县署中寄四弟墨》（第51号）中，板桥表达了这一心情，并向郑墨提及了选师人选。他说："教读范芝翁既另有高就，自难设法挽回。但儿童正值求学紧要时代，断不可以一日无师，任其旷课。我弟亦早计及之，故自任其劳，已于元宵后一日开学。但愚兄在外，家中一切琐事尽由我弟执管，再欲劳心兼任教读，于家务固有顾此失彼之处，于精神亦太不经济矣。另聘良师，岂容少缓。惟据我所知，我乡列胶庠拥皋比之士，尽属下驷材，纵不能一语抹煞。秀才中亦有博文约礼、循循善诱之良教师，无如稍有才便慕虚荣，以为学优则仕，取功名易如反手，不愿再为人师。范师即其例也。至于聘师，本极容易，而欲择宽严适中、讲解无倦、学问渊博之良师，则难矣。我弟久处家乡，耳目所切近，一时尚觅不到名师，余离别梓乡二十余年，与学界隔膜已久，更不知谁优谁劣。昨与署中幕友谈及此事，适有同乡李芳圃之世兄，为习刑幕，随其师杜伯门在署襄办公事。芳圃为我乡名师，及门弟子登乡榜、步玉堂者，不胜以偻指计，谅我弟亦深悉者也，惟春秋已高，久不设帐授徒。今已托其世兄写信，转达竭诚延聘之意，若能得其俯允，惠然肯来，则为我后辈之幸事。俟得复音，再行函告。"没过多久，板桥有了点音讯，马上致函郑墨："前函所云拟聘李芳圃先生教读，今在其世兄处得见复函，云'年已老迈，两目昏蒙，不能辨细字，久不作教读生涯。倘居停一时觅不到教师，则舍侄荷生，前岁食饩，虽在壮年，而好静不好动，颇有坐性，现在设帐于家。如能容其带一二附徒，束脩不计较也'云云。余与荷生素昧平生，究竟学问如何，讲解明白与否，均无从悬揣。望我弟速回士林中一询荷生授徒成绩，当即复函告我，因李世兄亟待回复乃父故也。"（《潍县署中寄四弟》第52号）不久，郑墨将了解到的情况告诉了板桥，板桥回函说："李荷生先生既属诗赋专家，又能视学生如同胞手足，诚为不可多得之良教师。余已托李世兄函聘。所为难者，李师受业弟子共有八人，挈之偕来，太觉嘈杂，商以二人为限，谅可同意。据李世兄云，其受业弟子泰半已成年而全篇者，只须出题改作，无须日日听讲。只有李世兄之令弟与表弟尚未全篇，必须附塾听讲。望我弟代缮聘书，脩金每年八十千，就近往访李师，与之当面商妥，即可择日开学，免得与我信札往返，耗费光阴也。苟附徒只有二人，固佳；若不得已再多一二人，亦只能允诺，徐待年底再与之磋商减少。"（《潍县署中寄四弟》第54号）此事进行得相当顺利，李荷生也确实没负板桥所望，教得相当有章法。在《潍县署中寄四弟墨》（第58号）中，板桥这样说道："来书称道李荷生先生教法完善，为我弟平生所罕见：在春秋冬三季，无日不自晨至夜，时时与学生讲解。即六月炎暑，夜读虽辍，而课读时间仍未减短，自黎明上学，直至夕阳西下，无须臾不与学生讲解，甚为难得。余虽远隔千里，未曾目睹儿辈之读书，但已深信李师是良教习，不料其竟能无间寒暑，如是认真，宜乎学生进步，一日千里。未得李师时，麟儿不能握管草家信，而今已能作半篇清顺文章，愚兄只道麟儿聪明，有此得步进步之成绩，孰知都赖李师栽培而成，感甚！感甚！麟儿得此良师，非芳圃先生竭诚推荐之力不至此！君子食德不忘报，彼既有心栽成吾后辈，吾亦当特别优待其世兄，聘其担任本署文牍，所以报芳圃先生荐师之德也。"即以上板桥的言行来看，其对儿子教师的选择是相当关注和审慎的。

其三，嘱弟督导。延师教读当然非常重要，然儿子平生学习能否自律，是板桥放心不下的一大问题。为此，板桥时常致信堂弟墨，嘱其勤加督导，以免小宝荒废了学业。前所提及板桥送小宝回老家时对郑墨的嘱托教育之责，即表达出了板桥的此一心情。又其《潍县署中寄弟墨》（第46号）中说："吾弟移居新屋，虽与老宅仅隔数十步，但吾麟儿年幼，当此读书时代，愚兄既远离乡井，内子又属女流，犹子教育之责，惟我弟是赖。分居两宅，犹恐耳目难周，搬回势有所不能，只望我弟日居老宅，夜归新居，则双方兼顾，庶无偏废矣。"板桥不仅时时嘱托堂弟勤加督促，还致信郭夫人时加查察，叮嘱道："麟儿勤读否？尔宜时加查察。儿辈读书督促之责，教师负十分之六，父母负十分之四，散学后教管之责，全在尔身，勿使其与邻儿作无益之戏。惟儿童心理，都喜劳动，禁其嬉戏，有防发育之天机，可于课余之暇，命农工导之学稼学圃。我不愿子孙将来能取势位富厚，盖宦途有夷有险，运来则加官晋爵，运去则身败名裂。愿子孙为农家子，安分守己，优游岁月，终身无意外风波遭遇也。犹记我初任范县时，尔曾与我云：一代做官七代贫，幸勿枉法杀人，公门里面好修行，庶积德以襄天心，得获添丁之兆。今已得子，扪心尚堪自慰。"（《潍县署中寄内子》第56号）当然，郭氏是不大识字的，这封信虽写给她，无疑是由郑墨读给她听的。很显然，板桥一方面是在嘱咐郭氏，另一方面当也是对堂弟墨的嘱托。

其四，引导读书。板桥不仅为小宝延师课读、一再嘱托堂弟墨和夫人勤加督促，他自己也时时对小宝的学业牵挂于怀，时加教导和指点。当小宝6岁时，板桥即曾致函堂弟说："……又有五言绝句四首，小儿顺口好读，令吾儿且读且唱。月下坐门槛上，唱与二太太、两母亲、叔叔、婶娘听，便好骗些果子吃也。二月卖新丝，五月粜新谷；医得眼前疮，剜却心头肉。耘苗日正午，汗滴禾下土；谁知盘中餐，粒粒皆辛苦。昨日入城市，归来泪满巾；遍身罗绮者，不是养蚕人。九九八十一，穷汉受罪毕；才得放脚眠，蚊虫獦蚤出。"（《潍县寄舍弟墨第三书》）后因小宝体质虚弱，耐不得读书之劳苦，板桥为使小宝既不荒废学业又能身体不受损益，想出了一个补救之法，说："惟有养生与力学并行，庶几身躯可保强健，学问可期长进也。养生之道有五：一、黎明即起，吃白粥一碗，不用粥菜；二、饭后散步，以千步为率；三、默坐有定时，每日于散学后静坐片刻；四、遇事勿恼怒；五、睡后勿思想。力学之道亦有五：一、每日读书十页，宜熟读背诵；二、每日宜读书五页，质钝者减半；三、每晨习大字一百，午后习小楷二百：四、每日记日记一页，宜有恒心；五、刚日讲经，柔日讲史，须随时摘录心得。以上养生五事，终身行之；力学五事，乃本年之功课。"（《潍县署中寄四弟墨》第50号）此可见板桥用心之良苦。及至小宝在李荷生先生栽培下能握管作文，板桥欣喜之余，致函详加指点鼓励。如《潍县署中谕麟儿》（第57号）中说："寄来起讲四篇，惟《有朋自远方来》题，尚属无疵。其余三题，语句太嫌稚气，虚字间有不洽处，此系欠缺功夫所致，嗣后宜奋勉用功。然初学有此成绩，资质尚属不钝，苟堪励志勤读，自能循序渐进。惟单读时文，无裨实益，宜加以看书功夫，凡经史子集，皆宜涉猎，但须看全一种，再易他种，切不可东抓西拉，任意翻阅，徒耗光阴，毫无一得。阅书时见有切于实用之句，宜随手摘录，若能分门别类，积成巨册，作文时可作材料，利益无穷也。"后李荷生赴南京乡试，板桥怕小宝因此而荒废了学业，致函督促道："李师赴宁乡试，放假二十日，尔当照常用功。一切家务、外事自有尔叔管，内事自有尔母管，何必要尔问讯……读书宜勤恳勿懈，看书宜细心有恒。现看《史记》，颇切实用，每日规定看十页，必须自首至尾，逐句看下，有紧要处，摘录读书日记簿；有费解处，另纸摘出，求解于先生。今年若能看完《史记》，明年更换他书。惟无益之小说与弹词，不宜寓目，观之非徒无益，并有害处也。"（《潍县署中谕麟儿》第60号）及小宝参加童子试落选，板桥以现身说法再加安慰激励道："余壮年傲气亦盛，而对于胜我者，却肯低首降服。见有佳文爱之不肯释手，虽白读不厌。故能侥幸成名，然亦四下乡场，始得脱颖而出，亦为傲气所阻也。至今思之，犹如芒刺在背。尔资质钝，赖李师辛苦栽培之力，得以冠年（当为"未冠"之误）入场，初试原为观场计。李师与我，皆不望尔一试成名，不过有此一度经验，下届入场，便老练而不起恐慌，一试不售，奚可即出怨言？只须自知文字不佳，下帷攻苦，既有名师指导，进步较易，苟火到功深，取青紫易如拾芥矣。细思吾言而力行之，予有厚望焉。"（《再谕麟儿》第61号）板桥的这番开导，究竟效果如何，因文献阙如，我们不得而知，想必小宝定会为之感奋苦读，志于下科必得。但令人感伤的是，板桥望子成龙的愿望未得实现，小宝便因病而逝，使板桥的厚望再次落空，留下终生的遗憾。

其五，为人处世。板桥在学业上为儿子付出了极大的心血，同时，在为人处世上，他也没少用心思。板桥所期于儿子者，非图将来能大福大贵、中举、中进士，而是希望他能忠厚、诚谨，少些娇气、傲气，为人处世具有怜悯心、同情心，知书达礼、爱心广施。在《潍县署中与舍弟墨第二书》中，他说："余五十二岁始得一子，岂有不爱之理！然爱之必以其道，虽嬉戏顽耍，务令忠厚悱恻，毋为刻急也……我不在家，儿子便是你管束。要须长其忠厚之情，驱其残忍之性，不得以为犹子而姑纵惜也。家人儿女，总是天地间一般人，但一般爱惜，不可使吾儿凌虐他。凡鱼飧果饼，宜均分散给，大家欢嬉跳跃。若吾儿坐食好物，令家人子远立而望，不得一沾唇齿，其父母见而怜之，无可如何，呼之使去，岂非割心剜肉乎！夫读书中举中进士作官，此是小事也，第一要明理作个好人。可将此书读与郭嫂、饶嫂听，使二妇人知爱子之道在此不在彼也。"又在《潍县寄舍弟墨第三书》中，板桥再次申述前意："富贵人家延师傅教子弟，至勤至切，而立学有成者，多出于附从贫贱之家，而己之子弟不与焉。不数年间，变富贵为贫贱……或百中之一亦有发达者，其为文章，必不能沉着痛快，刻骨镂心，为世所传诵。岂非富贵足以愚人，而贫贱足以立志而浚慧乎！我虽微官，吾儿便是富贵子弟，其成其败，吾已置之不论；但得附从佳子弟有成，亦吾所大愿也。至于延师傅，待同学，不可不慎。吾儿六岁，年最小，其同学长者当称为某先生，次亦称为某兄，不得直呼其名。纸笔墨砚，吾家所有，宜不时散给诸众同学。每见贫家之子，寡妇之儿，求十数钱，买川连纸钉仿字簿，而十日不得者，当察其故而无意中与之。至阴雨不能即归，辄留饭；薄暮，以旧鞋与穿而去。"如何对待邻里亲戚，板桥亦曾对小宝谆谆告诫道："至于邻里亲戚，无论与我家有隙无隙，是亲是疏，在尔只宜尊之敬之，见面则谨执后辈礼，笑脸向人。岂可因族人背后讥笑我家，邻人曾窃吾家园蔬，遇尔尊称，尔竟置之不理，枉读圣贤书，全不解泛爱众之义。尔在少年时代，已积下许多嫌怨，将来管理家政，必致个个都是仇人，奚能立身处世？古来贤人君子，无与乡党宗族不睦者。小怨不忘，睚眦必报，乃属贱丈夫之所为，尔万不可学此卑鄙行为。兹得尔母来书报告，特此郑重告诫，谨遵勿忘。"（《潍县署中谕麟儿》第60号）板桥教子之殷殷与方法，由此可见一斑。又板桥为扬州马氏小玲珑山馆所书十一字联"咬定几句有用书可忘饮食；养成数竿新生竹直似儿孙"（梁章钜《楹联续话》卷2《格言》），亦体现出其对后辈成才、做人的思想理念。

民间还有这样一则关于板桥教育子女的故事：说在板桥临终前，他要儿子亲手做几个馒头端到床前。当儿子把做好的馒头端到床前时，他放心地点了点头，留下最终遗言说："流自己的汗，吃自己的饭，自己的事自己干，靠天靠地靠祖宗不算好汉。"言罢遂合上双眼，与世长辞。此事我们不想辨别真假，倘若真有此事的话，故事中的板桥之了当为其过继的堂弟墨之子。

和对儿子一样，板桥对于女儿（板桥的第一个妻子徐氏曾育有二女，其情况不甚明了。又饶氏育有一女，名淑。在家书中板桥曾提到关于淑订婚、出嫁的事）也非常关心，十分注意对女儿艺术素养的熏陶。在他的影响下，其女儿在诗画方面也有一定的修养。据板桥自叙，其女淑儿与陆家之婚约，是板桥与亲家陆蓉镜在潍县自订的。《潍县署中寄墨弟》（第39号）中称："陆蓉镜司马是余之乡榜同年，皆出宋师房下，而中试名次又巧属相连。宋师每谓余两人文艺同出一派，宜结苔岑，由是订交，深相契合。旋又先后成进士，余先一科指分东省，彼后一科分发浙江。旋因浙藩升署东藩，奏调来鲁，与余时相过从。彼谓我二人之际遇，殊非偶然，宜联姻娅，则亲戚之谊可以世代相传，绵延不绝也。彼有男子一，与余家淑儿年相若，订结丝萝，由朱子青太史与赵小汀司马为媒，于本月二十四日行文定礼。"亲事既订，及至到了嫁期，却因故一再推迟。板桥于《潍县署中寄内子》（第53号）中，说明了推迟的原因，并嘱咐郭夫人将家中有关事宜与堂弟墨一起办理妥当。板桥是这样说的："淑儿嫁期本定于去年四月初二日，旋因其生母疾病缠绵，未遑料理妆奁，不得已商之乾宅，拟改缓至九十月间举行，幸得陆亲家同意，遣媒答复，谓'既系女亲家染疾，吉人天相，自可喜占勿药，惟告痊之迟速，外人自难悬测，以后婚期，请坤宅择定，较为便利'。体谅人情，可谓至矣。孰知好事多磨，比及饶氏病痊，正拟选择吉期，而陆亲家猝遇意外风波，丢官撤任，盖为商民聚众抗捐，拆毁署堂一案，遭冤去职，莫怪其意兴索然，不乐为后辈举行婚礼，来函定期至今春二月十九日举行。现在吉期将届，已经两次阻缓，此番谅无障碍。本拟接尔来署，襄办嫁礼，一则因路途遥远，我弟既有家务，不克分身偕来，仅恃仆役护送，殊不放心；二则挈麟儿同来，只恐水土不服，寄托麟儿于弟妇，犹恐稚子不惯，并且来往跋涉，旷废学业，所以主张不接尔来署。兼之届期家乡族戚，必有送礼者，却之不恭，受之必报以酒食，尔可相邀叔婶，于后三期置备盛筵，宴请诸族戚及四邻。凡贫族及邻佑之贺份，不论多寡，一概璧还。向来我家送过礼份者，则礼尚往来，自当收受，命司帐汇登喜簿。请帖、谢帖，宜预先置备，此系外事，恐非尔女流所能胜任，余当另函知照我弟也。"

举行婚礼的那天，板桥因正忙于公私栗六，不便于在公署中举行，所以另租了署前黄绅之住宅，适才忙忙活活地将婚礼办完。婚后三朝，淑儿偕夫婿还家省亲，别是一番情趣。板桥在给郭夫人的信中谈到了女婿的情况，说："淑儿已出阁，陆婿温文尔雅，貌颇美秀，肥瘦与淑儿相称，恰是一对嘉耦。三朝回门，曾向我问及尔之起居，谅由淑儿转告之。三朝夫妇，即已细话家常，其亲昵可不言而喻矣。"（《潍县署中寄内子》第56号）看来，板桥女儿的这桩婚事还是相当美满的。

关于板桥女儿的婚事，《清代名人轶事》中有一则趣闻。说："板桥先生之淡宕风流，夫人知之矣。其玩世不恭，直有可友竹林而师柳下者，世多未之传也。予尝闻诸父老曰：先生有女，笃爱之，并曰针黹无一能，而工画工诗，颇得其父意，先生欲嫁之而难其偶。适有友而鳏者，所学所好与之同，先生相之，喜曰：'吾婿无逾此者。'遂约焉。归则诡谓其女曰：'明日携汝佳处游，当不负也。'女喜从之友所，友酌之。已，先生命女曰：'此汝家也，其安之。'女喻父意，遂不去。而所谓问名纳采诸缛礼，概无有焉。先生曰：'非吾不能有此也，非此女不能嫁此夫。'其荡佚礼法有如此。"（《风趣类》卷1《郑板桥嫁女》）按前所提及板桥与陆蓉镜之自订儿女婚事前后经过，此则逸事实在是一派胡言，无中生有。板桥自为其女订婚事确有此事，且起因于与陆蓉镜之同好相投。但若说板桥胡乱将其女私自嫁于什么好友鳏夫，且其女亦不反对，则真真是恶毒中伤。想来其因有二：一则，可能是某些人看不惯板桥的所作所为，因而将板桥女儿原本美满的一桩婚事演绎为一桩荒唐风流事，意在借此损板桥；其二，板桥亲家陆蓉镜曾卷进一桩商民闹衙案，且因此丢了官，想必那些起事的商民对陆蓉镜怀恨在心，故将其子娶板桥女淑儿之婚事演绎到他身上，暗指陆蓉镜"扒灰"（即与儿媳妇通奸）。如此恶毒中伤，实在是太过分了。若说因发泄怨气骂骂板桥或陆蓉镜也就罢了，可恨的是这些人竟然将怨气发到板桥和陆蓉镜无辜儿女的身上，真是恶毒！恶毒！《清代名人轶事》的编者葛虚存还竟然不辨真伪地描绘得绘声绘色，还骂板桥"荡佚礼法"，真是天理何在？礼法何在？那些恶毒中伤者才真正是"荡佚礼法"！你葛虚存也真的是"虚"到家了，尽存那些虚的东西！幸好郑炳纯先生所辑《郑板桥外集》收集到有关板桥嫁女的家书，否则，还不被你冤枉死。真是人心难测啊！

风流情

板桥一生任情文墨、寄迹山水，风流所至，无不激起情感的波澜、爱花朵朵。他与饶五姑娘闪电般的浪漫爱情故事自不待言，而与小表妹、王一姐、招哥及妓女们的风流韵事则更具有风尘情调，板桥真不愧为一"风流才子"。诸君千万别误会，板桥先生与小表妹、王一姐、招哥及妓女们的风流韵事，乃其真挚情感的自然流露，他与她们间的情感是纯洁、无私的，绝非一般风流才子滥情乱恋者之流。

无论是在青少年时期，还是落拓扬州之际，板桥都曾有过和异性相恋相怜的经历。年轻时的板桥是有过自己意中人的，他和徐氏结婚，也许只是服从父命而已。他心中真正的恋人或是后来词中所忆起的王一姐，或是一位"中表姻亲"。而他中年在扬州落拓之际的"红粉知己"，也是其情感生活中的重要部分。

板桥对爱情的追求开始于少年。他曾与一位表姊妹青梅竹马，两小无猜，互生爱慕之情。然而，在封建礼教的笼罩下，这段浪漫情感被无情地扼杀了。或许正是由于这一期间所带来的深深的失望，使得板桥常常忆及初恋时特有的风味和情调，陷入凄凉、痛苦的追忆之中。在所作的几首词中，板桥隐约留下了一位"盈盈十五人儿小"年轻貌美恋人的形象。由于这些旧事只是偶尔从板桥记忆的深处泛起，零星孤立；且他措词含蓄闪烁，藏头裹足，使得这位小恋人的形象十分朦胧，令人难探究竟。不过，正是这些朦胧的片断，为世人展现出了板桥对这位小恋人的一往情深。《踏莎行·无题》即含蓄地披露了板桥与这位不知名字的"中表姻亲"间的痛苦相恋。词曰：

> 中表姻亲，诗文情愫，十年幼小娇相护。不须燕子引人行，画堂得到重重户。
> 颠倒思量，朦胧劫数，藕丝不断莲心苦。分明一见怕销魂，却愁不到销魂处。

上阕刻画了板桥与那位表姊妹共同嬉戏、两小无猜的纯真画面。下阕的"朦胧劫数"，暗露板桥对自己糊里糊涂厄运的无奈，及对封建礼教的无声慨叹。对相恋难以续缘的悲情，板桥感到无比的痛苦。"分明一见怕销魂，却愁不到销魂处"，语意凄婉伤感而又缠绵悱恻，流露出这对少年恋人苦苦相恋、欲说还休、难以排遣的苦闷心绪。这份愁肠百结的情感像青橄榄一样，令板桥回味悠长、默默咀嚼。从词的内容看，板桥的这位小恋人颇通文墨，当是板桥的诗文朋友兼恋人。但不知是其舅氏一方的干涉，还是其父亲这一方的阻挡，板桥未能与这位知心人结成伉俪，只留下永难销蚀的"颠倒思量"。相恋的情人，因礼教大防的阻隔不能相见，不敢相见，想见又无法相见。意中人本在咫尺，却犹若天涯，其苦其悲，何能言说，又怎不让板桥为之"颠倒思量"！

板桥之所以不能与这位"中表姻亲"结成连理，大约与青年时板桥的种种缺陷有关。板桥称自己"虽长大，貌寝陋，人咸易之。又好大言，自负太过，漫骂无择。诸先辈皆侧目，戒勿与往来"（《板桥自叙》）。像这样一个狂放不羁又其貌不扬的青年，舅氏家不愿意将女儿嫁给他，也是世俗社会中的人之常情。《酷相思·本意》大约也是板桥抒发与这位"中表姻亲"不能相见的痛苦感情：

> 杏花深院红如许，一线画墙拦住。叹人间咫尺千山路，不

见也相思苦，便见也相思苦。

分明背地情千缕，翻□（此处疑脱一字）恼从教诉。奈花间乍遇言辞阻，半句也何曾吐，一字也何曾吐！

可叹"一线画墙"，竟将"言辞阻"，情丝万缕更向何人诉；个中滋味，何其凄苦。《贺新郎·赠王一姐》词，则细腻、含蓄地表达了板桥与王一姐之间的"青梅竹马"之情，以及板桥对这段真情丧失后的强烈失望感。词的上半阕回忆"两小无猜"的亲密感情：

竹马相过日，还记汝云鬟覆颈，胭脂点额。阿母扶携翁负背，幻作儿郎妆饰，小则小寸心怜惜。放学归来犹未晚，向红楼存问春消息，问我索，画眉笔。

二十年后，儿时的小一姐已为他人妇，而板桥自己也已是有家有室的人了。一个偶然的机遇，这对昔日恋人再度重逢深院里。此时的王一姐虽还记得当年"青梅竹马"般温馨情愫，但其举止则少却了当年的纯真，平添许多"周旋形迹"。这不禁使板桥心生些许惆怅，慨叹"廿年湖海长为客，都付与风吹梦杳，雨荒云隔"，昔日小一姐"但片言微忤容颜赤"的娇小情态怎不让他留恋。下阕词曰：

廿年湖海长为客，都付与风吹梦杳，雨荒云隔。今日重逢深院里，一种温存犹昔，添多少周旋形迹！回首当年娇小态，但片言微忤容颜赤，只此意，最难得。

在经历了人间的磨难和世态炎凉之后，板桥更加看重人间的真情。他需要的是心灵的敞开，而不是为了礼节而虚与委蛇。只一句"添多少周旋形迹"，便表达出板桥对王一姐的无限失望。在他心中，当初"片言微忤容颜赤"的王一姐才更为天真可爱。正是基于这种感情，王一姐年少时的丽影时常浮现在中年后板桥的记忆中。《虞美人·无题》曰：

> 盈盈十五人儿小，惯是将人恼。撩他花下去围棋，故意推他劲敌让他欺。
>
> 而今春去花枝老，别馆斜阳早。还将旧态作娇痴，也要数番怜惜忆当时。

板桥看到零落的花枝，想到从前在花下与恋人的游戏，发出不堪回首的唏嘘。总之，"东风恶，欢情薄"，纯真的爱情在封建社会里是最容易遭到摧残的（板桥和这位王一姐因何分手，不得而知。又，王一姐是否即板桥的那位"中表姻亲"小表妹，似乎也不能遽以认定）。这些寄寓着无限切肤之痛的词作，记录了板桥当年初恋时的心迹，也反映出封建礼教对自由恋情的摧残。

走过了少年多梦的时光，青壮年时期的板桥，曾一度落拓于泰州、扬州之带，但正是在此一愁绪万千时期，板桥从一些"红粉知己"那里得到了些许心灵的慰藉。《贺新郎·有赠》（词中的"吴陵"即海陵。泰州在春秋时属于吴地，唐武德三年称吴陵，七年后又改为海陵。此词大约作于雍正元年春板桥第一次游海陵时）和《柳梢青·有赠》两词，便是板桥对当年在泰州、扬州时与"红粉知己"相怜相爱之情的深情回忆。第一首词云：

> 旧作吴陵客，镇日向小西湖上，临流弄石。雨洗梨花风欲软，已逗蝶蜂消息，却又被春寒微勒。闻道可人家不远，转画桥西去萝门碧，时听见，高楼笛。
>
> 缘悭觌面还相失，谁知向海云深处，殷勤款惜，一夜尊前

知己泪，背着短檠偷滴。又互把罗衫拉湿。相约明年春事早，嚼花心红蕊相思汁。共染得，肝肠赤。

第二首词云：

> 韵远情亲，眉梢有话，舌底生春。把酒相偎，劝还复劝，温又重温。
>
> 柳条江上鲜新，有何限莺儿唤人。莺自多情，燕还多态，我只卿卿。

落拓文人，风尘女子，在当时社会中都处于人之下流，受人鄙视、欺凌。他们之间同病相怜，以心相许，相濡以沫，共同挣扎于人生的苦海中，聊使青春生命暂获点滴生趣。

事实确实如此，中国传统士人在取得功名之前，其遭遇颇似沦落风尘的女子：生活拮据，无依无靠，或卖文卖画以为生，或坐馆坐客寄人篱。这些士人与风尘女子之相怜相爱，其因缘自不难理解。尤其那些色艺双佳的风尘女子，更能给落拓士子精神和心灵以慰藉。上引《柳梢青·有赠》中所写到的女子，即曾在板桥处于人生低谷之时，给予他深深的同情和抚慰，从而也就给了他继续努力的精神动力。

板桥还曾作有四首悼亡妓近体诗，同样可以说明他在扬州生活时与一些风尘女子有较深的感情。仅以《悼亡妓》三、四两首诗为例，即可窥见当年落拓扬州的郑板桥是如何从风尘女子身上汲取精神动力的。《悼亡妓》诗之三写道：

> 楼头别语太凄清，乍忆长生七夕盟。
> 绝代可怜人早死，十年未见我成名。
> 春云浅土埋苏小，残月香词唱柳卿。

安得并骖瑶岛鹤，荒烟吹破缑岭笙。

从诗中可以看到，风尘女子对板桥充满了信赖，矢志等待有一天板桥会成名并痴情地等着他，这对孤身奋斗的板桥来说无疑是一种莫大的安慰。但未曾预想到的是，死亡之神却早早地将她夺走。十年之后，板桥成名了，他不能不想起那位痴情于自己并给予自己莫大慰藉的风尘女子，但是他却再也看不到她那娇美的容貌，再也听不到她那温柔的话语，此时能做的只能是借问苍天，"安得并骖瑶岛鹤"，以与昔日订盟情人在荒烟绝径之处，吹破缑岭之笙，一舒十年来的压抑，"共庆"十年后的成功？

《悼亡妓》诗之四曰：

> 西泠春水漾晴沙，桥上黄昏数暮鸦。
> 榆树洲边新鬼火，桃花门里旧儿家。
> 玉鱼葬合肌犹暖，环佩魂归月已斜。
> 知否萧郎曾到此，短歌和泪泣琵琶。

此诗与之三写的可能是同一个女子。诗人短歌和泪，哭悼亡灵，人间地府，此情未了。心爱的人啊，九泉之下，你能否听到你心中的萧郎——板桥来此哭奠呢？

板桥结识的歌妓中，招哥是其中颇为特别的一位，将其名字明确地写在诗词题目上，是板桥唯一的一次，可见其在板桥心目中所占的重要位置。事实上，板桥直到为官山东时，还寄钱给招哥买粉，可见两人感情之深。《寄招哥》诗云：

> 十五娉婷娇可怜，
> 怜渠尚少四三年。

　　宦囊萧瑟音书薄，
　略寄招哥买粉钱。

　　板桥如此深惬招哥，与招哥非常聪明有才气，能较早辨识板桥的文学才能有关。还在板桥身处落拓之文人时，招哥就唱起了板桥的《道情》。《刘柳村册子》云：“《道情》十首，作于雍正七年，改削十四年，而后梓而问世。传至京师，幼女招哥首唱之，老僧起林又唱之，诸贵亦颇传颂，与词刻并行。”由此来看，招哥是推广板桥作品的“首唱”之功臣了。这对板桥还未出名之时传播其文名是大有好处的。招哥对板桥文学才能的超前认识，是板桥在心中深惬招哥的重要原因。士感知己，是传统士人的美德。有趣的是这里板桥的知己不是什么达官贵人，却是一个风尘女子。

　　归隐扬州期间与风尘女子的交往，同样在板桥心中留下极深的印痕。这里不仅有知己的安慰，更有人性的自由畅达。40岁那年，板桥应试南京，得有机会游杭州西湖，勾起了对昔日扬州春游情景的回忆。《沁园春·西湖夜月有怀扬州旧游》词回忆了当初在扬州与风尘女子共度良辰美景的情形。忆当年扬州春游，“马上提壶，沙边奏曲，芳草迷人卧莫扶。非无故，为青春不再，著意萧疏”。更有那“梦里繁华费扫除”，“更红楼夜宴，千条绛蜡；彩船春泛，四座名姝。醉后高歌，狂来痛哭，我辈多情有是夫”！今日的人性萎缩，与当年的人性畅达、高歌痛哭任自如，形成了鲜明对照，更映衬出往昔的可爱，今朝的可叹！

　　在扬州，板桥还曾深为一名为人做奴的年轻漂亮女子所感动，但苦于无法将她赎出，只好作词抒怀，暗地里祝愿她能逃脱魔掌，得遇佳士。《玉女摇仙佩·有所感》词便表达了这一相思之苦，词曰：

　　绿杨深巷，人倚朱门，不是寻常模样。旋浣春衫，薄梳云矗，韵致十分娟朗。向芳邻潜访，说自小青衣，人家厮养。又没个怜香惜媚，落在煮鹤烧琴魔障。顿惹起闲愁，代他出脱千思万想。

　　究竟人谋空费，天意从来，不许名花擅长。屈指千秋，青袍红粉，多少飘零肮脏。且休论已往，试看予十载醋瓶斋盎。凭寄语雪中兰蕙，春将不远，人间留得娇无恙，明珠未必终尘壤。

　　板桥由处于沉沦困境的青衣小婢女，想到自己遭遇的不平，并屈指千秋，推想到"多少才人"的"飘零肮脏"，从而产生了一种平生知己的深切共鸣之感，并寄希望于"春将不远，人间留得娇无恙，明珠未必终尘壤"。

　　关于板桥之风流逸事，小说《扬州梦》（第四回）中演绎了一则故事：说陈晚桥（板桥化身）与程午桥（程梦星化身）在谈及关于盐商的趣闻逸事时，晚桥向午桥说到了有关金棕亭（名兆燕，板桥好友）在某盐商家遇到的一件令人喷饭的事。话说有一天，金棕亭到某盐商家中赴宴，在酒筵上他目空一切，旁若无人。那盐商心中大为不悦，为戏耍一下金棕亭，他得空拿来一个木头做成赤身的女人，暗地里移到画屏边，恰在金棕亭的旁边。众座客见了，脸色陡然青了又白，白了又青，慌忙起身离席就走。再看那金棕亭，一副无所谓的样子，纯仟自然，对那如人歌道：

　　肯笑笑，价值千金。无言无语，恼恨何人？我这里锦重重，香馥馥，风枕鸳衾。怎那里冷清清，孤零零，独倚画屏。换你又不行，抱你又不能。我也怜香，我也惜玉，我也知音。你若活动些儿，我也自会温存。

歌声未落，那妇人果真离开几步，对金棕亭味的一笑，下身却撒尿出来。金棕亭不慌不忙，又随即歌道：

> 绿杨深锁谁家院。见一女娇娥，急走行方便。转过粉墙东，就地金莲，清泉一股流银线。冲破绿苔痕，满地珍珠溅。不想墙儿外，马儿上，人瞧见。

那盐商见金棕亭如此旷达，也就无可奈何了。程午桥听罢不禁哈哈大笑，忍俊不禁地又问道："那赤身女人，可是实心的？怎么会撒尿呢？"陈晚桥道："这倒没有知道。只记得金棕亭和我讲那赤身的妇人，身上做有机关，只消几个旋转，下身就撒出尿来。"这则故事究竟是否属实，不得而知。既然作者作《扬州梦》是就板桥经历演绎而发，虽说乃板桥听其友金棕亭所述，也保不齐与板桥有关。但不管怎样，即此可看出当时人之风流。

那么，如何评价板桥和这些风尘女子的风流韵事，以及他的那些香诗艳词呢？其实，旧时代的文人士子常常在宴席上与一些歌儿舞女檀板丝弦，酬酢过从，在放荡形骸的掩饰下，满足醉生梦死的淫欲，或排遣颓唐消沉的情绪。这在当时被认为是一种所谓的"时尚"。当然，板桥孤介特立，似也未能免"俗"。更何况扬州自古是声色繁华之地，而板桥又在扬州居住前后长达十几年之久。诚如他在《沁园春·西湖夜月有怀扬州旧游》中所说："十年梦破江都，奈梦里繁华费扫除。更红楼夜宴，千条绛蜡；彩船春泛，四座名姝。"他在烟花柳巷寻得些许知己，以排遣心中的郁闷，似在所难免。同样的道理，《郑板桥集》中既有蔑视封建礼法和恪守爱情坚贞之诗，也不无某些耽吟香艳、风流自赏之作。如《满庭芳·赠歌儿》《贺新郎·有赠》等词作均属后者。我们在这里不拟对这种"时尚"多说什么，但值得指出的是，板桥不仅用赞美的笔触描写那些风尘女子的美貌，同时还以充满同情的笔触反映她们的哀愁，对她们飘零的命运表示不平。在《雍正十年杭州韬光庵中寄舍弟墨》中，板桥尝说：

> 谁非黄帝、尧、舜之子孙，而至于今日，其不幸而为臧获，为婢妾，为舆台、皂隶，窘穷迫逼，无可奈何。非其数十代以前即自臧获、婢妾、舆台、皂隶来也。一旦奋发有为，精勤不倦，有及身而富贵者矣，有及其子孙而富贵者矣，王侯将相岂有种乎！

基于这一认识，板桥对下层女子深表同情。也正由于此，一些沦落于风尘中的下层女子不仅倾慕板桥，且能给其以事业上的帮助，"招哥"等人即其显然者。因此，对板桥与妓女等下层女子的酬酢交往，不可一概视为狎邪艳情，而应该深入体会，以探究板桥当时的心理状态。

还需指出的是，板桥中年在扬州与风尘女子的相恋相怜，与其为官山东的狎妓是有区别的。中年落拓扬州时与风尘女子的相恋相怜，更主要的是寻求一种精神和心灵上的安慰；而晚年之狎妓，主要是排遣心中因官场所带来的苦闷，同时也是板桥身上固有的名士恶习的一种表现。同样是狎妓，纵情歌酒，其行为前后性质并不相同。前者包含有人情之美，后者则暴露了人欲之丑。板桥自己虽说"未尝为所迷惑"，而且不许这些官妓"十与外政"，但这在某种程度上已经是为自己的声色之欲作辩护了。历史地看，板桥狎妓固然是一种恶习，是传统士人局限性的表现之一，从时代的环境来看，这是当时士人心灵空虚、苦闷的一种表现。他们无法找到精神的出路，只好将自己的精力寄托于声色之中。百年之后的龚自珍，在《京师乐籍说》这篇奇文中，曾揭露了封建政府利用妓女来消磨士人意志，使士人无暇顾及国家大事，以便于他们窃取民利的"意图"。其文称：

士也者，又四民之聪明憙论议者也。身心闲暇，饱暖无为，则留心古今而好论议。留心古今而好论议，则于祖宗之法、人主之举动措置、一代之所以为号令者，俱大不便。凡帝王所居曰京师，以其人民众多，非一类一族也，是故募召女子千余户入乐籍。乐籍既棋布于京师，其中必有资质端丽、桀黠辨慧者出焉。目挑心招，捭阖以为术焉，则可以钳塞天下之游士。乌在其可以钳塞也？曰：使之耗其资财，则谋一身且不暇，无谋人国之心矣；使之耗其日力，则无暇日以谈二帝三王之书，又不读史而不知古今矣；使之缠绵歌泣于床第之间，耗其壮年之雄材伟略，则思乱之志息，而议论图度，上指天下画地之态益息矣；使之春晨秋夜，为套体词赋游戏不急之言，以耗其才华，则论议军国、臧否政事之文章，可以毋作矣。如此则民听壹，国事便，而士类之保全者亦众。

——《龚定庵全集类编》卷5《论辨类中》

文章旨在批判封建专制的政治阴谋，但也揭示了士人狎妓的社会历史原因。

事实上，对于与妓女的关系有纵情声色的一面，板桥自己是敢于承认的。他在《板桥自叙》中讲自己"酷爱山水，又好色，尤多余桃口齿，及椒风弄儿之戏"（椒风，本是汉代宫阁之名，后泛指皇帝嫔妃居住地。板桥此处即借指官妓所居之地）。但是正由于板桥敢于公开承认，这又是他与假道学之徒的不同之处。

总之，从板桥的这些爱情诗中可以看出，板桥一生有过多次恋情。在《后刻诗序》中，板桥说自己的诗多"慕颜色"之作。在为自己的词所写的《自序》中，他也说"少年游冶学秦柳"。其实，板桥诗中"慕颜色"之作很少见，只有词中有一些抒发恋情之作，但现存的艳情词却不像是少年之作。离开官场之后的板桥在刊刻自己的作品时，删除了其中许多抒发个人恋情的作品，使其绝代风流的形象变得朦胧了。

睿智洒脱参世相

二十字据　青丝浪转　春情春趣　莱梨乐枣

索太守金　奈何奈何　茶坐之态　盗亦有道　树大招风

一片两片三四片，
五六七八九十片。
千片万片无数片，
飞入梅花都不见。

——《板桥趣诗之一》

板桥之性情，常以狂傲的形态呈现在世人面前，但其狂傲的内里，则蕴含了种种睿智的火花和洞达世相的聪明。其诗、其词、其文、其画，无不体现出板桥那种貌似狂傲而实则睿智的独特个性。尤其是他在日用常行中所展现出的嬉笑怒骂，更真切地活化出不拘小节的洒脱情怀、洞达之识。

板桥之睿智，在其早年即慧根呈露。兴化民间有一则传说，说夏甸有个名叫夏四的人要卖一部风车给郑五，他自己不识字，便想请板桥之父立庵先生帮忙为其写一张契据，契据的内容主要是讲明风车的有关情形。因此事较为复杂，郑老先生说要写六百字，并让小板桥来帮着磨墨。小板桥听后，却摇摇头说："二十字足够了，何必五六百字呢？"众人闻听，甚为诧异，心想郑老先生都说要写五六百字，你个小孩子怎说只要二十字就够了呢？大家就问小板桥如何用二十个字来立契据？只听小板桥胸有成竹地脱口说道："夏四有风车，卖给郑五家，竖起转三转，一件也不差。"（注：当地土语，车、差同韵）此言一出，众人大惊，叹为神童。又据说，立庵先生设馆教书时，一天让学生们练习作对联。因板桥家隔壁有个铁匠铺，立庵先生便以此立意。指着铁匠铺随口出了个上联"两间东倒西歪屋"，然后让学生们对下联。学生们七言八语地对起来，但要么不切题，要么少意境，立庵先生连连摇头表示不满意。这时，在一旁随读的小板桥却惊人地脱口对出一个下联，说："一个千锤百炼人"。既切题，又立意新。立庵先生含笑连连点头，其他人也都自叹不如。

及板桥稍长，其聪慧更趋异人。据说板桥10岁时，有一次他随老师到郊外春游。一路上师生欢声笑语，吟诗作对，好不惬意。这时，他们来到一条小河边，刚踏上木桥，忽然发现桥下漂浮着一具女尸。老师既惊奇又怜悯，不禁口占一绝道："二八女多娇，风吹落小桥。三魂随浪转，七魄泛波涛。"老师吟完，问板桥此诗如何。没想到板桥不仅没有讨好老师说此诗作得多么好，反而提出一连串的疑问："老师何以得知她正好十六岁？又有谁知道她是被风吹下水的？'三魂''七魄'又怎么能看得见？"老师没想到这个学生如此有个性，一时反被问得无言以对。但他并没介意，反而鼓励板桥说："那你说该怎样说才好？"见老师不仅没生气，反而启发自己，板桥大着胆子说："那我就试着改一下，请老师指教。"接着吟道："谁家女多娇，何以落小桥？青丝随浪转，粉面泛波涛。"老师听后，颇为惊喜，连连点头，赞不绝口。

板桥结婚后，由于生计所迫，他曾到真州江村做过塾师。从兴化到真州，有一条200里左右的水路要经过扬州。路途遥远，又背着行囊，没有私家船只的人，只有搭乘别人的便船。板桥南下之时，因囊中羞涩，便不好意思地搭乘一家公子的包船。途中，那公子哥和他的几个豪家子弟朋友在舱中作诗酒之会，他见板桥那副穷相，怕他的在场会扫了大家的兴，于是很不客气地将板桥撵到了后艄。那帮人酒酣耳热之后，富家公子一时兴起，煽动大家以赴扬州为题作诗，以助酒兴。正作诗间，那公子哥忽然想起了被他撵到后艄的穷秀才板桥，他心头一动，想借此机会出一下板桥的洋相。于是，这位公子哥便嚷嚷着说后艄还有位郑大秀才，不妨让他也来献上一首，也好让大家见识见识他秀才的才华。板桥正憋着一肚子气，听那公子操一口北方腔，且一脸的傲慢，便不紧不慢地说："要我作可以，但有个小小的条件，就是我吟你记，如何？"公子一听，满口应允，以为自己阴谋得逞，心里好不得意。待得板桥入得舱来，用扬州方言随口吟道："na na　一小舟，pang pang　水上游。zi ga　一声响，ti tuo　到扬州。"傲慢的公子提着笔，一下子呆住了，因为他不懂扬州方言，愣愣地一时不知如何下笔。众人也感觉好玩，起哄嚷着要板桥把吟的诗自己写出来。板桥大笔一挥，立马将刚才吟的写了出来。诗是这样的："刋小一小舟，扌水水上游。門一声响，㪍束到扬州。"舟中诸人一向自视甚高，自认饱读诗书，但面对板桥的这首诗，二十字中有八字从未见过。不仅如此，其字体之潇洒、隽逸，更令他们自叹弗如。到了这个时候，众人方才意识到原来这个穷秀才还真有两下子，真是人不可貌相啊！

　　此后，由于其父立庵先生的去世等一系列家庭变故，板桥家的经济状况日渐窘迫，单靠板桥一个人的教书收入已难以维持生计，不得已板桥只好到扬州另谋他途。据说，板桥曾想投靠一个以喜爱文士著称的当地富豪小玲珑馆主人马曰琯兄弟。板桥上门时，正值瑞雪飘飘，小玲珑馆主人恰好在与座客们以雪为题，吟诗助兴。当时的板桥衣着寒酸，面容憔悴，众人都看不起他。有人想拿他开涮，故意让他即席赋诗。板桥也不推辞，缓缓吟道："一片两片三四片，五六七八九十片。"闻听此句，众人哄堂大笑。但笑声未落，板桥更从容镇定地继续吟道："千片万片无数片，飞入梅花都不见。"座中人的笑声戛然而止，一个个面露惭色，暗暗佩服这位穷书生的文才。

小玲珑馆主人马上起身向板桥致歉。

　　板桥性爱山水，即使在他穷困落拓时依然游兴不减。出于自身的喜好，同时考虑到经济原因，板桥时常到寺庙之中投宿。一般情况下，出家人都乐于为人提供方便，板桥为此还交了不少僧、道朋友，但板桥有时也遇到使人气结的和尚。据说板桥在游历的过程中有一次投宿某寺，当家的和尚见他是一个穷秀才，十分势利，规定必须抄经若干方可借宿，态度十分傲慢。看看天色已晚，板桥也只好答应。经抄好后，和尚意犹未尽，他见板桥的字写得很好，说是加写一副对联，晚上才可供应一床棉被。板桥无奈，提笔挥毫，语带双关地写下："凤在禾下飞去鸟，马到芦边草不生。"寺后有禾，寺前有芦，皆为实景。而凤表示祥瑞，马到表示施主光临，都是喜事。和尚见了，甚为满意，马上备香茶果脯，请板桥到上房安歇。日后，和尚将那副对联裱悬于佛堂，逢人便夸。客人中也有懂诗的，看出其中的玄机，提醒和尚说："这上联写的是一秃字，下联写的是个驴字。"经其点破，和尚也一下回味过来，顿时脸红气促，暗自叫苦不迭。（注：上联的玄机在于繁体的"鳳"字）

　　经过多年的奋斗，板桥终于在仕途上有所突破，做了山东的县令。先在范县，后在潍县。乾隆十五年（1750）阳春的一天，板桥和李文太、韩镐、韩梦周、丁兆新、陈少青等人到潍县郊外游春。他们谈笑着走出县城南门，跨上一个崖头，顺着一条崎岖的田间小路漫游。春天的景色十分迷人，到处是盛开的桃花、梨花，绚丽多姿；花间是成群飞舞的蜜蜂，忙碌地采撷着春天的精华；洋槐花飘出的阵阵清香，伴着暖暖的春风，沁人肺腑。满山遍野的人们，男男女女，老老少少，都欣赏着大好春光。农民们正忙着锄麦、播种或者浇园、保墒。再看那一群群孩子，他们正放飞着各式各样的风筝，欢叫着，奔跑着。天空中的风筝五颜六色，引得春燕啾啾相戏。真是人欢马叫，一片喜气洋洋景象。

目睹此情此景，板桥等人心情甚为舒畅，一路上谈笑风生，不知不觉便来到胥家山前的一个小亭子下，环绕一石桌坐下。众人情绪高涨，诗兴大发。李文太提议大家作《春词》，规定在五十步内必须作上五十句词，且不得少于五十个春字。众人推举韩镐先作。由于韩镐在去年的县试中夺魁，自然不好推辞，便应允下来。于是众人继续前行。韩镐一边走，一边赋，走一步，吟一句：

　　春光好，春风暖，春水长，春花晨。春雨润春苗，春心润春田。春柳吐青翠，春阳含笑颜。春来春又去，春好春又短。留春留不住，只好让春去。来年春复归，春……春……春……

走出十三步，吟了十三句，第十四步抬起，连吟了三个春字，就是续不下去，而脚又不敢往下落，引逗得大家哈哈大笑。韩镐立马面红耳赤，感到很不好意思。

接下来韩梦周、陈少青等几位秀才试了试，但最多赋上个二三十句，也就没了下文。李文太本人心里也没底，刚才只不过一时心血来潮，才想出那个提议。为了不失面子，李文太来了个先下手为强，对众人道，此《春词》看来还得县太爷来赋，将难题送给了板桥。众人齐声赞同。板桥此时情绪高涨，点头同意。众人随其后，洗耳恭听，只听板桥边走边吟道：

　　春风，春暖，春日，春长，春山苍苍，春水漾漾。春荫荫，春浓浓，满园春花开放。门庭春柳碧翠，阶前春草芬芳。春鱼游遍春水，春鸟啼遍春房。春色好，春兴旺，几枝春杏点春光。春风吹落枝头露，春雨湿透春海棠。又只见几个农人谈笑开口："春短，春长，趁此春日迟迟，开上几亩春荒。种上几亩春苗，真乃大家春忙。"春日去观春景，忙了几位春娘，头戴几枝春花，身穿一套春裳；兜里兜的春菜，篮里挎的春桑。游春闲散春闷，怀春懒回春房。郊外观不尽阳春烟景，又只见一个春女，上下巧样的春装。满面淡淡的春色，浑身处处春香，春身斜倚春闺，春眼盼着春郎。盼春不见春归，思春反被春伤。春心结成春疾，春疾还得春方。满怀春恨绵绵，眼泪春眼双双。总不如撇下这回春心，今春过了来春至，再把春心腹内藏。大家里装上一壶春酒，唱上几句春曲，顺口春声春腔。满目美慕功名，忘却了窗下念文章，不料二月仲春鹿鸣，全不念平地春雷声响亮。

板桥吟完，众人皆称妙绝！妙绝！并争相背诵，但大多背不几句就顺不下去了。唯有韩梦周记性好，有过目不忘之能，众人在他的提示下才将板桥的这首《春词》一一记下。

日后，李文太感到板桥的《春词》甚好，便请板桥书幅留念。从此以后，板桥的《春词》便在民间广泛流传开来。

除了这首《春词》，板桥还曾作过一首《菩萨蛮·留春》（广州美术馆藏墨迹），也颇有韵致，其词曰：

留春不住由春去，春归毕竟归何处？明岁早些来，烟花待剪裁。

雪消春又到，春到人偏老。切莫怨东风，东风正怨侬。

板桥生平有个爱好，即喜欢喝上两口，有时喝得兴起，还击桌高歌，甚或放声高骂。在《范县署中寄郝表弟》（第19号）中，他说："闲来惟有饮酒看花，醉后击桌高歌，声达户外，一般皂隶闻之，咸窃窃私相告语，谓主人殆其慎乎？"又于《复同寅朱湘波》（第33号）中说："仆学不修，德不进，只有好酒好骂两种痼癖，而外间誉我者，皆属过情之言，莫待识者闻之掩口胡卢，即鄙人聆之，亦觉肉麻难受。"正因为板桥好酒好骂，给他带来不少麻烦，同时也发生了不少趣闻。如在潍县时，即发生了一件与酒有关的事。

潍县衙门西有一城隍庙，在城隍庙的南面有一家酒馆，因老板名叫牟迁秋，故称此酒店为牟氏酒馆。牟氏酒馆虽然店面不大，设备欠佳，酒肴也不丰盛，但因牟老板很会经营，酒馆又正处在交通要道上，故而生意倒也算兴隆。由于发财心切，牟老板便在酒上做文章，时常往酒里掺些水。好在饮酒的人大都是些平民百姓，又都往来匆匆，所以没多少人太多关注酒的好坏。不过，常来酒馆的还有些落榜的骚人墨客，他们常常借酒发挥，谈古论今，无拘无束，不管当今皇帝，抑或本县县令，都时常对之议论一番。俗话讲，"要谈心里事，同上酒家楼"，"待要听真话，经常蹲酒家"。身为潍县县令的板桥老爷，闲暇无事时经常微服到这小酒馆来坐坐，一边饮酒，一边倾听百姓的议论。由于板桥衣着朴素，一般情况下也不会引起人们的注意。但时间一长，板桥的行踪引起了牟老板的注意。这位掌柜的凭多年做生意的阅历，很善于察言观色，认定常来饮酒的清癯长者非同一般的百姓，留心打听，方知是板桥县令。

有一天，牟老板瞅准机会，叩头向板桥求字画。板桥点了点头，笑了笑当场应允，喝了几杯酒便飘然而去。几天后，县衙果然来人将板桥所书的匾额和对联送过来。牟迁秋急忙打开一看，确实是板桥真迹，不禁为之大喜过望。匾额上书"凤梨轩"三个大字。对联只有四个字，上联"莱梨"，下联"乐枣"。字迹苍劲有力，别有一番风味。牟老板甚感自豪，立即请人刻匾裱联，高高悬挂起来，逢人便夸。由于店中顾客多为农民，识字者不多，故而一般都是随和着奉承两句。而顾客中的那些落榜举子、骚人墨客心中明白，听了掌柜的夸耀之后，仔细揣摩一下板桥题字的意思，禁不住暗暗发笑，于是摇摇头，啜下几口酒，而后扬长而去。时间一久，来"凤梨轩"喝酒的人逐渐少了，生意日渐萧条。牟老板百思不得其解。又过了些日子，他的外甥赶考回来，到此探望舅舅。牟老板便将板桥题字以及挂匾后生意日渐萧条之事告诉外甥。酒席上，外甥一边欣赏着板桥的题字，一边饮着舅舅端上来的酒，饮了几杯，突然扑哧一声笑了出来。舅舅问其故。外甥用筷子指着匾额"凤梨轩"三个字对舅舅说："怪哉！怪哉！这位县太爷可真会捉弄人，所谓凤梨轩，即是说你的酒馆的酒如凤梨一样，水多核（壶）小。所谓'莱梨''乐枣'者，是怕你不明白匾额之意，特做一番解释，莱阳梨不也是水多吗？而乐陵小枣不也正是核小吗？板桥大人不愧为江南才子啊！"闻听此言，牟老板方才恍然大悟，面露惭色，板桥之言恰好触到他的痛处。从此以后，他的酒掺水少了，酒壶也大了，渐渐地，来往的顾客就又多了起来，生意也逐渐兴旺了。

板桥为官山东时，还发生过一件向太守索三百金的事。板桥在《答王梦楼》中，对此事做了详细记叙。他说："辱问太守泛湖受窘事，是否传说有误，疑而难信，不知此事千真万确，一点不误，仅为君告。是日春阳蔼蔼，杂花缤纷，风和水碧，板桥独处无侣，买小舟泛湖，轻摇慢荡，寻觅诗料，不意此时有画舫迎头摇来，船上奴子大声呵叱，把篙作势，余船纷纷让开，任他过去。此画舫去后，少顷又摇回来，又大声呵叱；又任意将篙戳人或船；横冲直撞，如入无船之境。他在湖中摇来摇去，撞船骂人，综计有五六次之多，而他船均声音寂寂，不出一言，奇哉！怪哉！因叩问舟人，始知太守借画舫筋客，游湖为乐。以堂堂太守，亲民之官，而乃仗势欺压良懦，横行如是，殊为圣朝白圭之玷，若不儆之，何以泄板桥胸中之气。因思是日适为国恤，太守糊涂，却未想到，借题生发，可以折服他也。遂回舟等待，遇画舫摇回时，命小舟撞其船舷，舫上奴子一喝，果撄太守之怒，两个虎狼人役，立将板桥拿上大船，欲正闯道惊官之罪，声势汹汹，胆怯者早已满身战栗矣。太守固不认识板桥，板桥亦不认得太守，当时但见高坐堂皇者怒形于色，拍桌戟指，似欲立加笞责。板桥深恐受辱，即谓：'道在何许？官在何方？今日国恤，亲民之官乃画舫听歌，国典具在，岂容饶恕！'太守闻言变色，立刻离座作礼，叩问姓氏，则径答之曰郑板桥。太守笑颜相向，连声引咎，坚邀入席共饮，板桥正色却之，谓贤太守游湖辛苦，久仰风范，难得相见，治下狂且敬献一诗为寿，遂吟诗四句，拜别离船而归。记此诗结尾处是'山川草木犹含泪，太守听歌试画船'。盖纪实也。越日，太守浼人来舍，恳求板桥谨秘此事，免得张扬开去，有碍官声。板桥谓秘之不难，惟须寿我五百金，倘太守不应，亦不坚索，但将此诗刻印加注，传布扬州一郡，咸使闻之。其人去而复来，出三百金足数，并述太守悔改之意，板桥不欲过甚，一笑而罢。此事当时即为隐秘，知者甚少，是何因由，足下竟得知其故，'好事不出门，恶名传千里'，我今愈信此语不虚也。所索之三百金，板桥已散给湖滨一带贫苦人家，其数虽微，亦可支持几日粮。太守出金，板桥散之，或曰'买了花炮给人放'，其斯之谓乎。太守耗此一笔金，或者在暗中懊丧心痛，然而板桥却觉得十分有趣！"此可见板桥不畏权贵、机智圆通之一斑。

后来板桥厌倦了官宦生涯，晚年回到扬州后，日子倒也过得清闲自在。但此老年岁虽大，其幽默机智的秉性却依然无多大改变，因此也就又搞出了不少的笑话。

相传扬州有一富绅陶员外，六十大寿时，特邀板桥前来参加寿宴。谁知此日恰逢大雨，板桥难辞对方一片盛情，只好冒雨前去祝贺。人们正为天公不作美而感到扫兴时，见书画俱佳的板桥应邀前来，顿时增添了几分雅兴，期盼板桥能有贺寿的上乘之作。于是，人们首推板桥写诗祝寿，主人也急忙将文房四宝捧出。板桥也不推辞，展纸挥毫，当即笔醋墨饱地写下"奈何"二字。人们不解其意。只见板桥又写下了"奈何可奈何"五个字，成了："奈何奈何可奈何"。主人见之，颇感尴尬，真有点不知奈何，也奈何不得。正在主人惶惑之际，板桥面带微笑地继续写下去："奈何今日雨滂沱。滂沱雨祝陶公寿，寿比滂沱雨更多。"至此，大家才明白过来，陶公更是喜不自胜，连连拱手称谢。

晚年的板桥，衣着打扮十分随便，且又其貌不扬。有一次，他去逛平山堂。平山堂主持老和尚看他仅穿了件粗布直裰，以为他是一俗客，对他甚是冷淡。板桥并不介意，站在那里向他讲明自己此行的目的是瞻仰平山堂内欧阳修读书处的石膏像。老和尚听后，不以为然，心想你那个穷样还谈什么欣赏欧阳修？为讥讽一下他，便说道："还是先让我讲一个关于欧阳修的故事给你听：说有一个人慕名来访欧阳修，路上恰好和欧阳修同船，却不认识他。为卖弄学问，那人指着岸边跳入水中的大白鹅，要求以此为题同欧阳修比赛咏诗，并首先吟道：'一只大白鹅，扑通跳下河。'之后，他要欧阳修对下文。欧阳修接道：'白毛浮绿水，红掌拨清波。'"讲到这里，老和尚话里有话地告诉板桥："你瞧，世上仰慕欧阳修的人不少，但真正识欧阳修的人可不多！"板桥心知肚明，随声附和道："是啊，是啊，当时识欧阳修的人确实不多，而今像你老法师这样识得欧阳修的人就更少了。"和尚听后心中甚为得意。但老和尚还没得意完，只听板桥又慢悠悠地说道："我怎么记得'白毛浮绿水，红掌拨清波'这句诗是唐代的骆宾王七岁时作的。"之后，他吟出全诗："鹅，鹅，鹅，曲项向天歌。白毛浮绿水，红掌拨清波。"老和尚此时已羞得满面通红，暗想这位粗布衣裳的人谈吐不俗，或许有什么来头，转而招呼道："坐。"并指着旁边的茶缸说："茶。"而后，问板桥贵姓？板桥回答说："郑。"闻听此人姓郑，和尚有所觉察，一下联想到了郑板桥，态度为之一变，忙说："请坐。"一面吩咐小和尚："敬茶！"恰好此时，金农来到，喊出板桥的名字，和尚方才确定面前就是大名鼎鼎的郑板桥。老和尚赶忙满脸堆笑地对板桥打躬合掌说道："请上座！请上座！"此时小和尚将茶端了上来，老和尚喝道："敬香茶！"小和尚马上又回去换来香茶。这时老和尚拿出纸张笔墨，请求板桥留点墨迹。板桥也不回绝，淡然一笑，挥毫写就下面这副妙趣横生的对联："坐，请坐，请上坐。茶，敬茶，敬香茶。"真真是妙不可言！想必老和尚当时定是面红耳赤，恨不能脚下有条地缝钻进去。这则故事虽不免有些夸张，时序颠倒，但也不是纯属杜撰。板桥在焦山读书时，给其友徐宗于的信中曾说：

> 山中和尚，泰半是钱奴化身，市侩转世，口念阿弥陀，心贪阿堵物，俗不可耐，触人欲呕。入山游客，不问雅俗，但视衣衫；入寺烧香，只计贫富。有钱布施，声声居士、檀越，合十念佛，状似弥勒；无钱施舍，则白眼相加，冷语对答，阴森之气，逼人发抖。知客堂中，最为可恨，请客一坐，有请坐、请上坐之等次；待客一茶，有泡茶、泡好茶之分别。内外各有廋词隐语，彼此相通，亮中说话，暗中关切，冷眼傍观，气破肚皮。悲哉！悲哉！庄严佛地，清静梵宫，变作论斤较两之市井，我佛有灵，定当低眉合眼，效夫子之喟然而叹也。
>
> ——《焦山别峰庵与徐宗于》

上则故事当根源于此。

板桥豁达睿智，以下这则故事同样能表达出板桥的这一性情。说板桥离开官场回到扬州后，有一天夜里，他正和衣卧在床上琢磨心事，外面黑漆漆的，还刮着风飘着雨。突然，院子里有异样的响动，板桥不禁心中一动，暗忖自己这么穷，难道还会有小偷来造访？正寻思着，外面的响动越来越大，似乎有脚步声正向自己房间走来，板桥知道肯定是小偷了。但苦于年老体弱，难以与之一搏，转而灵机一动，当下有了主意。只听板桥故意咳嗽一声，高声吟道："细雨蒙蒙夜沉沉，梁上君子进我门。"门外的小偷正慢慢向这间房靠近，忽听此言，心下一惊，以为主人发觉了自己，于是蹑足停了下来，想等机会再下手。这时房内又传来声音："腹内诗书存千卷，床头金银无半文。"小偷一听，差点连肚皮给气破了，心说原来你是个穷书生。眼瞧没什么油水可捞，主人又没睡，小偷只好自认晦气，正转身欲走，房里又传出声道："出门休惊黄毛犬。"小偷一听，吃了一惊，好家伙，他虽穷却还养了一条狗。得，得，我别惹它，干脆从墙上翻过去算了。小偷正欲抬脚上墙，房内又传来话道："越墙莫损兰花盆。"小偷定睛一瞧，嗨，墙上还真有盆兰花，心想这人虽穷竟还有这份闲心。得了，既然捞不到油水，就放你一把，给你留点好吧，便避开花盆跳了下去。脚刚落地，只听房内又传来一句："天寒不及穿衣送，趁着天黑赶豪门。"小偷闻听，哭笑不得地遁去了。

上则故事当然属于演绎，不过，也传达出一个信息，即板桥对偷盗者确实能给予极大的同情，并不将他们视作十恶不赦之徒。板桥家确实被盗过，但板桥对此事的看法比较特殊。在致其子麟儿的信中，板桥说道："尔禀所称五月廿一晚间失窃，并未入母亲卧室，四叔拟报官追缉云云。报告殊欠明晰，被窃何物，总计损失若干？尔虽不知物价，理当询明尔母，详细告我，如果损失不巨，不必追赃。窃贼固当执之于法，然彼为饥寒所迫，不得已铤而走险，不偷农户而窃宦家，彼亦知农民积蓄无多，宦室储藏丰富，窃之无损毫末，是即盗亦有道之谓欤？与其农家被窃，宁使我家被窃。尔可转禀四叔，不必报官追赃。只须以后门户留心，勿再使穿窬入室可耳。尝谓古人见梁上有贼，呼之下，询明始末，善言规诫，并赠金令作小本经营者，其度量为何如耶？"（《潍县署中谕麟儿》第57号）以上这番话，表明了板桥对偷窃之人所持的同情。又板桥家曾买有一家仆郑迁，此人生性刁诈，又十分懒惰。板桥堂弟墨不察，一度说项让其随板桥做事，被板桥拒绝了。为此事，郑迁怀恨在心。其后，郑墨又让他管理仓储，结果他趁机偷盗了郑家的米麦，畏罪潜逃了。按理说，板桥定会为之大怒，将其追捕归案。但板桥并没这样做，反而劝堂弟说："用人之难，家与国二而一者也……我弟殊少知人之明，不当再令其管理仓廒，以授其偷盗米麦之隙。兹据司帐检查，损失不满二十千，只恐不仅此数耶，司帐顾虑和盘托出，彼有负责之义，难辞咎戾，故尔匿多报少。否则郑迁系无家无室之仆役，何来远遁川资？余所以自幼决其为恶者，盖相其目光斜视，非善类也。现既逃避，不必追究。以后雇佣，自宜慎择，则亡羊补牢，未为晚也。"（《潍县署中寄四弟墨》第37号）板桥对郑迁之事所表达出的豁达，亦反映出板桥对偷盗者的宽容和体谅。

板桥之睿智，还表现在其处世的谨慎和融通。板桥为官潍县时，其老家新任县令李某，拟革除漕弊，增加赋税，激起当地士绅的不满，意欲驱逐李令。板桥致信其堂弟墨，分析了其中利弊，让他不要过问此事，免得因此造成麻烦。信中说："我邑新任李令，既拟革除漕弊，增加赋税，我家不必过问，任他加多加少，奉行完纳可耳。区区田亩，所增不过斗筲之数，不足算也。而一般守财虏，坐拥数千百亩膏腴良田，加税较巨，必不甘服，势必结党抵抗，赴省控告。倘有登门请我弟列名者，幸勿受其愚而加入；却不宜饷以闭门羹，恐触犯众怒，不理于梓乡人士。两全之道：宜以缓言却之，谓须得愚兄同意，未敢擅专，惟往返函询，需日过迟，只恐有误君等大事；兼之余家田数寥寥，列名与否，无关重要也。如是却之，决不全引起仇视，我弟办事素来谨慎，自能对付裕如。总之，仕宦家无半字涉公庭，便是好处。"又说："来函云陆绅等邀集阖邑绅士，会议驱逐李令，为民除害。殊属费解。夫为民除害，乃有司为萑苻不靖，举办清乡、搜捕盗匪，谓之为民除害。李令加赋，为国课增多收入，国家养兵以卫民，人民纳税以养兵，乃属应尽之义务，又非硬捐勒索，何害之有？谅必我弟根据陆绅之言，秉笔直书，未加思索故耳。今嘱我弟置身事外，看彼等闯出什么祸来，自与旁观不涉。既不能阻之不行，只可袖手旁观，非余之居心不仁也。质之老弟，以为何如？"（《潍县署中寄四弟》第40号）其后，事情的发展果如板桥所料，那些乡绅因没有得到郑墨的列名而作罢。《潍县署中寄四弟墨》（第41号）中说："陆绅等告官之议，因我弟不列名而作罢。李令得悉我弟在暗地维持其地位，加赋之举遂作缓图。此乃我弟忠信素孚于众望，故能令官绅两造概行折服，诚属难能而可贵。忻喜之至！不过此后我弟名望日隆，李令遇有为难，势必登门就商，而当地绅士亦必以得交我弟为荣。从此我弟人事愈繁，与人酬酢，须抱定不失信，不自是，不贪利，守此三章约法，自然到处人人敬仰，能令鬼服神钦。若三者苟有一失，即难使人折服。愚兄素不愿我弟与闻闲事，然能为地方谋公益，造福乡里，亦属士大夫分所当为之事，既不害名，又可积德，何乐而不为。惟斯时初出茅庐，务宜时时加以自省为幸。"此番话语，不自觉间已展现出板桥是多么的圆通、多么的睿智：既不得罪民，又不开罪官；既不损人利己，又不无事生非。看似糊涂的板桥，其实心里是非常的清明的。

板桥不仅能很好地处理其家与地方上的各种复杂关系，对于家族内部的事情，他同样能处理得妥当。如其竹横港的五房族弟因与周姓人家争赎田亩告上官衙，并因而牵涉到其堂弟墨，板桥致信其堂弟墨说："族人贫苦，固然可悯。故余每积省俸钱，寄归散给，聊表我赒恤贫族之心。若欲一人作宰，阖族人皆造船买屋，不虞贫乏，天下宁有是理乎？竹横港五房族弟，因与周姓争赎田亩，涉讼公庭，理曲不得直，求助我弟，而我弟不为之关说，主持公道，理固宜然。而族弟来信，妄指我弟私得周姓贿赂，袒护外人，不肯为族弟说公道话。并云李邑尊素与我弟深契，只须借重一言，五亩良田即可赎归己有云云。夫田地买卖，全凭契券作证。我弟既唤周姓到家问过，持有活卖文契与找绝文契，代笔虽系两人，而卖主皆为五房族叔，所签'十'字，两纸相同。并且原中犹在，俱言确系找绝田亩，则中证确凿，万无放赎之理。可转告五房族弟，谓余劝其息事宁人，勿再涉讼。既有金钱，尽可另行置产，何必背理取赎已绝之田？即使至余案下控诉，断事只评公理，亦只可断归周氏管业。幸勿庸人自扰，徒耗讼费，后悔将无及也。或以此信给之阅看，更觉直截了当。书不一一，余嗣续闻。"（《潍县署中寄四弟墨》第42号）想必其五房族弟听了郑墨的转告或亲自看了此封信后，便也只好作罢了。

由以上板桥所表现出的种种情态来看，他并非是不谙世事者，相反，在嬉笑怒骂中，寓含着机智，充满着诙谐，也更体现出板桥"出淤泥而不染"、不与俗世相沉浮的高洁情怀。

师友之益抒性灵

浮沤馆主　乱发团字　钟馗小妹　左盲生狂

袁枚之「死」　紫琼道人　虹桥修禊　急雨狂程　超然世外　风光无限

总角曾相聚，论文共一庭。

诗歌春酒绿，风雨夜灯青。

自折亭边柳，徒飘水上萍。

寺钟天外远，何日得重听。

——《寄怀兴化旧友》

一个艺术家的成功，除了其天赋之外，还有两个重要的原因：既要有丰富的阅历，又要有开阔的视野。板桥的天赋如何，自不待言，而其成功更与他丰富的阅历和开阔的视野紧密相连。尤其是后者，为板桥艺术创作水平的提高奠定了坚实的根基。板桥开阔的视野，主要体现在以下两个方面："交"（交朋友）、"游"（游历）。

板桥一生，性情放达，喜山好水，前者使他时常见罪于权贵的同时能够交得 大批情趣相投的挚友；后者则使他终身游兴不减，即使是身逢窘境。这两个方面都对板桥的艺术创作带来极大的影响，同时也丰富了板桥的人生。

著名历史学家郭沫若先生曾说过，师友"是一种重要的社会关系，在一个人的成就上是一个极其重要的因数"。事实正是如此，在中国历史上，才华横溢、性情放达之人往往朋友很多。北宋的乐天才子苏东坡对弟子由说过这样的话："吾上可陪玉皇大帝，下可以陪卑田院乞儿，眼前见天下无一个不好人。"无独有偶，板桥也曾对他的堂弟郑墨说过：

> 愚兄平生漫骂无礼，然人有一才一技之长、一行一言之美，未尝不啧啧称道。橐中数千金，随手散尽，爱人故也。
>
> ——《淮安舟中寄舍弟墨》

此言非虚，尽管板桥常常"如灌夫使酒骂座，目无卿相"（桂馥《国朝隶品》），"然其为人内行醇谨，胸中具有泾渭"（郑方坤《郑燮小传》）。故而，板桥一生结交了很多朋友。其中有来自艺术界的，有来自官方人士的，有来自僧庙道观的，还有来自平民百姓、青楼柳巷的；有的人是板桥的业师、座师、尊长，有的人是板桥的同年、同好，还有其弟子、晚辈，可谓各色人等俱有。为此，板桥于《板桥自叙》中曾不无自负地说："结交天下通士名人虽不多，亦不少。"板桥这话说得相当实在，从现有文献中可考知与板桥有诗画相赠、书信来往、并提到姓名的，就多达一百余人。

在书画艺术界，与板桥来往密切的首推同属"扬州八怪"①中的汪士慎、黄慎、金农、高翔、李鳝、李方膺、罗聘等人。他们中除罗聘生卒年迟外，其他几人都经历了康熙、雍正、乾隆三朝，和板桥生活的年代相近。"扬州八怪"中人多半是布衣，三个曾做过地方小官，所处的经济、政治地位都十分相似，且他们对时政和生活的态度也颇一致。最重要的是，他们都精于书画，同声相应，同气相求，其关系自然相当亲密。这些人还常在一起喝酒游玩，谈诗论画，兴之所至则即席赋诗，任情挥毫，常以书画相赠答。在"扬州八怪"中，板桥与李鳝、金农、黄慎、汪士慎的关系似乎更亲密一些。板桥《书

---

① 关于"扬州八怪"的组成，说法颇多，具体情况可参见周积寅先生所著《郑板桥》，吉林美术出版社1996年版，第3页。

赠织文世兄》中有言:"书毕系以诗:'杭州只有金农好,宦海长从李鳝游;每到高山奇绝处,思君同倚树边楼。'"这几个人对板桥的艺术风格、思想以及性格和处世态度都曾产生过一定的影响。当时的板桥,功不成名不就,饱受达官贵人的冷眼和势利小人的诽谤,但他却从这帮好友那里得到温暖和灵感,彼此相激相励,在不算小的空间里,营造了一片属于他们自己的"家园"。

李鳝,字宗扬,号颇多,计有复堂、懊道人、衣白山人、苦李、中洋氏、墨磨人、滕薛大夫、木头老子等。李鳝也是兴化人,与板桥同乡,年长板桥七岁。与板桥不同的是,李鳝的出身比板桥优裕得多,自小便衣食无忧,且受到良好的教育,再加上禀赋较好,早在康熙五十年(1711)就中了举人。在功名方面可为板桥的老前辈了。由于出身富贵,且早年成名,李鳝向来衣着讲究,气宇轩昂,一生际遇亦颇富传奇色彩。其早年曾因高超的书画技艺得到康熙皇帝的赏识,被任命为皇宫内廷供奉,做了一段时间的宫廷画师。后因李鳝性格洒脱放纵,画风标新立异,不愿囿于既定的题材进行创作,故无法长期见容于清宫画院。不久,以检选任山东滕县县令。李鳝狂放的性格,得罪了不少当时的权贵,所以也无法见容于官场,终于乾隆五年(1740)罢官归乡。回到兴化老家后,李鳝专门修了一座"浮沤馆",吟诗作画于其中,并时常去扬州,靠卖画为生。晚年的李鳝更是性情癫狂,嗜酒如命,天天杯不离口。所谓"借酒浇愁愁更愁",他经常一边饮酒一边作画,心情极度烦闷之时,一把将既成之画抓在手中,撕个粉碎。李鳝的花鸟画甚为精妙,诗也作得甚好。贺园的凝翠楼是他和板桥、金农时常盘桓之地,此楼有一楹联:"出郭此间堪歇脚,登楼一望已开怀",便出自李鳝之手。约于乾隆二十五年(1760)左右,李鳝去世,身后有《浮沤馆集》传世。

板桥与李鳝无论就仕宦经历,抑或诗画成就,都有极其相似之处,只是李鳝较板桥在功名、艺术上成名早。两人相交莫逆,感情相当好，他们之间是一种介于师友之间的关系。对此，板桥自己也讲得很明白：

> 惟同邑李鱓复堂相友善。复堂起家孝廉，以画事为内廷供奉。康熙朝，名噪京师及江淮湖海，无不望慕叹美。是时板桥方应童子试，无所知名。后二十年，以诗词文字与之比并齐声。索画者，必曰复堂；索诗字文者，必曰板桥。且愧且幸，得与前贤坊也。
>
> ——《板桥自叙》

文中的"前贤"之称，道明了李鱓在板桥心中的位置。

板桥对李鱓的画是很佩服的。李鱓曾随著名的宫廷画师蒋廷锡学习花鸟，在此过程中他继承了明代孙隆和清初恽南田用彩色作写意花卉的传统；后又拜在高其佩门下，学得泼墨及指墨之法；又从家乡石涛、八大的破笔泼墨中受益，从而成就了"纯乎天趣"的"一辈高品"。对于李鱓这一绘画成就，板桥在为李鱓早年所作《花卉蔬果图》册作的跋中，曾有如下非常精到的评价：

> 复堂之画凡三变：初从里中魏凌苍先生学山水，便尔明秀苍雄，过于所师；其后入都，谒仁皇帝马前，天颜霁悦，令从南沙蒋廷锡学画，乃为作色花卉如生。此册是三十外学蒋时笔也。后经崎岖患难，入都得侍高司寇其佩，又在扬州见石涛和尚画，因作破笔泼墨，画益奇。初入都一变，再入都又一变，变而愈上。盖规矩方圆尺度、颜色深浅离舍，丝毫不乱，藏在其中，而外之挥洒脱落，皆妙谛也。六十外又一变，则散慢颓唐，无复筋骨，老可悲也。册中一脂、一墨、一赭、一青绿，皆欲飞去，不可攀留。世之爱复堂者，存其少作壮年笔，而焚

其衰笔、赝笔，则复堂之真精神、真面目，千古常新矣。

他又在《署中示舍弟墨》诗中，这样说道："李三复堂，笔精墨渺。予为兰竹，家数小小。亦有苦心，卅年探讨。速装我砚，速携我稿。卖画扬州，与李同老。"晚年回到扬州后，板桥在浮沤馆旁建了一座"拥绿园"，真的实现了与李鳝比邻而居的愿望。

李鳝又是如何看待板桥的？限于文字材料，一时还难以说清。但《板桥集·题画》中则提到："复堂李鳝，老画师也。为蒋南沙、高铁岭弟子，花卉翎羽虫鱼皆绝妙，尤工兰竹。然燮画兰竹绝不与之同道，复堂喜曰：'是能自立门户者。'今年七十，兰竹益进，惜复堂不再，不复有商量画事之人。"（《兰竹石图》为板桥70岁时所作，即乾隆二十七年，1762年）即此可见，李鳝对板桥也是相当赏识的，且于板桥画兰竹不与己同道，喜之为"是能自立门户者"。这一鼓励，怎不让板桥感动、信心倍增？

板桥与李鳝的友谊是深厚的。早在雍正六年（1728），板桥、李鳝与黄慎便曾同寓扬州天宁寺，共同探讨画品。当时黄慎作了一幅《米山小帧》，板桥题曰："苍茫一晌扬州梦，郑李兼之对榻僧。记我倚栏论画品，蒙蒙海气隔帘灯。"由此可见两人关系之密切。后板桥与李鳝多有合作，常是李画郑题。如在雍正十二年（1734）两人合作的《蕉竹石》轴中，板桥题曰：

> 君家蕉竹浙江东，
> 此画还添柱石功。
> 最美先生清贵客，
> 宫袍南院四时红。

乾隆二十年（1755），板桥又与李鳝、李方膺合作《三友图》

轴，板桥题诗曰：

复堂奇笔画老松，

晴江干墨插梅兄。

板桥学写风来竹，

图成三友祝何翁。

在《板桥集》中，板桥给李鱓的赠诗有五首之多，刻画了李鱓的真精神与真面目。如说："两革科名一贬官，萧萧华发镜中寒。回头痛哭仁皇帝，长把灵和柳色看"（《绝句二十三首·李鱓》）；"萧萧匹马离都市，锦衣江上寻歌妓。声色荒淫二十年，丹青纵横三千里"（《饮李复堂宅赋赠》）。而《冬夜喜复堂至》更描述了两人彻夜长谈的情谊："残夜凝寒酒一卮，灯前重与说相思。可怜薄醉微吟后，已是沉沉漏尽时。"老友重逢，说不尽的相思，一席未终，已是天明了。此外，板桥题李鱓的画中，亦展现出他们之间的情谊，如题李鱓《红菊》册页称："篱菊花开艳，经霜色更红。不畏西风恶，巍然独自雄"；题《老少年图》轴称："仰天鸿雁唳晴空，立地珊瑚七尺红。惊尔文章成绚烂，从人阅历换霜风"；题《古柏凌霄图》轴曰："古柏苍然挺岁寒，淹留废院气丸丸。画工助你参天力，故遣凌霄上下盘。"又《题画·石》中称："今日画石三幅……一幅寄江南李鱓复堂氏。三人者，予石友也。昔人谓石可转而心不可转，试问画中之石尚可转乎？千里寄画，吾之心与石俱往矣！"这些文字，声情摇曳，生动地刻画出两人间的深情厚谊。正是由于这份情谊，当李鱓去世后，板桥很是悲痛，慨叹"不复有商量画事之人"，大有高山流水、知音难觅之感。板桥、李鱓两人深厚友谊之建立，一则出于"得志加泽于民"之共同的淑世情怀；一则出于在作画精神上对民瘼的关怀：板桥致力于"一枝一叶总关情"，而李鱓亦致力于"唤起人间为善心"，可谓殊途同归，心心相印。

板桥除了与同乡李蝉关系非常密切外，论交谊之深，则莫过于金农了，金农长板桥六岁。金农（1687—1764），字寿汀，号冬心，浙江仁和人，别号很多，诸如稽留山民、之江钓师、百二砚田富翁、荆蛮民、心出家庵粥饭僧、龙梭客等，足有二十多个。身后有《冬心集》传世。

金农生得一副矮短身材，一脸的络腮胡子，颇显强壮。他衣着随便，而且衣服上常常因为疏于洗理而布满灰土；又性嗜金石，爱搜罗收藏古董；再加上长了一双深蓝色的眼睛，故友人们都戏称其为唐人传奇中的"胡商"。金农曾拜在大学问家何义门（名焯）先生门下学习，学问很好，且精于鉴赏，工诗。金农之诗才，下面这个趣闻可以体现出来：说有一次金农参加由一个盐商在平山堂举办的宴会，席间客人相约以古人诗句"飞红"为酒令。轮到盐商时，他却苦思不得。众人起哄要罚他，盐商随口说出一句无有出处的"柳絮飞来片片红"，举座哗然，都笑他杜撰，使得这位附庸风雅的盐商甚为尴尬。为解盐商之围，金农一本正经地说："此元人咏平山堂诗也。引用綦切。"众人问全诗，金农随口吟道："廿四桥边廿四风，凭阑犹忆旧江东。夕阳返照桃花渡，柳絮飞来片片红。"而后，金农还随口说出一个不为大家熟悉的诗人名字，称此诗出自该诗人之手笔。其实，根本没这回事，纯属金农杜撰。大家皆知金农博闻强记，对其所说则深信不疑，纷纷称赞，主人更是对其感激不尽，赠以千两银子。[①]此外，金农不仅才华出众，而且有强烈的民族意识和以布衣终老的气节，这些，都很使板桥倾倒。

金农学画很晚，50岁方入此门，但他在这方面的天赋颇高，一出手便非同凡响。同板桥一样，金农生性放达，无心于仕途。乾隆元年

① 朱克敬：《雨窗消意录》甲部卷3。

（1736）荐举"博学鸿词"，金农坚决不就，后以布衣终老，所以人称他为"百年大布衣，三朝老名士。疏髯雪萧萧，生气长不死"①。此君性情高雅，但又个性突出，多有怪癖。王昶说他"性情通峭，世多以迂怪目之"②。据说，金农曾养有一只乌龟，只有铜钱一样大小，龟甲绿毛斑斓，恰似一枚古铜钱。金农很爱这只小龟。另外他还喂了一条洋狗，唤作阿鹊，对它同样十分珍爱。后来，阿鹊死了，金农很伤心，还专门写了悼诗。

板桥早在中进士成名之前卖画扬州之时便与金农相识，双方产生了深厚的友谊。金农在其《冬心画竹题记》中，曾深情地回忆起从前和板桥流连维扬，亲密无间，好像水鸥和鹭鸶一样形影不离的情景。其言道："兴化郑进士板桥，风流雅谑……十年前，予与先后游广陵，相亲相洽，若鸥鹭之在汀渚也。又善画竹，雨梢风箨，不学而能。"（《冬心先生画竹题记》）金农自认与板桥同属一个流派，而又坦率地承认自己的画品比板桥稍逊："吾友兴化郑板桥进士，擅写疏篁瘦箨，颇得萧爽之趣。予写此者，亦其流派也。设有人相较吾两人画品，终逊其有林下风度耳！"（《冬心先生杂画题记》）发为此语，可见两人关系之一斑。

所谓惺惺相惜，板桥对金农也同样极其敬佩，对其人品和艺术都极为推崇。于此，板桥在诗文中屡有提及，如《题画·竹》云："扬州汪士慎，字近人，妙写竹，曾作两枝，并瘦石一块，索杭州金农寿门题咏。金振笔而书二十八字，其后十四字云：'清瘦两竿如削玉，首阳山下立夷齐。'自古今题竹以来，从未有用孤竹君事者，盖自寿门始。寿门愈不得志，诗愈奇，人亦何必泪富贵以自取陋？"又《赠金农》诗称："乱发团成字，深山凿出诗。不须论骨髓，谁得学其皮。"苟非相知，断不可做出如此精到的品评。

---

① 蒋宝龄：《琴东野屋集》卷5。
② 蒋宝龄：《墨林今话》卷2。

在艺术追求上，板桥、金农二人亦可谓志同道合，都主张艺术创新。如在书法艺术上，金农由隶书入手，"发明"了古朴奇拙的"漆书"；板桥则以隶书、楷书、行书、草书四体相参，加入兰竹笔意，独创一体，即以"乱石铺街"为其显著特点的"六分半书"。二者共同驰骋书坛，各有千秋。康有为、杨守敬曾将郑、金二人放在一起评价，康有为称："乾隆之世，已厌旧学。冬心、板桥，参用隶笔，然失则怪，此欲变而不知变者。"（《广艺舟双楫·尊碑第二》）杨守敬说："板桥行楷，冬心分隶，皆不受前人束缚，自辟蹊径。"（《书学迩言》）康、杨评论虽褒贬不同，但他们都看出了郑、金二人是志趣相投或曰"怪"趣相投的。由此，也可推测，郑、金对于书艺如何创新是相互交流过看法的。在诗词方面，两人也有所交流。板桥在致金农的两封信中，即曾就诗词艺事、文物鉴定等问题相商于金农，其间的一些话，也只有他们之间才会说出来。《与金农书》称：

赐示《七夕》诗，可谓词严义正，脱尽前人窠臼，不似唐人作，为一派衮狃语也。夫织女乃衣之源，牵牛乃食之本，在天星为最贵，奈何作此不经之说乎？如作者云云，真能助我张目者。惜世人从未道及，殊可叹也。我辈读书怀古，岂容随声附和乎！世俗少见多怪，闻言不信，通病也。作札奉寄，慎勿轻以示人。

词学始于李唐，人惟青莲诸子，略见数首，余则未有闻也。太白《菩萨蛮》二首，诚千古绝调矣。作词一道，过方则近于诗，过圆则流于曲，甚矣词学之难也。承示新词数阕，俱不减辛苏也。燮虽酷好填词，其如珠玉在前，翻多形秽耳。

骨董一道，真必有伪。譬之文章，定多赝作。非操真鉴者，不能辨也。夏鼎商彝，世不多有，而见者殊希。老哥雅擅博物，燮曾有"九尺珊瑚照乘珠，紫髯碧眼号商胡"诗以持赠矣。然窃有说焉：世间可宝贵者，莫若易象、诗书、春秋、礼乐，斯岂非世上大古器乎！不此之贵，而玩物丧志，奚取焉！然此只堪为知者道耳。狂愚之论，敢以质之高明。①

从这封信中，完全可以看出郑、金二人在思想上的相通和私人关系上的亲密。

板桥与金农关系之非同一般，于下面一件事中可清晰地体现出来。据金农《冬心自写真题记》称：

> 　　十年前，卧疾江上，吾友郑进士板桥宰潍县，闻予捐世，服思麻，设位而哭。沈上舍房仲道赴东莱，乃云冬心先生虽撄二竖，至今无恙也。板桥始破涕改容，千里致书慰问。予感其生死不渝，赋诗报谢之。

由此，足见郑、金二人交谊之深厚。

黄慎，是板桥的又一位好友，字恭寿，福建宁化人。他曾师从上官周学画，却又极富有个性，不甘心于坚守老师的画风而无所突破。为此，他昼思夜想，痛苦地思索自己的风格所在，却又数月无获。后来，他见到了怀素的草书真迹，那飞动的笔势和连绵的线条，使他感叹万分，大有相见恨晚之意。一次，正在街上行走的黄慎，忽然由怀素的书法中悟出了一些想法。他急忙向路旁的店铺要来纸笔即兴挥毫作画，果然，这幅画画得甚不同于上官周先生的画风，而是充分体现了怀素草书的意境。黄慎禁不住拍案而起，狂笑道："吾得之矣！吾得之矣！"惊得路人皆侧目而视，以为此君疯矣。

板桥和黄慎之间的关系，虽然达不到他与李鳝、金农等人的程

① 震钧：《天咫偶闻》卷6。

度，但二人同样是过往较多的好友。这从他们之间的相互题字中即可看出来。如雍正四年（1726）五月，黄慎作《钟馗小妹图》横幅，板桥于其上题曰："五月终南进士家，深怀巨盎醉生涯。笑他未嫁婵娟妹，已解宜男是好花。"翌年（1727），黄慎作《草书郑板桥道情》（此为板桥道情诗的初稿）卷，落款为："雍正丁未四月书于广陵雅歌楼，宁化黄慎。"而在雍正六年（1728）八月，板桥、黄慎、李鳝同寓天宁寺，其间黄慎作《米山小帧》，板桥为之题。乾隆七年（1742）板桥为官范县时，因思念诸友，在所作《绝句二十一首》中，即曾有一首是思念黄慎的，其言曰："黄慎，字恭懋，号瘿瓢，七闽老画师。爱看古庙破苔痕，惯写荒崖乱树根。画到情神飘没处，更无真相有真魂。"乾隆二十一年（1756）二月初三日，黄慎在扬州参加了由板桥发起的酒会，为其中"三老"（即程廷祚、黄慎、板桥）之一。如此频繁的交往，足见板桥和黄慎间的关系是相当密切的。

又有罗聘者，于板桥为后进，其父罗愚溪早与板桥有往来。当板桥于乾隆十八年（1753）归扬州时，适值罗聘与方婉仪喜结连理。八年后，即乾隆二十六年（1761），方婉仪30岁生日，板桥泼墨挥毫，为作《石壁丛兰图》轴并题诗致贺：

> 板桥道人没分晓，
> 满幅画兰画不了。
> 兰子兰孙百辈多，
> 累尔夫妻直到老。

此可见这对老小关系之亲密，及板桥"聊发少年狂"之幽默。

在扬州期间，板桥常常与李鳝、金农、黄慎这群不同凡俗的朋友交游于茶楼酒馆，吟诗作画，抑或开怀畅饮，大醉而归。这些狂客，便是十几年后活跃在江苏扬州地区的一支著名画派——"扬州八怪"，他们的出现为清初"四王"摹古画派一统天下的画坛带来了清新之气。

人事沧桑，板桥在做了十几年的县令之后，重归扬州，这个时候他的朋友也有了很大的变化。汪士慎几年前因病瞎了左眼。这个豁达的布衣画家给自己取了一个新的绰号"左盲生"，并"庆幸"道："衰龄忽尔丧明，然无所痛惜，从此不复见碌碌寻常人，觉可喜也。"（《冬心先生三体诗·自序》）尽管身体残疾了，但汪士慎的艺术未残，他不仅依然画梅，而且悬腕作狂草。板桥于汪士慎卒后之二年为焦五斗题汪士慎《乞水图轴》，对其画品之高、人品之清有一精到概括：

> 此画此诗此书，可值一瓮金，瓮水不足偿也。然巢林居士不以易金而以易水，则巢林之清品可知矣。不以易他人之水，而以易焦五斗之水，则焦君之清品益可知矣。板桥老人系以诗曰：
>
> > 抱瓮柴门四晓烟，
> > 画图清趣入神仙。
> > 莫言冷物浑无用，
> > 雪汁今朝值万钱。

金农也残了，他的腿跛了，人也颇显憔悴，但他依然那样的豪迈脱俗。他一个人带着一只瘦鹤（显然他的狗、龟已死去了）寄居在扬州旧城的西方寺中，自称"如来最小弟子"，又号"心出家庵粥饭僧"，吃斋、念佛、手不停挥地画佛。他曾笑着对板桥说："写经之暇，画佛为事。七十衰翁，非求福褆，但愿享此太平，饱看江南诸寺门前山色耳。"（《冬心画佛题记》）板桥的另一位朋友也是"扬州八怪"之一的高翔（板桥曾题高翔所画《山水图》赞其幽静、绝俗胜于自然山水的艺术意境，曰："幽岩雨过静篍篍，傍水沿篱结草庐。何日买山如画里，卧风消受一床书。"）衰老得更快，在板桥回扬的第二年，他就离开了人世。这些故旧的状况，当然使板桥叹息，而罗聘、项均等后生画家的异军突起，又使板桥颇觉欣慰。

和当年一样，板桥依然常和这些朋友在一起交流、切磋书道画艺。但这次重返扬州后，板桥明显地感觉到这些朋友的兴趣和绘画风格等发生了一些变化。如黄慎越来越爱画仕女、神仙和佛像，还能打破画具与材料的限制，指、笔并用，其笔势雄浑，笔法简洁，有一股摄人的气魄。而李鱓的画一改其原先"水墨融成奇趣"设色清雅的风格，笔势较之此前大为衰退。倒是金农的那位得意弟子罗聘，其所作的那幅古今罕匹、荒诞狂肆的《鬼趣图》，借鬼讽世，在艺术上还颇有些创意。

除画家外，板桥还和当时不少文士多有接触。其中，与袁枚的交往，颇富有传奇色彩。袁枚（1716—1797），字子才，号简斋，浙江杭州人，乾隆朝进士，曾任江宁等地知县。辞官后，袁枚侨居江宁，筑园于小仓山，号"随园"，身后有《小仓山房集》《随园诗话》和笔记小说《子不语》等传世。板桥长袁枚23岁，先袁32年去世。与李鱓、金农的朝夕相处不同，郑、袁之间可谓是一种"神交"，因为两人彼此相见的机会甚少。乾隆二十八年（1763）清明，卢见曾召板桥及诸名士泛舟虹桥，为修禊之会，席间袁枚与板桥得以相见。板桥赠袁枚一联："室藏美妇邻夸艳，君有奇才我不贫。"袁枚有诗《投郑板桥明府》云："郑虔三绝闻名久，相见邗江意倍欢。遇晚共怜双鬓短，才难不觉九州宽（君云：'天下虽大，人才有数'）。红桥酒影风灯乱，山左官声竹马寒。底事误传坡老死，费君老泪竟虚弹（有误传余死者，板桥大恸）。"（《小仓山房诗集》卷14；《随园诗话》卷9亦有同样记述）郑、袁过从只此一回，是年板桥71岁，袁枚48岁。

关于板桥闻袁枚之死误哭一事，学者以为并不属实。前面谈到板桥曾误哭金农，金农《冬心自写真题记》有明确记载，但为实事。而上面袁枚亦自称板桥曾误哭他，喻蘅先生撰《郑燮与金农、袁枚交谊考辨》（《复旦学报》1987年第4期）一文就此有所辨误。其大意谓：板桥哭金农一事是真的，而哭袁枚一事则是假的，盖出于袁枚之附会。理由如下：袁枚《投板桥明府》中"遇晚"句，乃应酬之作，此律诗是袁枚于板桥相见后若干年后改写的。板桥于与袁枚相晤后二年即去世，而袁枚《小仓山房诗集》《随园诗话》则分别刊行于乾隆五十年（1785）和五十五年（1790），有足够时间对原作进行再创作。不仅《投板桥明府》"郑虔三绝闻名久"云云系浮夸事态，借以抬高自己身价，《随园诗话》卷9所说则明显对板桥有所贬抑："板桥深于时文，工画，诗非所长。佳句云：'月来满地水，云起一天山。'……皆可诵也。板桥多外宠……闻者笑之。"又《小仓山房尺牍·与庆晴村都统书》中云："惟书法学郑板桥，则殊不必。板桥书法野狐禅也，游客中有寿门、己军、楚江诸公，皆是一丘之貉，乱爬蛇蚓，不识妃豨，以揠苗助长之功，作索隐行怪之状，亦如孙寿之本无颜色，又不肯安心梳裹，故为龋齿笑、坠马妆，以蛊惑梁冀秦宫耳。"《随园诗话》卷6中，袁枚称："郑板桥爱徐青藤诗，尝刻一印云：'青藤门下走狗郑燮。'"据此，喻蘅先生指出："但据徐兆丰《风月谈余录》中所收由板桥自辑的《板桥先生印册》里，印文明明是'青藤门下牛马走'，为吴于河所刻。'牛马走'与'走狗'辞义有很大区别，'牛马走'是自谦之谓，'走狗'是骂人之语。特别是'走狗'之后加上'郑燮'二字，未免更不怀好意。所以徐兆丰说，'今按册内乃'牛马走'，可证前说（指《风月谈余录》中所引上述《诗话》中语）之诬。'"（按：徐兆丰所辨不当，板桥确曾有"青藤门下走狗郑燮"之印，前面谈板桥与徐渭关系时我们已有所引。喻蘅先生援此为据失审。）似在报复板桥斥之为"斯文走狗"

（舒仲山《随园诗话批注》）之诮。而板桥《奉赠简斋老先生》诗所云"晨星断雁几文人，错落江河湖海滨。抹去春秋自花实，逼来霜雪更松筠。女称绝色邻夸艳，君有奇才我不贫。不买明珠买明镜，爱他光怪是先秦"，也并非对袁枚多么的赞赏。即此来看，"板桥与袁枚虽有许多相似之处，如都为乾隆进士，都做过几任县令、有政声，而后又都辞官还乡；在文学上又都反对拾古人之余唾，提倡走自己的路。但由于他们的气质、作风不同，在作诗宗旨、审美趣味、为人格调上都存在着重大分歧，板桥主张'直摅血性为文章'应'以沉著痛快为最'，袁枚对此不感兴趣，并极力加以贬抑"①，所以说，板桥误哭袁枚之事极有可能是假的。

但据板桥《潍县署中答程羽宸》云："音书隔绝者数载，每念故人，辄萦魂梦，不谓今日坐堂甫罢，朵云忽从天外飞来，开缄快读，胸腹俱舒。笺尾别注一行曰：'钱唐袁枚死矣。'呜呼哀哉！只此六字，已令我神呆，心跳，目瞪，鼻酸，搓手，顿足，适接故人书而一喜，此际睹六字而大悲，袁枚其真死耶？我但觉天地昏沉，云日黯淡，庭中之树木花草，室中之图籍器具，无一而不易色，此无他，奇才变灭，万物无光也。燮与袁枚，初无一面之雅，或一笺之通问，然读其诗，知其人，奇才也。世间出一学人易，得一奇才难，若山阴胡天游与袁枚，均旷代奇才也，而今已去其一，可不哀哉！夫奇才为天地山川灵秀所钟毓，百年难得一人，世有奇才，则江山生色，邦国增辉，可谓异宝。百年中得一已难，今圣朝乃并世有其二，非盛世不可得而有也。所恨者如此奇才顾乃不永其年，不留之点缀江山文物，中道遽夺之以去，使圣朝丧此异宝，殊使人顿足号陶而不能自已。虽然，留有小仓山诗卷在，袁枚死为不虚矣！"即此来看，似乎板桥哭袁枚之事又是实有其事，只不过此时所传袁枚之死乃为误传。板桥之

① 周积寅：《郑板桥》，吉林美术出版社1996年版，第59—60页。

为袁枚之"死"惜者，叹其为诗乃一奇才。如此说来，袁枚后所作《投板桥明府》云"底事误传坡老死，费君老泪竟虚弹（有误传余死者，板桥大恸）"，似又不虚。依板桥曾误哭金农之事来看，其误哭袁枚亦有可能。究竟以上两说何者为是，目前还难以遽断，姑存疑（倘《潍县署中答程羽宸》确为板桥真迹，误哭袁枚当为实事）。

值得指出的是，板桥虽然欣赏袁枚的才气，但对他的一些作为，也甚为看不上眼。如有一次一位叫施载皙的学生，给板桥带来一部袁枚新刻的书——《子不语》，结果板桥连一卷都没看完，就感到"恶心欲呕，头脑昏昏然，肚腹亨亨然"，甚而"隔宿之饭，几至夺喉而出"。板桥何以有如此大的反应？因为，他认为，"凡此书中所记，妖妄鬼魅，事事物物，无一不恶，无一不令人作呕，文笔如何，更不忍言"。板桥不仅为"以袁枚之才，何书不可著，而必作此书，而必惹人作恶"而感到不可思议，而且惋惜道："以不才子而作此恶札，情有可原；以才子而作此恶札，责无可恕。才子，才子，大变！大变！"并猜测："袁枚近来不是患了失心，定是害成痴病，不痴不失心，他决不作此等恶札，恶札出，而袁枚之才名坏矣。"在板桥看来，"古人有作文止一篇，作诗止一句，其名流传于百世千秋，至今而不湮灭者，所作贵精妙，不贵在多也"。但可惜的是，袁枚此书实在令板桥大失所望。为此，板桥非常痛心地说："殊令我为袁家才子惜，为士林叹，为天下人哭，悲从中来，百方抑制而莫能自已也。"（《寄杭大宗》）尽管板桥这一反应未免过激，但也体现出他对袁枚爱之深责之切的情谊。

板桥大半辈子从事科举考试，又做了十年县令，所以和他交往的除了画师、文士外，朋友中有不少是官场中人，如慎郡王允禧、卢见曾、图清格、侯嘉璠、方超然、胡天游等人。其中，又以与慎郡王允禧和卢见曾的关系最为亲密。慎郡王允禧，字谦斋，号紫琼道人，颇有文才，又好交结名士。《清史稿》中称："允禧诗清秀，尤工画，远希董源，近接文徵明。"①沈德潜评价道："勤政之暇，礼贤下士。画宗元人，诗宗唐人，品近河间、东平，而多能游艺，又间、平所未闻也。"②允禧很敬慕板桥的为人，欣赏他的才华，曾作有一篇500字的骈文送给板桥，表示仰慕之意。板桥到其府上拜谢时，他还亲自为板桥操刀割肉，说："昔太白御手调羹，今板桥亲王割肉，先后之际，何多让焉！"与板桥往来数次后，允禧将自己的《随猎诗草》《花间堂诗草》送请板桥指正并要求作跋，板桥欣然应允。在跋中，板桥说允禧"胸中无一点富贵气，故下笔无一点尘埃气。专与山林隐逸、破屋寒儒争一篇一句一字之短长，是其虚心善下处，即是其辣手不肯让人处"。此后，板桥为官范县时，曾与允禧有诗赠答，允禧对其寄予了厚望。而板桥之得铨选范县令，在很大程度上与允禧在其中之斡旋大有关系，无怪乎板桥此后还时常想念允禧，寄诗抒怀，以表达对他的知遇之恩。

卢见曾（1690—1768），字抱孙，号雅雨，山东德州人。康熙六十年（1721）中进士，两度出任两淮都转盐运使，著有《出塞集》，刻有《雅雨堂丛书》。卢氏形貌矮瘦，故有"矮卢"之称。其为人性情高廓，不拘小节。同时又颇有文采，能诗善画，喜欢交结名士。乾隆二年（1737），卢见曾为两淮盐运都转使到扬州，当时板桥常在卢见曾席上谈论诗文，两人甚为相得。不久，卢见曾以微嫌被革职。乾隆四年（1739）十月二十日，板桥作《赠卢雅雨诗墨迹》（《郑板桥集》有《送都转运卢公》诗，字句微有差异），宽慰道：

> 扬州自古风流地，惟有当官不自怡。
> 盐笑米囊销岁月，崖花涧鸟避旌旗。
> 先生德泽原沦髓，此日宽闲好赋诗。

---

① 《清史稿》卷220《圣祖诸子》。
② 沈德潜：《清诗别裁集》卷30《允禧》。

试把青鞋踏隋苑，壶浆献出野田儿。

龙标格韵青莲笔，复以精华学杜陵。
吟撼夜窗秋纸破，思凝寒涧晓星澄。
楼头古瓦疏桐雨，墙外清歌画舫灯。
历遍悲欢并喧寂，心丝袅入碧云层。

宦途翻覆总埃尘，策足何须要路津。
世外清标能寿国，古来高爵不荣人。
去毛折项葫芦熟，赤足蓬头婢仆真。
从此飞腾附霄汉，相期努力继先民。

何限鹓鸾供奉班，惟予引对又空还。
旧诗烧尽重誊稿，破屋修成好住山。
自写鹅群教幼妇，闲拈玉笛引双鬟。
吹虚更不劳前辈，从此江南一梗顽。

板桥于乾隆元年（1736）成进士，事情已经过了三年多仍然无机会入仕，感到非常懊丧。不过，这种情绪与卢见曾去职联系在一起，使人隐约感到卢尝为板桥吹嘘游扬。乾隆十八年（1753），卢见曾东山再起，又一次出任两淮都转盐运使，并于二十二年（1757）发起和主持虹桥修禊①。其时，板桥业已去官，故有机会与金农等参加了这次盛会，并有《和雅雨山人虹桥修禊》《再和卢雅雨四首》等诗作以纪其胜。如《和雅雨山人虹桥修禊》曰：

---

① 古代民俗，于三月上旬巳日于水滨洗濯，祓除不祥，清去宿垢，称为禊。携饮食在野宴饮，称为禊饮。自三国魏后，但用三月初三日，不用上巳。

一线莎堤一叶舟，柳浓莺脆忿淹留。
雨晴芍药弥江县，水长秦淮似蒋州。
薄幸春光容易老，迁延诗债几时酬？
使君高唱凌颜谢，独立吴山顶上头。

年来修禊让今年，太液昆池在眼前。
迥起楼台回水曲，直铺金翠到山巅。
花因露重留蝴蝶，笛怕春归恋画船。
多谢西南新月挂，一钩清影暗中圆。

十里亭池一水通，俨开银钥日华东。
逶迤碧草长杨道，静悄朱帘上苑风。
天净有云皆锦绣，树深无雨亦溟濛。
《甘泉》《羽猎》应须赋，雅什先排《禊帖》中。

草头初日露华明，已有游船歌板声。
词客关河千里至，使君风度百年清。
青山骏马旌旗队，翠袖香车绣画城。
十二红楼都倚醉，夜归疑听景阳更。

诗写得高雅婉转，荡气回肠，表达了板桥对卢见曾的一片笃情深意。

板桥的朋友中有一些是在板桥处于患难时给予他帮助的侠义之士。这之中，首先要提到的便是汪芳藻。荣宝斋收藏《板桥先生行吟图》上周榘题跋云："汪邑宰芳藻，余之旧识也。曾于除夕见板桥诗，即大赠金，玉成其进士，邑中之美谈也。近闻取公之诗词板刷书，作归遗计，同贩夫矣，可发一哂。"按所云"板桥诗"，即《除夕前一日上中尊汪夫子》，诗云："琐事贫家日方端，破裘虽补不禁寒。瓶中白水供先祀，窗外梅花当早餐。结网纵勤河又洵，卖书无主岁偏阑。明年又值抡才会，愿向秋风借羽翰。"时在雍正九年（1731）冬，板桥此时正陷于极端贫困之境。但为了能参加来年的乡试，他向汪县令求援。据《兴化县志·宦绩》记载，汪芳藻，字蓉洲，休宁贡生。雍正九年（1731）任兴化知县。此人学问很好，当了三年的兴化知县，颇有政声，深得民众爱戴。汪氏又工诗和骈体文，有《仰止吟》《春晖楼四六》等传世。周榘题跋所云"大赠金"，则数目定会不少。"玉成其进士"，则以后一定又是屡屡接济板桥。《除夕前一日上中尊汪夫子》作于雍正九年，第二年板桥就考中举人，从而也就没有辜负汪芳藻的期望。反之，如果当初没有汪氏的慧眼识英才和鼎力相助，板桥必然还会长期在困厄中挣扎，能否成就后来的那一番事业就不好说了。

继汪芳藻之后，程羽宸也曾给板桥提供过很多帮助。程羽宸因慕板桥之才，以千金为酬，促成板桥和饶五姑娘的美满姻缘事。关于这段风流美谈，前面已经叙及。据《南昌府志》载：羽宸为安徽歙县人，"客南昌，以诗名一时。游遍大江南北及楚越东鲁，登眺不倦，尤爱黄山，发而为诗，多感慨之作。著有《练江诗钞》行世"。可知他是一位好游览、广交游的豪客。板桥于雍正十三年（1735）认识饶氏，与程羽宸订交是乾隆二年（1737），当时程已经60多岁。此后，两人交谊愈深。板桥《题程羽宸黄山诗卷》云："昔我未追逐，今我实慨慷"；"当复邀同游，为君负笄筥"，表达了其想与程一起游历名山的愿望。后来，板桥在山东做官时，还曾作有《怀程羽宸》绝句二首：

余江湖落拓教十年，惟程三子峻奉千金为寿，一洗穷愁。
羽宸是其表字。

世人开口易千金，

毕竟千金结客心。

自遇西江程子骏，

扫开寒雾到如今。

十载音书迥不通，

蓼花洲上有西风。

传来似有非常信。

几夜酸辛屡梦公。

　　第一首痛快淋漓地抒发了对程羽宸的感激之情。第二首表达的则是对程羽宸谢世的悼念之情。根据时间推断，其时程已经70余岁，谢世是有可能的。

　　板桥的朋友当中，还有一些来自商界的，这些人大多为富商大贾，但一般又喜交接文人名士，热衷于支持文化教育事业。其中值得一提的，如马氏曰琯、曰璐兄弟。马曰琯，字秋玉，号嶰谷，生于康熙二十七年（1688），卒于乾隆二十年（1755），安徽祁门人。曰琯与其弟曰璐在扬州从事盐业经营，家财巨万，时称"二马"。同一般富商不同，马氏兄弟乐意将大量的资财投入文化教育事业，救助寒士。当时马家藏书百橱，积十余万卷，史称"藏书甲大江南北"，这对于商人来说，实在是很难得的。乾隆三十七年（1772），清廷开馆纂修《四库全书》，征藏书家秘本，马氏所献被采纳的就有776种之多。此外，马氏在重金购书藏书的同时，还愿意慷慨向外借书。据记载，卢见曾、江昱、罗聘等人都常向他借阅图书。马氏还建有多座别墅，延请名士来此参加文事交流，郑板桥、金农、高翔等经常在那里赋诗作画、游园赏花。板桥曾作有《为马秋玉画扇》云："缩写修篁小扇中，一般落落有清风。墙东便是行庵竹，长向君家学化工。时余客枝上村，隔壁即马氏行庵也。"而马曰璐则答之以《秋日题郑板桥墨竹画幅》："如君落落似晨星，相见时但清露零。赠我修篁何限意，两竿秋节一窗青。"（《沙河逸老小稿》卷3）可见他们间的关系还是相当紧密的。

在《药裹慵谈》中，李详记载了其友王松巢告知的一则关于板桥与马曰璐之间的故事，兹移录于下：

先生穷约居里中，宅近东门外宝塔湾。值岁俭，先生生徒尽散，举债偿急需，延至端午节，质剂子本，届时而畀。先生虑不得偿，先期避往焦山，觅同乡僧某，托名逭暑，实避债焉。至五月下旬，未得家中耗，不敢遽归。马秋玉曰璐，时住松寥阁，清晨雨霁，携一仆登山椒，微吟相属。板桥随其后，听之似重叠，仅得一语云："山光扑面经宵雨。"板桥遽前揖曰："君得句颇佳，仆已窃听之。"马谓："诗思苦甚，先生能举其偶乎？"板桥曰："不才已得'江水回头欲晚潮'七字，不审足下谓何？"马喜极，谓较己语为自然。叩其所居，明日来拜，邀往对弈，为设一榻，请板桥移寓，共尽昔日谈。板桥欲归不得，面有忧色。马问："以君雅人，方谋行乐，何郁郁为？"板桥云："仆为避债而来，非能效公等作达。今将归矣，虑家中无耗，不敢遽行，故忧耳。"马唯唯。又历十数日，与马别，为饯行，举杯为寿，板桥自落落也。抵里步近门巷，趑趄而进，见墁人墁墙扫除，大骇，以为宅已赁他人。入门，其孺人含笑相劳苦，更出望外。又呼仆具酒食，曰："老爷想饿矣，可速备。"板桥益跼踏不安，私叩孺人曰："端午节何如？"曰："在前数日，君寄家二百金，已为毕债。当节左右，骧突吾门者，皆改容谢罪去。今以其余修屋，防梅雨耳。"板桥自叹曰："吾怪马君固应不至如是，今果知贤者也。"是年赴扬州与马订交，后遂为马上客。罢官后，亦以马为主焉。

板桥交友，还有一个重要的特点，即喜好结交僧道等世外朋友。板桥一生中常爱跟僧、道等交往，其可考者有：无方上人、梅鉴上人、石道士、博也上人、松风上人、弘量上人、巨潭上人、青崖和尚、仁公、起上人、勖宗上人、莲峰、佛上人、女道士、松岳上人、娄真人、福国上人、恒彻上人、刘道士、慧园上人、侣松上人、彼公和尚、偈船和尚、碧崖和尚等。板桥的这些僧道朋友中，不少人都擅长诗画，其之所以出家，用板桥的话来说，即"穷而无归，入而难返者也"①。其中，板桥与无方上人、起林和尚关系相当亲密。

板桥与无方上人初晤于西江，后无方上人到京师，板桥又与其相会于瓮山。板桥《怀无方上人》称："初识上人在西江，庐山细瀑鸣秋窗。后遇上人入燕赵，瓮山古瓦埋荒庙。今君闻住孝儿营，乱石寒云补棘荆。别筑岩前数间屋，绘图招我同归耕。伊昔茅棚晒秋药，我混屠沽君种作。推堕蹇驴村市中，笑而不怒心寥廓。嗟我近事如束柴，爪牙恶吏相推排。不知喜怒为何事，夜梦踽踽朝喧豗。一年一年逐留滞，徒使高人笑疣赘。我已心魂傍尔飞，来岁不归有如水。"又《瓮山示无方上人》曰："松梢雁影度清秋，云淡山空古寺幽。蟋蟀乱鸣黄叶径，瓜棚半倒夕阳楼。客来招饮欣同出，僧去烹茶又小留。寄语长安车马道，观鱼濠上是大游。"板桥还曾作《为无方上人写竹》："春雷一夜打新篁，解箨抽梢万尺长。最爱白方窗纸破，乱穿青影照禅床。"乾隆十九年（1754），板桥解组后一年，曾作书《寄无方上人》，除谈到自己的近况外，还谈起了延光庵新来和尚郎乘之丑态。其言曰：

---

① 丁家桐：《扬州八怪全传》，上海人民出版社1998年版，第199—202页。

近日延光庵新来一僧，自号郎乘（疑当作"朗乘"），弥陀不拜，赌博是耽，眼高于顶，目空一切，奔走官府衙门，出入缙绅府第，气派浩大，势焰凌人，问其来历，莫能详晓。或谓安陵公曾拜此僧座下，为其弟子，此僧靠山稳固，有恃无恐，故架子阔大，行为无所顾忌耳。空穴来风，或非无因，安陵而有此方外之师，则其为人亦可知矣。板桥昨遇此僧于许公席上，终席未交一语。聆其言，则某太守相交至深；某孝廉为其弟子；某观察后日寿辰，彼必赴祝；昨在某姓家中，因赌负二百四十金，改日再往，则拟背城一战，赢回其所负之数焉。一派言词，塞得我两耳污胀难忍，几欲效巢父临河而洗，幸酒席已阑，主人送客，始得清静。延光庵素为高僧焚修之所，梵宇清幽，赞在人口，今此僧一到，必致菩萨低眉、庵容失色无疑也。特告大师，想当悲悯！

由以上来看，板桥与无方上人之间的关系，是至为亲密的。板桥之性格、处世态度的形成，与这些世外朋友之旷放、飘逸、豁达的个性和境界，有着内在联系，或者说，板桥曾受这些世外朋友的影响。这是板桥不同于一般士人的地方。

在板桥的朋友中，有不少是在其漫游过程中认识的。从有关资料来看，除兴化外，板桥真正外出的第一站，应当是他教书的地方——真州江村，他在那里度过了数年时光。在游览当地名胜的同时，性好交结的板桥也结识了若干诗友文友酒友，如张仲仑、鲍匡溪、米旧山、方竹楼、吕凉州等。对于当时所游历的真州名胜，此时或日后板桥都有诗、词记述。其中最著名的去处是当年伍子胥渡江的遗迹。伍子胥当年由楚奔郑，再由郑奔吴，途经今日的苏北一带。伍子胥所过昭关，位于扬州北30里处，现名昭关镇；又伍子胥解剑渡江，遇浣女和渔丈人，今天仪真之西有胥浦。为纪念伍子胥，后人曾建有"伍相祠"和"浣女祠"。板桥还拜访过明末抗清志士黄得功之墓，并作诗道："行过青山又一山，黄将军墓兀其间。悬崖断处孤松出，骇浪崩时血泪还。江上诸藩皆逆类，枢中一老复颓颜。抵天只手终何益，运去心枯事总艰。"（《真州杂诗八首并及左右江县》）另外，在《晓行真州道中》诗中，他曾描述了自己骑着马，携一张琴，穿过山林，听着滔滔江水声，赏明月的情景。这大概是教馆之余，由学生的家长或朋友邀他出游时的情景。由兴化到仪真，须经若干水网地区，何况，一个潦倒的秀才，自备马匹是一件较困难的事情。

江村这个地方，令板桥一生都怀念不已。在给堂弟墨的一封信中，板桥这样描述江村的田园风光道：

> 江雨初晴，宿烟收尽，林花碧柳，皆洗沐以待朝暾；而又娇鸟唤人，微风叠浪，吴楚诸山，青葱明秀，几欲渡江而来。此时坐水阁上，烹龙凤茶，烧夹剪香，令友人吹笛，作《落梅花》一弄，真是人间仙境也。
>
> ——《仪真县江村茶社寄舍弟》

板桥中年时曾写有《客扬州不得之西村之作》《再到西村》，遥想当年探望送花邻女，又见沽酒老翁，低徊于藤花老屋周围，和野老回首以往，感慨万千。年迈时，板桥还写有《贺新郎·西村感旧》，对江村读书处寄予无限怀念。他魂牵梦绕于那树篱青瓦、流水板桥、瓜田豆棚、衰草斜阳的乡村景色；甚至一直未能忘记一位姓徐的人酿的美酒，并在《唐多令·寄怀刘道士并示酒家徐郎》中写道："分付河桥多酿酒，须待留，故人赊。"暮年的板桥，依然想着江村，向往着能终老于此地："何日向，江村躲；何日上，江楼卧。有诗人某某，酒人个个。"（《满江红·思家》）。

由于家庭的变故和经济压力的加大，板桥放弃了教书职业，来到扬州卖画。在扬州卖画时期，板桥除往来于兴化、扬州之外，还常常到外地去游览。从前，受着生活的羁绊，板桥在兴化、扬州、真州之间转来转去，始终未能转出这块狭窄的天地，这对于性喜山水的板桥来讲，真是一种折磨。雍正元年（1723），他的朋友顾于观赴山东常使君幕，板桥曾写有两阕《贺新郎》送行。在词中，除了勉励好友酬报知己、为民勤职外，还表示了他自己不安于现状的心情。如第一首词的上阕这样写道：

> 掷帽悲歌起，叹当年父母生我，悬弧射矢。半世销沉儿女态，羁绊难逾乡里。健美尔萧然揽辔，首路春风冰冻释，泊马头浩渺黄河水，望不尽，汹汹势。

板桥时年31岁。此时的板桥不想再等待下去，尽管他当时还是一个穷困潦倒的秀才。基于此，从32岁到35岁，板桥游历了庐山、长安、洛阳、邺城、乌江，并在京师盘桓了一段日子，后来又客居南通州。至于板桥在财力不济的情况下还要进行这番漫游，理由大约有二：其一，为了寻求走向仕途的契机。在传统社会里，士人想要在仕途上有所作为，获得上层人士的帮助，获取一定的社会声望是非常必要的。这样，再通过科举才能较顺利地得到官位。其二，也是最主要的原因，游历是板桥一生的大癖好。诚如他在《板桥自叙》中所提到的："板桥非闭户读书者，长游于古松、荒寺、平沙、远水、峭壁、墟墓之间。"这当然也与他从事艺术、师法造化有关。

雍正二年（1724）初秋，板桥开始了他的第一次远游，目标是江西庐山。出发前，他曾作有一首七律诗——《感怀》：

> 新霜昨夜落梧楸，斑马萧萧赴远游。
> 半世文章鸡肋味，一灯风雨雁声秋。

乘槎东海涛方壮，射虎南山气更遒。

颜白衰亲阙甘旨，为儿犹补旧羊裘。

　　此诗三、四句脱胎于杨万里的《晓过皂口岭》："半世功名一鸡肋，平生道路九羊肠。"只是当时的板桥功名未成，故用"文章"代替了"功名"。鸡肋者，食之无味而又弃之可惜者也。板桥借用此典，意在指喻自己科举一途的困境，进取不易，舍弃又欲罢不能。

　　庐山，在江西九江之南，紧傍鄱阳湖，飞峙长江边。庐山向以多险绝胜景闻名，尤其是其间的瀑布，更是天下闻名。李白的"飞流直下三千尺，疑是银河落九天"名句，千古流传，正是指此而言。板桥同样陶醉于庐山之胜景，且对景泼墨，把苍山、云海、墨松、银瀑等尽纳于画卷。板桥的作品大多是兰、竹、石，但也有少数的山水画诸如《双松图》《甘菊谷泉图》《南山松涛图》等，从中可以看出板桥对于山水画的素养和功力，这当然与他早年壮游庐山等地"搜尽奇峰打腹稿"大有关系。

　　庐山不仅风景绮丽，云烟变幻，而且寺庙极多。早在东汉明帝时，它就成为中国佛教中心之一，有三大名寺（西林、东林、大林），五大丛林（海会、秀峰、万杉、栖贤、归宗）。历代释道多来此瞻仰静修。正是在这里，板桥结识了无方上人。这位无方上人心胸异常寥廓淡泊，品德高洁，衣着极为朴素，且谈吐不凡，充满了禅机。板桥在《怀无方上人》诗中，描述了他初次和无方上人相见的情景："初识上人在西江，庐山细瀑鸣秋窗。"板桥和无方上人正是在这种"飞流直下三千尺，疑是银河落九天"人间仙境中相逢的。在此后的交往中，他们建立起深厚的友谊。板桥曾为无方上人画竹画兰。十年后，即乾隆元年（1736），板桥还写过《赠翁山无方上人二首》《翁山示无方上人》《怀无方上人》等，寄托对这位好朋友的怀念倾慕之情。

　　游完庐山，告别了无方上人，板桥继续他的行程，开始北上，陆续游览了长安、洛阳、邺城、乌江、易水等地。长安旧殿，西风陵阙，铜雀荒台，乌江浊浪……所有这些，无不强烈地震撼着板桥的心灵。和历代的文人墨客一样，在饱览大好河山的同时，板桥也不断地挥毫泼墨，将自己的澎湃心绪诉诸纸墨，写了不少吊古抒怀的诗文。这些怀古之作，大都词出己意，寄寓遥深。此次旅程是以燕京作结的。当时是雍正三年（1725），板桥33岁。这是板桥第一次来到全国政治、文化中心的京师，并且在那儿住了两年多。

　　作为国家的首善之区，京师拥有灵秀的江南无法比拟的"壮阔"美：卢沟晓月，金台夕照，蓟门烟树，太液秋风，紫禁巍峨，居庸迭翠，西山晴雪……一切都显得那么的典雅庄重，雄伟阔大。京师又是高官显贵、各界名流会集之地。这些都激起板桥想要在此立足的强烈愿望，使他热切地向往着自己将来能做一个"京官"。或许部分出于这方面的原因，板桥在京师进行了广泛的交际。他有时住在寺庙中，有时住在朋友家，除了和文人、画师、和尚、歌妓来往外，还和御林的禁卫、将军的子弟游玩，这与他想在仕途上寻得一些契机的愿望不无关系。然而，板桥这次在京师交流的结果，却并不理想。这是因为，一则他那狂放不羁的性格实为官场之大忌；二则他的书画作品难以在这正统画派大本营里找到太多的知音，故而在经济上也不利于板桥的发展，毕竟卖画仍是他谋生的主要手段。在所获甚微的情况下，板桥决定南归。

　　京师之游，板桥落拓而归。雍正五年（1727），他又曾客于通州。通州的辖境相当于现今的江苏长江以北泰兴、如皋以东地区，俗称南通州。据《刘柳村册子》称，板桥与通州李瞻云及其父亲有来往，这或许正是他来此一住的原因。

　　之后，除了偶尔外出游览和回兴化小住外（如在天宁寺读书），板桥大部分时间是居住在扬州的。扬州成了板桥的第二故乡，这里有他的朋友，有他的知己，同样也有他的艺术作品的市场。谋生之余，他常和一些书画界的朋友在虹桥、瘦西湖、平山堂一带畅游。其中，位于蜀岗中峰大明寺西南角的平山堂，更是板桥等人登临纵目的极佳处。据说，北宋庆历八年（1048），大文学家欧阳修转知扬州，筑堂于此，作为游宴之所。之所以称作"平山堂"，是因为这里地势较高，由此外望，只见江南诸山拱揖栏前，若可攀跻。板桥在《赠潘桐冈》中吟道："十千沽酒醉平山，便拉欧苏共歌泣"，可谓其当时生活的生动写照。

雍正十年（1732），在兴化知县汪芳藻的资助下，板桥得以赴南京参加乡试，由此他有机会饱览了南京的名胜古迹。南京，战国楚置金陵邑，秦称作秣陵，三国吴称建业，晋称建康，明称南京，清时称为江宁府，不过人们习惯上仍称为南京。据说诸葛亮对南京有这样的评价："钟山龙蟠，石头虎踞，此帝王之宅！"[1]三国吴、东晋、宋、齐、梁、陈、五代南唐、明初，都曾于此建都，故而此地名胜古迹颇多。这些名胜古迹，大大触动了板桥抚往追昔的兴亡之感。在游历南京的过程中，他曾写有《念奴娇·金陵怀古十二首》《满江红·金陵怀古》《种菜歌》等诗词，吊古伤今，评议历史人物的得失，寄托了对历史的兴亡之叹。

在南京，板桥凭吊过孝陵，凭吊过方孝孺与御史大夫景清的祠堂，也凭吊过福王宫。《念奴娇·金陵怀古十二首》之一的《弘光》曰：

> 弘光建国，是金莲玉树，后来狂客。草木山川何限痛，只解征歌选色。燕子衔笺，《春灯》说谜，夜短嫌天窄。海云分付，五更拦住红日。
>
> 更兼马、阮当朝，高、刘作镇，犬豕包巾帻。卖尽江山犹

---

① 《太平御览》卷156引晋张勃《吴录》。

恨少，只得东南半壁。国事兴亡，人家成败，运数谁逃得！太
平隆、万，此曹久已生出！

　　弘光为明末福王朱由崧的年号。福王的父亲朱常洵是明神宗的第
三子，甚得神宗的宠爱，所谓"耗天下之财以肥之"。李自成攻破洛
阳，杀朱常洵，其子由崧逃跑，于崇祯十六年（1643）袭福王位。
崇祯吊死煤山之后，马士英、阮大铖等人在南京拥立福王登基，号弘
光。当时大臣张慎言、吕大器、姜曰广等的评价是："福王由崧，神
宗孙也，伦序当立，而有七不可：贪、淫、酗酒、不孝、虐下、不读
书、干预有司也。"[①]后来的历史事实证明，福王果然是个昏君。清
顺治二年（1645）五月，清军攻破南京，福王政权覆灭。"国事兴
亡，人家成败，运数谁逃得！"板桥追咏弘光，感慨良多。

　　如果说这首词鞭挞了马、阮等人的劣迹罪行，隐约透露出对明亡
的悼念之情的话，那么板桥在《种菜歌》和《后种菜歌》中，则明确
地歌颂了明末忠臣的骨气和节操。诗中的常延龄是明开国勋臣常遇春
的后人，曾参加南明抗清斗争，后因弹劾马士英、阮大铖而被解职。
明亡后他在南京种菜，隐居不仕。板桥在叙述了常延龄"时供麦饭孝
陵前，一声长哭松楸倒"的孤忠后，直抒胸臆："人心不死古今然，
欲往金陵问菜田。招魂何处孤臣墓，万里春风哭杜鹃。"悼亡明，赞
孤臣，怀古伤时之情跃然纸上。此外，板桥在此期间还作有《白门杨
柳花》《长干女儿》《长干里》等诗歌，用以描绘南京的风土人情。

　　板桥的这次南京之旅，可谓不虚此行，他比较顺利地通过了乡
试，中了举，实现了多年来的心愿。或许正由于此次科场的成功，板
桥的游兴更加浓烈。这次出行，板桥还顺便游览了另一处胜地——杭
州。在杭州期间，板桥下榻于北山的韬光庵。从灵隐山云寺左首的罗

① 《明史》卷274《史可法》。

汉城西行，攀登过曲曲折折的石径，即是风景如画的巢枸坞，这也便是韬光庵的所在地。韬光庵东端有金莲池，是韬光引水种金莲之处。庵内的老僧松岳道行很高，已经有十年未曾出山了。松岳热情好客，对板桥招待得很周到。板桥也画了好些画给他。

板桥此行，还有幸观看了杭州最负盛名的奇观——钱塘潮。俗话说："庐山烟雨浙江潮。"钱塘江潮的确是大自然赐与人类的一处极为奇异的景观。宋代词人周密这样描述钱塘潮："浙江之潮，天下之伟观也。自既望以至十八日为最盛。方其远出海门，仅如银线；既而渐近，则玉城雪岭际天而来，大声如雷霆，震撼激射，吞天沃日，势极雄豪。"（《观潮》）那滚滚的浪潮，传说是春秋时代名将伍子胥和文种的英灵，驱使着海族兴波犯岸，以抒泄他们屈死的悲愤。恐怕这次杭州之行，为板桥留下最深印象的便是这观潮一事了。此外，板桥在杭州期间，还游览了"淡妆浓抹总相宜"的西子湖，并为此写了《沁园春·西湖夜月有怀扬州旧游》等诗词。

雍正十三年（1735），43岁的板桥，为准备会试而读书于镇江焦山。镇江地区多山，西南诸峰，林壑尤美。其中招隐山曾被宋代著名书画家米芾称为"城市山林"。板桥时常来这里游玩，作有《满江红·招隐寺》纪游。上阕云：

> 转过山头，隐隐见松林一片。其中有佛楼斜角，红墙半闪。雨后寻芳沙径软，道傍小饮醪贱。听石泉幽涧响琮琤，清而浅。

这首词明白如话，而又形象地将旅途所见描摹出来。在板桥看来，招隐山之美不仅在其外形，更在于其赋有内涵美。招隐山原名兽窟山，晋宋之交戴颙曾于此隐居，故得名为招隐山。据载，戴颙在诗、画、雕塑、音乐等方面皆有很深的造诣，但就是不愿为官。每当春夏之际，他便带着酒和柑子，独自坐在绿荫下，倾听黄鹂歌唱，创作出很多婉转清脆的乐曲。所谓"双柑斗酒听黄鹂"即指此。无疑，对这位具有诗、书、画等多方面才能而又性格狂放的戴颙，板桥是极为倾慕的。山上还有梁昭明太子萧统的读书台，离山不远处则有米芾的陵墓。米芾是宋代四大书法家之一，他以招隐山一带为题材创作的山水画颇负盛名。板桥对米公很是神往，曾在《燕京杂诗》中写道："但愿清秋长夏日，江湖常放米家船"，以此来寄托自己的千古渴慕之情。

江村和焦山隔水相望，板桥在那里曾经开馆授徒。自从离开江村后，板桥劳碌奔波，无缘再去，但他却时常会忆及那里的朋友和淳朴的生活，也常和往日的学生书信来往，《客扬州不得之西村之作》一类的诗词，就表达了他对江村的思恋。正是在这次焦山住读期间，在学生许既白的邀请下，板桥得以重游江村并作有《再到西村》，慨叹"送花邻女看都嫁，卖酒村翁兴不违"，依依不舍地祈求"好待秋风禾稼熟，更修老屋补斜晖"。

乾隆元年（1736），板桥进京考取了进士，多年的努力终于得到回报。之后，板桥在京师逗留了一年多。这期间，他除了主要进行拜谒活动外，还作了一些访游。首先是到瓮山去拜访他的老朋友无方上人。无方上人是十年前在庐山与板桥初识的，乾隆元年时已经在瓮山做住持。据清人吴长元《宸垣识略》云："瓮山在京城西三十里玉泉之东……乾隆十六年，赐名万寿山。"（卷14《郊坰三》）可见此瓮山即今天颐和园万寿山也。板桥到瓮山与无方上人叙旧，作有《赠瓮山无方上人二首》。板桥还分别去卧佛寺拜访了青崖和尚，去法海寺拜访了仁公，并且在两处都作了很多诗、画。按《宸垣识略》载："法海寺、法华寺在万安山，二寺前后互相连属，相传为弘教寺遗址。本朝顺治十七年修建，改今名，有御书联额。"下有按语："法海寺在宛平县西四十里，旧名龙泉寺，明正统中建。"（卷15《郊峒四》）即现在石景山翠微山模式口村的法海寺。卧佛寺即西山北部、寿安山南麓的十方普觉寺，殿内供有元代至治元年铸造的铜佛一尊，高达5米多。板桥《寄青崖和尚》"山中卧佛何时起"即指这尊铜佛。

在京师期间，板桥还和书画界的同好们图牧山等人有些交往。牧山名清格，满洲人，部郎，善画，师法石涛和尚。板桥曾作有《赠图牧山》《又赠牧山》等诗。其中《又赠牧山》云：

> 十日不能下一笔，
> 闭门静坐秋萧瑟。
> 忽然兴至风雨来，
> 笔飞墨走精灵出。

此诗叙述了作画从构思到触发灵感，再到画出神韵的过程，非个中人不能道。此外，板桥还和国子正侯嘉璠、中书舍人方超然、诗人胡天游等相交游，有诗以纪其事。

但遗憾的是，板桥此次在京师期间依然未能寻得入仕的机遇，只得再次悻悻回到扬州。刚到扬州，板桥就遇到了自己的好朋友顾于观，他们一起游览过梅花岭、史公祠等名胜。

整整等了六年，板桥终于在慎郡王允禧的帮助下，得任山东范县知县，时在乾隆七年（1742）。在山东为官期间，板桥同样游兴不减。不过，此时的板桥在出游时，关注更多的是对民风民瘼的体察，而非寄情山水者可比。乾隆十三年（1748）时，板桥还曾到过鲁西南的一个地方——济宁。济宁有一处名胜南池，唐代大诗人杜甫曾游览至此，并有诗作传世，南池因而更名声大噪。乾隆帝东巡时，山东道御史沈廷芳曾随侍左右，当时板桥也一度跟随。事后，或许是沈廷芳邀板桥到济宁一游，板桥感激，作诗赞道："御史骢马行山东，马蹄到处膏露浓。"在南池盘桓了三天，他欣赏了南池的夕阳波影，浏览了庙宇的绘画彩塑，也曾挥毫题字，留下墨宝。济宁之行，最令板桥高兴的是欣赏到了精彩的杂技和山东的民间歌舞表演，并兴奋地赞道："愿从先生乞是剧，选伶遍谱琳琅宫。"正因为板桥对戏剧有着浓厚的兴趣，且对徐渭倾心不已，故而他常将徐渭的《四声猿》剧本随身携带，以便随时揣摩。①

离开官场后，重负得释的板桥，如鱼入大海，鹰翔苍穹，得以有充裕的时光任其"挥霍"。返扬州日，板桥即宴请诸友。当时，李葂啸村（卢见曾之高足）曾赠之以联：

> 板桥解组归田日，有啸村者，赠之以联。板桥方宴客，曰："啸村韵士，必有佳语。"先观其出联云："三绝诗书画。"板桥曰："此难对。昔契丹使者，以'三才天地人'属语，东坡对以'四诗风雅颂'，称为绝对。吾辈且共思之，限对就而后食。"久之不属，启视之，则"一官归去来"也，咸叹其工妙。②

乾隆十九年（1754），春至五月，板桥游杭州；又应乌程知县孙扩图③、湖州知府李堂之邀，畅游湖州诸名胜。九月二十九日，又与汪堂、药根上人等十余人集聚百尺楼，以赵嘏"残星几点雁横塞，长笛一声人倚楼"（《长安秋望》）句分韵赋诗。后一年，与李鲜、李方膺合作《三友图》。乾隆二十一年（1756）二月初三日，板桥又"作一桌会"，"八人同席，各携百钱以为永日欢。座中三老人、五少年：白门程绵庄、七闽黄瘿瓢与燮为三老人；丹徒李御萝邨、王

---

① 丁家桐：《扬州八怪全传》，上海人民出版社1998年版，第241页。
② 梁章钜：《楹联丛话》卷12《杂缀》。
③ 孙扩图曾与板桥有隙，杭州太守为其二人作了和解。板桥《与墨弟书》中说："掖县教谕孙升任乌程知县，与我旧不相合。杭州太守为之和解，前憾尽释。"

文治梦楼、燕京于文潏石乡、全椒金兆燕棕亭、杭州张宾鹤仲谋为五少年。午后，济南朱文震青雷又至，遂为九人会。因画《九畹兰花》以纪其"盛"。诗曰：天上文星与酒星，一时欢聚竹西亭。何劳芍药夸金带，自是千秋九畹青。座上以绵庄为最长，故奉上程先生携去"（《题兰竹石调寄一剪梅》）。板桥之雅致于此可见。乾隆二十二年（1757）三月初三日，卢见曾主持虹桥修禊盛大聚会，板桥置身其间，与新朋老友欢聚一堂，饮酒作诗，好不快活。当时和修禊韵者多达7000人，编次得三百余卷，板桥即作有《和雅雨山人红桥修禊》等诗。乾隆二十三年（1758）正月二十九日，板桥《与柳斋书》称："燮一岁之中，居家者不过二三月，其余则东西南北而已。非尽为贫而出，盖山川风月，诗酒朋侪，性之所嗜，不可暂离耳。"乾隆二十五年（1760）五月，他又客寓通州保培基井谷园（井谷园位于通州城北，为保培基在前代遗址上拓建而成，园内有木石居、风树轩、桂亭、鹤屋诸胜。保培基性豪爽，与里中文士、画家多有交往）。七月初七日，在如皋汪氏文园与汪之珩等人同度七夕。汪之珩为此作有《庚辰七夕同王竹楼、郑板桥、郭琅亭、黄瘦石》诗四首，言道：

> 风雨连绵直到秋，欣逢晴夕共登楼。
> 西南一抹河清浅，流水迢迢万古愁。
>
> 嫩凉初试薄罗天，看到双星意惘然。
> 不作团圆不离别，一逢一度一年年。
>
> 别有星槎不渡郎，却劳乌鹊代津梁。
> 神仙毕竟无虚语，独倚琼箫耐晚凉。
>
> 儿女无端笑口开，跪陈瓜果满凉台。

明朝检取蜘蛛网，笑语姑姑得巧来。

乾隆二十六年（1761）四月二十日，板桥与江春、杭世骏、汪石恬、陈江皋、李于亭、费岩溪、常菜畦等人一同畅游扬州铁佛寺，分韵赋诗。乾隆二十八年（1763），板桥已71岁高龄，本年三月初三日，再次参加虹桥修禊盛会。四月初五日，又应卢见曾之邀，与杭世骏、金农、陈江皋等人泛舟虹桥，赋诗赠答。板桥作有《和卢雅雨红桥泛舟》，其言曰：

今年春色是何心，才见阳和又带阴。
柳线碧从烟外染，桃花红向雨中深。
笙歌婉转随游舫，灯火参差出远林。
佳境佳辰拼一醉，任他杯酒渍衣襟。

即此可见，板桥虽人近耄耋，犹"春"兴颇浓，酒趣怡然。

俗话说，人生得一知己足矣。板桥一生，有如许知己，亦可谓一大快事也。也正是在与这些友朋的诗酒唱和、任情山水中，板桥获得了巨大的精神财富和难以言传的生活情趣。

淑世情怀寄民瘼

香山放翁　词坛圣手　凭古吊今　悍吏私刑

潇潇《道情》　潮起潮落　七品情怀　潍县竹枝　经世文章

删繁就简三秋树，

领异标新二月花。

——《与韩生镐论文》

板桥一生不仅豁达任情，更可注意者，是他对世风民瘼所寄予的无限深情。这可于其文学作品中体现出来。板桥的文学作品，大多为板桥自己写刻，所以能保存得比较完整。这包括：《诗钞》《词钞》，乾隆七年（1742）板桥50岁时所订定，并手写付梓，由其门人司徒文膏刻版；《小唱》，乾隆八年（1743）付梓，亦由司徒文膏刻版；《家书》《诗钞》《词钞》，乾隆十四年（1749）板桥57岁时重定，并手写付梓；《板桥题画》一卷，收诗词60首，翠琅丛书本，为后人辑录而成。今人所编郑板桥文集多种，其中当以卞孝萱先生所编《郑板桥全集》最称完备。

所谓"读书破万卷，下笔如有神"，有成就的文学家之所以能写出流芳千古的作品，除了个人的天赋和必备的技巧，以及个人的阅历和对现实生活的体悟之外，善于学习和继承前人的成就也是一个极为重要的因素。历史上大凡有成就的文学家，一般都能博览群书，尽取诸家之长，而后纵横变化，自成一家。如唐代大诗人李白，可谓千古奇才，但他十分注重向前人学习：他推崇《风》《雅》，赞美建安，低首小谢，"解道澄江静如练，令人长忆谢玄晖"（《金陵城西楼月下吟》）。在其所作诗歌里，可以找到类似各代诗风的作品，这正是李白善于学习前人的结果。唐代的另一位大诗人杜甫，同样也是在"清词丽句必为邻"（《戏为六绝句》）的刻苦学习中，达到了"下笔如有神"（《奉赠韦左丞丈二十二韵》）的艺术境界。在板桥生活的时代，一方面是考据学渐呈显露之势；另一方面文学批评界随着诗话的畅行，也掀起了宗唐宗宋之争的高潮。所以，当时的文人对于接受文化遗产也是非常努力的。就板桥而言，尽管其生性狂傲、天分较高，但也十分注重对前辈的学习。他认为："读书深，养气足，恢恢游刃有余地矣"（《与江宾谷、江禹九书》）。对于古代文学作品，自《诗》《骚》以下直到本朝人之作，板桥几乎无不涉猎，这为其创作实践打下了深厚的基础。在广泛涉猎的同时，板桥又十分注重对前人成就加以取舍，他指出："《五经》《廿一史》《藏》十二部，句句都读，便是呆子；汉魏六朝、三唐、两宋诗人，家家都学，便是蠢才。"（《随猎诗草、花间堂诗草跋》）在《与江宾谷、江禹九书》中，他曾借用佛家用语来纵论前代文学作品，讲的也是这个道理。其言称："文章有大乘法，有小乘法。大乘法易而有功，小乘法劳而无谓。《五经》《左》《史》《庄》《骚》、贾、董、匡、刘、诸葛武乡侯、韩、柳、欧、曾之文，曹操、陶潜、李、杜之诗，所谓大乘法也……六朝靡丽，徐、庾、江、鲍、任、沈，小乘法也。"板桥的诗词渊源，正是建立在这种对前人文化遗产继承与扬弃的基础之上的。

板桥作诗是否经人指点过，现有的文献无法证实，想来他写诗应该会受到他父亲的启蒙。但从板桥自己的记述乃至其诗歌作品的风格中，可以大略窥见他与前代文学的"师承"。要之，板桥受《诗经》和曹操、李白、杜甫、杜牧、陆游诸家影响较大。

其一，《诗经》。《诗经》是中国历史上第一部诗歌总集，文学成就很高，向来是历代诗人取法的标准。板桥也不例外。在板桥看来，《诗经》是"经世文章"："《七月》《东山》千古在，恁描摹琐细民情妙，画不出，《豳风》稿"（《贺新郎·述诗二首》）。板桥之所以能够创作出诸如《悍吏》《范县诗》等关心民瘼的诗作，是同他对《诗经》的现实主义传统的继承分不开的。板桥常常怀着一种推崇备至的心情谈论《诗经》，如说："《六经》之文，至矣尽矣，而又有至之至者：浑沦磅礴，阔大精微，却是家常日用，《禹贡》《洪范》《月令》《七月流火》是也。当刻刻寻讨贯串，一刻离不得。"（《焦山别峰庵雨中无事书寄舍弟墨》）由此来看，《诗经》对板桥有较大的影响。

其二，曹操。板桥诗文受曹操的影响是有明证的，他说过这样的话："诗学三人，老瞒与焉。少陵为后，姬旦为先。"（《署中示舍弟墨》）又《贺新郎·述诗二首》称："八斗才华曹子建，还让老瞒苍劲。"《与江宾谷、江禹九书》则评价道："曹氏父子，萧家骨肉，一门之内，大小殊轨。曹之丕、植，萧之统、绎，皆有公子秀才气，小乘也。老瞒《短歌行》、萧衍《河中之水歌》，勃勃有英气，大乘也。"可见，板桥对曹操诗歌的那种沉雄慷慨之气是十分欣赏的，它对板桥的诗风有重要的影响。

其三，杜甫。板桥自小就爱读杜诗，后来随着生活阅历的增加，对于这位"诗圣"的景仰之情弥笃。《板桥自序》礼赞道："少陵七律、五律、七古、五古、排律皆绝妙，一首可值千金。板桥无不细读，而尤爱七古，盖其性之所嗜，偏重在此……是《左传》、是《史记》，似《庄子》《离骚》，而六朝香艳，亦时用之以为奴隶。大哉杜诗，其无所不包括乎！"板桥认为杜甫的诗既具备了《诗经》的现实主义传统，又具备曹操的沉雄之气，而这两点都是为他所推崇的。板桥还曾说："只一开卷，阅其题次，一种忧国忧民、忽悲忽喜之情，以及宗庙邱墟、关山劳戍之苦，宛然在目。其题如此，其诗有不痛心入骨者乎！"（《范县署中寄舍弟墨第五书》）板桥的不少作品,如《七歌》《逃荒行》《还家行》诸作,无论内容还是形式,都明显地可看到杜甫现实主义诗风的影子。板桥对杜甫是那样的崇拜,以至"回首少年游冶习,采碧云红豆相思料,深愧杀,杜陵老!"(《贺新郎·述诗二首》)

其四,陆游。板桥在其《前刻诗序》中明确指出:"余诗格卑卑,七律尤多放翁习气。"事实也是如此,板桥受陆游的影响是很大的。他对陆游"诗最多"而"题最少"的原因深表理解,曰:"南宋时,君父幽囚,栖身杭、越,其辱与危亦至矣。讲理学者,推极于毫厘分寸,而卒无救时济变之才。在朝诸大臣,皆流连诗酒,沉溺湖山,不顾国之大计。是尚得为有人乎!是尚可辱吾诗歌而劳吾赠答乎!直以《山居》《村居》《夏日》《秋日》,了却诗债而已";"陆之绝口不言,免罗织也。"(《范县署中寄舍弟墨第五书》)这些议论可谓是既能知人论世,又暗含借古讽今之意。板桥诗歌明白通俗的语言特色,正是受陆游影响的结果。对此,前人早有相似结论,如《清代学者象传》就说板桥"诗近香山、放翁"。

板桥不仅作诗精到,其词作亦是独具风格。少年板桥学作词是有明确师承的,即兴化陆震先生。而板桥在作词方面对前人的"师承",其本人有明确的交代,《词钞·自序》曰:"少年游冶学秦、柳,中年感慨学辛、苏,老年淡忘学刘、蒋。"现依板桥本人的提示分叙于下:

其一,秦观、柳永。两者皆北宋词人。柳永词极通俗,叶梦得《避暑录话》称:"为举子时,多游狭邪,善为歌词,教坊乐之,每得新腔,必求永为辞,始行于世。"又《词林纪事》卷6引《高斋诗话》记东坡评秦观之词曰:"'销魂,当此际',非柳七语乎?"可知秦观词风与柳永相近。板桥少年时曾作有《菩萨蛮》"留春""留秋"二首和《沁园春·落梅》,尤其是《贺新郎·有赠》记海陵游冶的情景,皆缠绵悱恻,明显受到秦、柳的影响。板桥自己说"少时游冶学秦柳”是属实的。

其二，苏轼、辛弃疾。苏轼为北宋词人，在词发展史上是一个里程碑式的人物。词到东坡，无论题材或风格都有很大发展。胡寅尝评价道："及眉山苏氏一洗绮罗香泽之态，摆脱绸缪宛转之度，使人登高望远，举首高歌，而逸怀浩气超然乎尘垢之外，于是《花间》为皂隶，而柳氏为舆台矣。"①辛弃疾是南宋词人，曾亲身参加抗金斗争，其词作特点是慷慨激昂，直抒胸臆。板桥集中如《贺新郎·徐青藤草书一卷》《送顾万峰之山东常使君幕》，大声鞺鞳，豪气十足。板桥自言得力于苏轼、辛稼轩，也就无怪其然了。

其三，刘过、蒋捷。二人皆为南宋词人。刘过词承苏、辛之风，感时忧国之情熔铸于词，语言多直接明快，间或采掇口语入词。刘熙载《艺概》云："刘改之词，狂逸之中自饶俊致。虽沉着不及稼轩，足以自成一家。"（卷4《词曲概》）而蒋捷的词工稳明白，尤其善于摹写家常凡事，真切动人。板桥所说"老年淡忘学刘、蒋"正是指他们的这种特色。板桥《满江红·田家四时苦乐歌》等作，对田园景物和闲适生活颇多白描，平淡而又清新，正得刘、蒋词法之妙。

由上可见，无论诗或词，板桥皆学有渊源。一般人师法古人之作，往往会囿于一家一派之门户成见。而板桥则不然，他不但虚心向古人学习，而且能有所取舍，转益多师，在继承的基础上有所创新。可以说，板桥诗词之于前人，既有继承，又有创新，体现出"兼众妙之长"的特点，从而在思想性和艺术性上都达到了相当的高度。

自板桥被迫放弃读书而承担起养家糊口的重任，经历了诸多磨难从而大大增长了社会阅历之后的扬州十年卖画时期，板桥的诗文已经体现出较高的思想深度。一则，由于走出家门，开阔了视野，使他的诗文表现出一种沉重的历史兴亡之感。和家乡相比，扬州乃一历史

---

① 胡寅：《斐然集》卷19《向芗林酒边集后序》。

名城，古迹甚多，有不少地方板桥都游览凭吊过，诸如雷塘、廿四桥、隋堤、平山堂等，正是在凭古吊今中，板桥对历史兴衰有了更深的体悟。隋炀帝于大业十四年（618）三月被杀，后来于唐武德五年（622）葬于雷塘附近。罗隐《炀帝陵》诗所云"君王忍把平陈业，只博雷塘数亩田"，讲的就是这段历史。历史沧桑，隋炀帝的陵墓渐渐为人忘却，其墓地也渐渐荒圮了。但就连这等去处板桥也"携手玉勾斜畔去"（《赠张蕉衫》），为炀帝，为当年气势辉煌的隋朝唱一曲动人的挽歌。站在这荒凉的坟茔前，抚今追昔，板桥不禁浮想联翩，他感悟道："任凭他铁铸铜镌，终成画饼"（《瑞鹤仙·官宦家》）；"待他年一片宫墙瓦砾，荷叶乱翻秋水。剩野人破舫斜阳，闲收菰米"（《瑞鹤仙·帝王家》）。应该说，这是板桥思想认识上的一次升华。

其次，由于所见所闻，同时基于自身的经历，板桥的作品中体现出对为富不仁者的反感和对落拓士子的同情。正如前面提到的，板桥当时的生存状况是"落拓扬州一敝裘"，生活相当的困窘。站在社会下层民众的立场上，板桥对扬州这个物欲横流的世相是极为反感的，同时他对那些追逐金钱、俯首于豪富之家的人又是极为鄙视的。"尽把黄金通显要，惟余白眼到清贫"，体现的就是这种心情。直至几十年后，板桥在与乡友的书信往来中，还时不时回想起这种强烈的感触："学者当自树其帜。凡米盐船算之事，听气候于商人，未闻文章学问，亦听气候于商人者也。吾扬之士，奔走蹙踱于其门，以其一言之是非为欣戚，其损士品而丧士气，真不可复述矣！"（《与江宾谷、江禹九书》）基于这种感情，板桥对和他处境类似的那些落拓才士惺惺相惜，为他们喊屈鸣怨。如新昌人潘西凤（字桐冈），精于画竹，但处境很困窘。板桥在《赠潘桐冈》中说：

天公曲意来缚絷，困倒扬州如束湿。

> 空将花鸟媚屠沽，独遣愁魔陷英特。
>
> 志亦不能为之抑，气亦不能为之塞。
>
> 十千沽酒醉平山，便拉欧苏共歌泣。

　　表达了对潘西凤的怜悯之情、激励之情。其实，这又何尝不是板桥自己的写照。

　　从雍正二年（1724）始到雍正五年（1727），板桥的足迹踏遍了淮北江南、秦陇赵燕。在《板桥自叙》中，他曾说："好山水，未能远迹；其所经历，亦不尽游趣。""未能远迹"，是其自谦；而"其所经历，亦不尽游趣"，则真实地道出了他出游的目的。可以说，远游使他的艺术得到了社会应有的认识和评价，远游使他结识了新的朋友，远游也使他增长了诸多见识，从而使其文学水平又上升了一个层次。正是在这一时期，他写出了《悍吏》《私刑恶》这样切中时弊的力作。《私刑恶》揭露批判了胥吏用私刑逼"盗"追赃，且牵连无辜的残暴行径。板桥还站在广大平民百姓的立场上，很客观、真实地叙述了百姓被逼为"盗"的原因："本因冻馁迫为非，又值奸刁取自肥。"对百姓的这种穷困而又尴尬的生存境况，他寄予了深深的同情。如果说《私刑恶》还是借谴责历史上的魏忠贤而针砭官吏私设公堂、迫害良民罪行的话，《悍吏》则将笔锋直指现实，道出了当时社会中严重的阶级对立情况，其思想意义更为深刻。其言曰：

> 县官编丁著图甲，悍吏入村捉鹅鸭。
>
> 县官养老赐帛肉，悍吏沿村括稻谷。
>
> 豺狼到处无虚处，不断人喉抉人目。
>
> 长官好善民已愁，况以不善司民牧。
>
> 山田苦旱生草菅，水田浪阔声溽溽。
>
> 圣主深仁发天庾，悍吏贪勒为刁奸。

索逋汹汹虎而翼，叫呼楚挞无宁刻。

村中杀鸡忙作食，前村后村已屏息。

呜呼长吏定不知，知而故纵非人为！

这首诗紧紧抓住悍吏下乡搜刮这一典型而又暴戾的场面，揭露了悍吏仗势残酷欺压盘剥百姓的罪恶，同时抨击了县官的伪善，喊出了百姓心中的苦痛，立场坚决，爱憎分明。尤其是诗中所揭示的"长官好善民已愁，况以不善司民牧"，更是发聋振聩，直言不讳。由此可以看出，板桥已隐隐约约感觉到百姓的苦难不仅仅是少数贪官污吏所造成的，而是更有其深层原因所在，他意识到当时不管官吏是清还是浊，老百姓都不得安生。这种思想如果再深入一步的话，板桥就要步入批评思想家的行列了。可惜的是，板桥当时对"圣主"还依然充满幻想。尽管如此，在这些作品中，板桥继承了杜甫和白居易等人的批判现实主义的传统，同样是难能可贵的。

雍正七年（1729），板桥37岁，谱写出了脍炙人口的《道情十首》。道情这种文学体裁，起源于唐代的《九真》《承天》等道曲，起初仅仅是以道教故事为题材，宣扬出世思想。到了南宋的时候，人们开始用渔鼓和简板为伴奏乐器，因此又被叫作"渔鼓"或"鼓儿词"等。及至明清时期，这一文学体裁得到更为广泛的流传，题材也有所扩大，不只局限于道教的出世思想，而是同各地民间歌谣相结合发展出许多种曲艺。与此相应，演唱者也不仅仅是道士，许多一般的老百姓都能吟唱几首道情歌，如当时在板桥的家乡兴化，就有很多人会唱道情。

板桥的《道情十首》，始创于雍正三年（1725），其后"屡抹屡更"，惨淡经营了很多年才最终定稿。板桥为何作此《道情十首》？在乾隆二年（1737）所作行书《道情十首卷》跋语中，他述说个中缘由道："雍正三年，岁在乙巳，予落拓京师，不得志而归，因作《道情十首》以遣兴。今十二年而登第，其胸中犹是昔日萧骚也。人于贫贱时好为感慨，一朝得志，则讳言之，其胸中把鼻安在？"（《书道情词后》）其后，板桥对《道情十首》又有所更定，直至乾隆八年（1743），才由门人司徒文膏刻板，最终定型。板桥这一呕心沥血之作，是其几十年人生旅途的感悟和思想的结晶。随着年岁的增长，尤其是在经过无数次变故和挫折后，板桥的感慨更显增多。《道情十首》正是其思想历程的显露。

板桥的《道情十首》由司徒文膏刻板后，不胫而走，广为流传。和尚乞儿在唱，樵夫道士在唱，诗人墨客、王侯卿相也在唱。众人何以如此喜爱《道情十首》？原因在于其不仅读来朗朗上口，而且喻意深远：

枫叶芦花并客舟，烟波江上使人愁。劝君更进一杯酒，昨日少年今白头。自家板桥道人是也。我先世元和公公，流落人间，教歌度曲。我如今也谱得道情十首，无非唤醒痴聋，销除烦恼。每到山青水绿之处，聊以自遣自歌。若遇争名夺利之场，正好觉人觉世。这也是风流世业，措大生涯。不免将来请教诸公，以当一笑。

老渔翁，一钓竿，靠山崖，傍水湾。扁舟来往无牵绊。沙鸥点点轻波远，获港萧萧白昼寒，高歌一曲斜阳晚。一霎时波摇金影，蓦抬头月上东山。

老樵夫，自砍柴，捆青松，夹绿槐。茫茫野草秋山外。丰碑是处成荒冢，华表千寻卧碧苔，坟前石马磨刀坏。倒不如闲钱沽酒，醉醺醺山径归来。

老头陀，古庙中，自烧香，自打钟。兔葵燕麦闲斋供。山门破落无关锁，斜日苍黄有乱松，秋星闪烁颓垣缝。黑漆漆蒲团打坐，夜烧茶炉火通红。

水田衣，老道人，背葫芦，戴袱巾。棕鞋布袜相厮称。修琴卖药般般会，捉鬼拿妖件件能，白云红叶归山径。闻说道悬岩结屋，却教人何处相寻？

老书生，白屋中，说黄虞，道古风。许多后辈高科中。门前仆从雄如虎，陌上旌旗去似龙，一朝势落成春梦。倒不如蓬门僻巷，教几个小小蒙童。

尽风流，小乞儿，数莲花，唱竹枝。千门打鼓沿街市。桥边日出犹酣睡，山外斜阳已早归，残杯冷炙饶滋味。醉倒在回廊古庙，一凭他雨打风吹。

掩柴扉，怕出头，剪西风，菊径秋。看看又是重阳后。几行衰草迷山郭，一片残阳下酒楼，栖鸦点上萧萧柳。撮几句盲辞瞎话，交还他铁板歌喉。

邈唐虞，远夏殷，卷宗周，入暴秦。争雄七国相兼并。文章两汉空陈迹，金粉南朝总废尘，李唐赵宋慌忙尽。最可叹龙盘虎踞，尽销磨《燕子》《春灯》。

吊龙逢，哭比干，美庄周，拜老聃。未央宫里王孙惨。南来薏苡徒兴谤，七尺珊瑚只自残，孔明枉作那英雄汉。早知道茅庐高卧，省多少六出祁山。

拨琵琶，续续弹，唤庸愚，警懦顽。四条弦上多哀怨。黄沙白草无人迹，古戍寒云乱鸟还，虞罗惯打孤飞雁。收拾起渔樵事业，任从他风雪关山。

风流家世元和老，旧曲翻新调。扯碎状元袍，脱却乌纱帽，俺唱这道情儿归山去了。

这十首道情将民间景况刻画得如诗如画、韵味无穷，既体现了板桥对劳苦大众的同情之心境，也反映出其对现实的某些不满。其中，也蕴含了板桥本人、其父立庵先生、其师陆震先生、其挚友无方上人等人的身影。而他对历代兴亡的感叹，则反映出对权贵阶层互相倾轧、争权夺利等诸种丑恶的讥讽。当然，其中也反映出板桥隐隐的出世意念，这一意念与《瑞鹤仙·官宦家》中所说"霎时间雾散云销，门外雀罗张径"，以及《念奴娇·孝陵》中所说"蛋壳乾坤，丸泥世界，嗟卷如风烛"，有相似之处。当然，板桥并非真的要出世，只是迫于生活的艰辛，人事的杌陧，难以实现自己"立功天地，字养生民"的理想，而感慨世事，暂时有所消沉。

对于板桥所作《道情十首》，后人多有评说。陈鸿寿"教几个小小蒙童"印跋说："郑板桥先生所作《道情》，虽似浅俚，然点醒痴顽，正复不少，果能随遇而安，亦省却多少怨尤。况蒙以养正，圣功之始，未可以其幼小而忽之也。"（秦祖永辑《七家印跋》）何绍基跋《道情十首》更很有见地地指出："板桥书《道情》词，余屡见之，词亦不尽同，盖随手更易耳。一生跌宕牢骚、奇趣横溢，俱流露于词中。字仿山谷，间以兰竹意致，尤多别趣。"[1]甚至有称其为"千古绝调"者（扬州图书馆藏清晖书屋刻《板桥集·道情十首》评语）。即此可见板桥《道情十首》影响之一斑。

板桥中举后，其对人生的感悟又有所变化。或许是自感岁月的蹉跎，或许是经历了太多的艰辛，或许体尝到太多失去亲人的痛苦，板桥的心中此时充满了沧桑感，在其诗文中隐隐体现到些许消极厌世情绪寄寓其中。但另一方面，经过多年的努力，以及友人的鼎力相助，板桥在科场上又取得突破性进展，这不能不再次激发他继续为之奋斗，所以，在其诗文中又体现出一种入世的激情。这两种看似矛盾的心绪，在板桥游览杭州时所作的诗文中都有所体现。在杭州期间，板桥住在韬光庵，该庵顶上的石楼，是看日出和观潮的绝佳之地，亭柱上有唐人骆宾王的"楼观沧海日，门对浙江潮"联。有时板桥在观海

---

① 裴景福：《壮陶阁书画录》卷18。

亭中饮茶远眺，目光所及是"钱塘雪浪打西湖，只隔杭州一条线"。脚下隐隐约约传来涛声和喧闹声，那是闹哄哄的人世，身边却是寂静一片。再加上板桥经常和庵中的僧人交谈，多受僧人出世思想的感染，所谓："山中老僧貌奇古，十年不踏西泠土。厌听湖中歌吹声，肯来伺候衙门鼓？曲房幽涧养神鱼，古碑剔藓蝌蚪书。铜瓶野花乌几静，湘帘竹榻清风徐。饮我食我复导我，茅屋数间山侧左。分屋而居分地耕，夜灯共此琉璃火。"于是乎，在僧人幽幽的诵经声中，在神秘幽微的香火中，板桥眼前浮现出逝去亲人的音容笑貌，但清醒过后，顿时又觉得一切都是空的。由此，板桥发出"我已无家不愿归，请来了此前生果"（《韬光》）的喟叹。

但当板桥近观江潮时，却又产生一种与此截然相反的感悟，即积极入世的激情。是的，当板桥走进钱塘江潮的时候，他首先感觉到的是钱塘潮水的磅礴气势和弄潮儿的英勇矫健，这又使他从内心深处激荡起那种披荆斩浪、勇往直前去挑战自我，去实现自己人生理想的万般豪情。板桥此时所写的《观潮行》《弄潮曲》等壮丽诗篇，正是这种豪情的流露。其中，《观潮行》意境开阔，想象丰富。诗曰：

> 银龙翻江截江入，万水争飞一江急。
> 云雷风霆为先驱，潮头笋并青山立。
> 百里之外光荧荧，若断若续最有情。
> 崩轰喧阗倏已过，万马飞渡萧山城。
> 钱塘岸高石五丈，古松大栎盘森埭。
> 翠楼朱槛冲波翻，羽旗金甲云涛上。
> 伍胥文种两将军，指挥鲲鳄鲸鼍蟒。
> 杭州小民不敢射，荡猪击鼋来相享。
> 我辈平生多郁塞，豪情逸气新搔痒。
> 风定月高潮渐平，老鱼夜哭蛟宫荡。

从潮起潮落、云聚云散的壮观景象中，板桥联想到自己一生的艰难困厄，字里行间回荡着一股不屈的豪气。而《弄潮曲》，则刻画了钱塘少年弄潮时惊心动魄的场面。按周密《武林旧事·观潮》云："吴儿善泅者数百，皆披发文身，手持十幅大彩旗，争先鼓勇，溯迎而上，出没于鲸波万仞中，腾身百变，而旗尾略不沾湿，以此夸能。"板桥此时亲眼目睹了这一盛况，深有感触。其言道：

> 钱塘小儿学弄潮，硬篙长楫捺复捎。
>
> 舵楼一人如铸铁，死灰面色睛不摇。
>
> 潮头如山挺船入，樯橹掀翻船竖立。
>
> 忽然灭没无影踪，缓缓浮波众船集。
>
> 潮平浪滑逐沙鸥，歌笑山青水碧流。
>
> 世人历险应如此，忍耐平夷在后头。

前四句写篙手和舵手一动一静的两种姿态。接下去便是弄潮的惊险场面，"忽然"句一抑，笔锋一转，便迎来了弄潮的胜利。正是从惊涛骇浪中，板桥想到了人生的坎坷和险恶，从"忍耐平夷在后头"，他又联想到自己当前战胜困难而搏来的科举胜利。此时的板桥，心中萌动着像潮水一般的激情，有一股向前冲的欲望。

功夫不负有心人，板桥终于谋得山东范县知县的职位。在山东为官期间，板桥的文学创作达到了高峰时期。乾隆七年（1742），板桥订定了诗、词集，并手写付梓。乾隆八年（1743），他又更订了《道情十首》。三者都是板桥自己用六分半书抄录，经由门人司徒文膏刻版的。此一时期，板桥的诗、词、曲、散文的思想性和艺术性达到了又一个新的高度，并撰就出《逃荒行》《还家行》等史诗般的篇章。在《后刻诗序》中，板桥说道："板桥诗刻止于此矣。死后如有托名翻版，将平日无聊应酬之作，改窜烂入，吾必为厉鬼以击其脑！"看来，板桥要对自己的成果作一番"盘点"了。

板桥浓厚的现实主义文风的形成，一方面固然是受到杜甫、白居易以及明代公安派等的影响，是板桥勤于向前人学习的结果；另一方面，也是最为主要的一个原因，就是板桥的出身和他长期生活在社会基层从而对劳动人民的生活、对社会现实有着深入的了解。

板桥出身贫寒，后来又长期担任下级官员或靠卖画谋生，所以有很多机会接近下层民众。尽管由于时代局限，他还不能清晰地看到社会的前景，时不时表露出迷惘与徘徊的心态；但他毕竟亲身经历了，尤其是目睹了下层百姓的困苦生活，对此他寄予深深的同情，而对那些骑在民众头上作威作福的贪官污吏们，则无情地予以深刻的揭露和批判，表现出"怒不从流"的决心。正是从这一基本立场出发，板桥在自己力所能及的范围内，为缓解民众的困苦做了许多好事。如在范县任上时，他力勘冤狱，释放受害平民；而在潍县时，开仓救灾，责令富户平粜，救活了不少饥民，且在秋后歉收时，还烧掉了饥民的借券；等等。有时为了维护百姓的利益，板桥还敢于见罪于上司，以至于多年得不到升迁。此情此举，反映到文学作品中，板桥勇敢地呼喊出民众的痛苦和愿望，积极大胆地暴露社会黑暗的现实，以讽刺的火焰、无情的笔锋，烛照出那些阴暗龌龊的角落，表现出正直的下层士人忧国忧民的情怀。如《沁园春·恨》之骂"钳口术"，《逃荒行》《还家行》《孤儿行》《后孤儿行》《姑恶》中所描写的孤儿、小媳妇的非人的悲惨生活，《潍县竹枝词》《满江红·田家四时苦乐歌》所描写的在死亡线上挣扎的农民、渔民、盐民等。这些诗词抒发得酣畅淋漓，凄切动人，其真实性、深刻性，不仅在当时罕见，就是今天读来，也不禁使人为之怦然心动。

板桥在很多诗词中，倾注其热情，大力讴歌了劳苦大众勤劳、勇敢、忠厚的品质与真挚深厚的感情，用绚丽轻灵的笔触描绘了许多可爱的众生形象和民间的风俗。如"潮头如山挺船人"的弄潮儿

（《弄潮曲》），"检点儿眠听晓鸦"的寡妇（《抚孤行》），"醉来索笔索纸墨，一挥百幅成江河"的画家（《音布》），还有那"捆青松，夹绿槐"的樵夫，和"高歌一曲斜阳晚"的渔翁（《道情十首》）……这些人物，在板桥笔下，被刻画得有声有色，掩卷呼之欲出。而衬托这些栩栩如生人物的，则是真切的生活背景。如"千家养女先教曲，十里栽花算种田"（《扬州》之一），再现了当时繁华的都市情景；"门外绿杨三十顷，西风吹满白莲花"（《燕京杂诗》），唤起了人们对江南水乡的向往；而"胡姬醉舞双红袖，笑指黄羊挂骆驼"（《塞下曲三首》之二），则描绘出令人神往的塞外风光。

板桥现实主义的文风，同样还体现在他的借古讽今、借物言志的咏史诗词上。如《历览三首》《钜鹿之战》《念奴娇·金陵怀古》等，无不是借古喻今，激昂慷慨，在抒情言志中又颇具史家的冷静。如评项羽，其《咏史》云："项羽东归只废才"；《项羽》云："新安何苦坑秦卒，坝上焉能杀汉王？"对项羽的不能任用贤才和暴戾刚愎进行了批判。而《钜鹿之战》则感慨："项王何必为天子，只此快战千古无！"则歌颂了项羽的英雄气概，体现出板桥不拘俗见的独具只眼。

板桥文学作品的表现形式是多样的，其中既有文论，又有题词，更主要的是诗词。板桥的诗词不仅内容广泛，思想深沉，而且在形式上也丰富多样，长于变化。他的诗作中有三言、四言、五言、六言、七言等体，有近休诗，也有歌行占体。而最难能可贵的是，他善于运用竹枝词、道情等民间形式来抒情言志。

《竹枝词》本为乐府曲名，作为一种七言绝句形式组合的歌词，则是唐代诗人刘禹锡的首创。此后，诗人们大都喜欢用此来歌咏乡土风俗和男女恋情，明清诗人作《竹枝词》的风气尤盛。板桥亦曾作过不少这种体裁的歌词，其中最有名的是他在潍县做县令时所写的《潍县竹枝词》。潍县由于其特殊的地理位置，向来以商业发达、经济富庶著称。但作为一个现实主义的文学家，板桥置身于这种畸形繁荣的环境中，处理政务之余，他始终以一种冷静的态度观察着现况，忧虑着潜伏的危机。从宰潍县后的第二年到去官离潍前夕，板桥陆续写成《潍县竹枝词》四十首，记录了自己当时的感受。

从现实主义的立场出发，板桥一改前人"竹枝词"的文路，力主"竹枝词"应该充满战斗性，正所谓：

> 挟荆轲之匕首，血濡缕而皆亡；燃温峤之灵犀，怪无微而不照。招尤惹谤，割舌奚辞；识曲怜才，焚香恨晚。
>
> ——《扬州竹枝词序》

这一宗旨充分体现在《潍县竹枝词》中。《潍县竹枝词》以清新质朴的语言、深刻的揭露、鲜明的对比、隐括的讽喻，全面真实地再现了当时潍县的社会世相，呈现出富豪行乐、流民颠沛、理想桃源等三个社会画卷。

在第一幅画卷中，板桥勾勒出潍县上层富豪们狎邪纵乐、穷奢极欲的糜烂生活，字里行间充满了憎恶和讥讽。如《其一》写道："三更灯火不曾收，玉脍金齑满市楼。云外清歌花外笛，潍州原是小苏州。"《其二》云："斗鸡走狗自年年，只爱风流不爱钱。博进已赊三十万，青楼犹伴美人眠。"《其四》《其五》《其六》分别写有"四面山光树木深，良田美产贵千金。呼卢一夜烧红蜡，割尽膏腴不挂心"；"豪家风气好栽花，洋菊洋桃信口夸。昨夜胶州新送到，一盆红艳宝珠茶"；"大鱼买去送财东，巨口银鳞晓市空。更有诸城来美味，'西施舌'进玉盘中"。

与此对比，《潍县竹枝词》中的很大篇幅，着意刻画了因贫富不均，尤其是因连年饥荒所造成的广大人民颠沛流离、无以为生的悲惨情形，此为《潍县竹枝词》的精到之处。其词曰：

绕郭良田万顷赊，大都归并富豪家。可怜北海穷荒地，半
篓盐挑又被拿。　　　　　　　　　　　　　　（《其二十四》）

行盐原是靠商人，其奈商人又赤贫？私卖怕官官卖绝，海
边饿灶化冤磷。　　　　　　　　　　　　　　（《其二十五》）

二十条枪十口刀，杀人白昼共称豪。汝曹躯命原拼得，父
母妻儿惨泣号。　　　　　　　　　　　　　　（《其二十六》）

东家贫儿西家仆，西家歌舞东家哭。骨肉分离只一墙，听
他笞骂由他辱。　　　　　　　　　　　　　　（《其二十九》）

征发钱粮只恨迟，茅檐蔀屋又堪悲。扫来草种三升半，欲
纳官租卖与谁？　　　　　　　　　　　　　　（《其三十四》）

潍城原是富豪都，尚有穷黎痛剥肤。惭愧他州兼异县，救
灾循吏几封书。　　　　　　　　　　　　　　（《其三十五》）

泪眼今生永不干，清明节候麦风寒。老亲死在辽阳地，白
骨何曾负得还。　　　　　　　　　　　　　　（《其三十八》）

　　这既有对黑暗现实的抨击和揭露，又有对苦难百姓的同情、对自身人微言轻的无奈，而且真实地反映了铤而走险的饥民的反抗。尽管板桥不可能透过这些现象，明确地认识到造成灾荒的根源所在，而是依然将希望寄托在"圣王"身上，但是，能触及这些敏感的社会问题，并且明确表露自己的爱憎，在当时的"盛世"环境下真的需要有敢于"割舌奚辞"的勇气。这体现出板桥一贯的现实主义文风和大无畏的坦诚品格。

　　此外，《潍县竹枝词》中所描绘的第三幅画卷，是一幅闪耀着理想光环的世外桃源图。如《其十》："水流曲曲树重重，树里春山一两峰。茅屋深藏人不见，数声鸡犬夕阳中。"《其十六》："秋风荻苇路湾环，钓叟潜藏乱草间。忽漫鹭鸶惊起去，一痕青雪上西山。"诚然，这种太太平平的世外桃源般的景象，当然不可能

在当时的社会中找到，所谓"留取三分淳厚意，与君携手入陶唐"
（《其四十》），"老夫欲种菩提树，十里春风满化城"（《其
二十三》），只不过是板桥对"世外桃源"的一种向往罢了。

以上三幅画卷，情景交融，一唱三叹，流露出板桥对现实、对理
想的一片真情。

对自己的作品，板桥在《后刻诗序》中，曾有如此看法："古人
以文章经世，吾辈所为，风月花酒而已。逐光景，慕颜色，嗟困穷，
伤老大，虽刽形支皮，搜精抉髓，不过一骚坛词客尔，何与于社稷生
民之计、三百篇之旨哉！屡欲烧去，平生吟弄，不忍弃之。"对板桥
的这一番自白，我们可以有两种理解方式：一则是他的自谦之词；二
则他本人的确对自己的诗词有不满意之处。实事求是地讲，板桥的诗
词无论就思想深度，还是艺术水准来说，都算不上是最有影响者，他
对前人的学习并没能实现实质性的超越，难与唐宋时期的名人大家相
比。然而，从前面的分析中，我们又可以肯定地讲，板桥在清代文坛
上还是处于比较突出地位的，在整个文学史上也应占有一席之地。对
于板桥的文学成就，历来多有评价，如《乾嘉诗坛点将录》称板桥为
"险道神郁保四"；郑方坤《郑燮》称："其诗流露灵府，荡涤埃
壒，视世间无结塞不可解之事，即无梗咽不可道之词，空山雨雪，高
人独立，秋林烟散，石骨自青，差足肖之。非彼借口白战以自诩为羌
无故实者也"[1]。而就板桥的词与诗相较，历来认为其词之成就高于
诗。张维屏《松轩随笔》中称："板桥先生疏旷洒脱，然见地极高，
天性极厚。其生平词胜于诗，吊古摅怀，激昂慷慨，与集中家书数
篇，皆世间不可磨灭文字。"（《国朝诗人征略》卷28）应该说，这
些评价都是比较中肯的。

---

① 李桓：《国朝耆献类征初编》卷233。

卓尔不群三绝立

一竿瘦竹　破盆兰花　石破天惊　胸无成竹

画龙点睛　六分半书　震电惊雷　怒不同人　心心相印

几枝修竹几枝兰，不畏春残，不怕秋寒。

飘飘远在碧云端，云里湘山，梦里巫山。

画工老兴未全删，笔也清闲，墨也斓斑。

借君莫作画图看，文里机闲，字里机关。

——《题兰竹石调寄一剪梅》

郑板桥在艺术上的成就是多方面的，他的画，他的字，他的印，在当时都达到了相当高的艺术水准。其实，板桥并非一开始即立志于绘画，他之从事于画，始为排遣读书时的苦闷，继则迫于谋生，最终却一发不可收拾，不刻意间成就了在画坛上的地位。板桥虽不以画为一生志愿，但阴差阳错地以画名世。命运之莫测，于板桥见之矣。

板桥之画

板桥从何时开始学习作画，很难说出个确切的年代。按板桥自小随其父学习，立庵先生教其练字，当是自小为之；但从现有的文献中，却看不出他能教板桥绘画。沈阳故宫博物院藏有板桥作于乾隆二十八年（1763）的《丛竹图》题画，其上云："今年七十有一，不学他技，不宗一家，学之五十年不辍，亦非苟而已也。"板桥此处所讲，应是一个大约的年数。我们认为，板桥在他青少年时期就有朦胧的艺术感触，据板桥继母娘家所在地郝庄人传说，小板桥随其继母回姥姥家时，就曾自己琢磨着学画画。村里的人记得最深刻的是板桥为了画飞鸟的姿态，竟把郝家笼子里一只画眉开笼放了。由于仔细观察了笼鸟凌空的姿态，结果还真画得活灵活现。[①]直到二十二三岁的时候，板桥才开始实质性地接触绘画；而在他26岁后于江村教书时，才有更多的时间和精力潜心于练习绘画（之前板桥的主要精力用于读书），以缓解当时的苦闷抑郁心情。也正是这个时候，板桥的绘画达到了一定的艺术水平，并开始形成自己的艺术风格。

　　艺术和文学一样，其灵感、创意皆源自于活生生的现实生活。板桥的家乡环境优美，这一天然之势以其特殊的方式陶冶着板桥的心灵。尽管板桥是否自小便开始尝试着作画不得而知，但可以肯定的是，板桥自小的生活环境确实对其艺术之路有着潜移默化的影响。板桥一生钟情于画竹，而这早在其天真无邪的青少年时代便已初露端倪。竹子——这一大自然的骄傲，很早就闯进了板桥的视野。兴化一带，竹子本来并不多，但板桥生活的周围却恰恰是长满了郁郁葱葱的竹子。从古板桥进城，有一条竹巷是必经之路。这个巷子有二百步长，巷内家家以竹为业。据板桥自己回忆，从其幼年起，每天早晨，他都由乳母背着，穿越竹巷，到城门口去买烧饼。生于斯，长于斯，日日睹其芳姿，夜夜闻其呷语，想来家乡的竹子必然在小板桥的心坎上留下深深的印迹。由此，竹子成了板桥最熟悉、最亲切的终生"挚友"，倾诉的对象。竹子给板桥以慰藉，亦成就了板桥的一世英名。至于竹子是如何陶冶这位未来的艺术大师的，板桥本人在《题画·竹》中曾这样记述道：

　　　　余家有茅屋二间，南面种竹。夏日新篁初放，绿阴照人，

---

① 薛振国、董保康、单虹：《郑板桥与盐城郝氏》，《美术研究》1984年第4期。

置一小榻其中，甚凉适也。秋冬之际，取围屏骨子，断去两头，横安以为窗棂，用匀薄洁白之纸糊之。风和日暖，冻蝇触窗纸上，冬冬作小鼓声。于是一片竹影零乱，岂非天然图画乎！凡吾画竹，无所师承，多得于纸窗粉壁日光月影中耳。

由此可见，板桥之喜竹，确与其所处环境有关。

板桥婚后出于养家之需，曾到真州江村设教馆。恰巧，江村亦多产竹，此一机缘，继续以其高妙的内蕴陶冶着这位敏感的艺术天才。幼年所见之竹，启发了板桥最初的艺术灵感；而在江村教书的时光，板桥再次徜徉在竹的怀抱中，则真真使板桥大受竹之艺术的启迪了。对此，板桥自己是有记述的，在《题画·竹》中就写到了江村之竹对他的启迪：

江馆清秋，晨起看竹，烟光日影露气，皆浮动于疏枝密叶之间。胸中勃勃，遂有画意。

受这种勃勃画意的促使，板桥经常在教书之余，挥毫画竹。在时时的洗练中，板桥对竹子的观察愈加细致入微，灵感纷呈，开始觉得"眼中之竹"与"胸中之竹""手中之竹"之间，既有联系又有区别，这体现出他此时的绘画艺术境界又上了一个大台阶。

与此同时，板桥也偶尔托人带些画到扬州去卖，以补助困顿的家境。正由于卖画，板桥也熟悉了一些市场行情与渠道，为其日后逐步进入"以画代耕"的生涯创造了条件。待到其后板桥以"职业"画师的身份来到扬州，专以卖画为生时，则进入了全身心的艺术实践阶段。想来十年扬州做画师阶段，当为板桥艺术风格的确立时期。

及至老年，随着年事的增高，板桥的绘画愈趋"老境"。艺术上的"老境"，不仅是技巧上的突破，而且是板桥个人风格成熟的具体表现。艺术的魅力正在于风格，风格就是艺术的生命。板桥的绘画和后面将要谈到的篆刻、书法等一样，其最大的差异在于前者有独特的个人风格。对于这一点，前人多有揭示。如蒋宝龄云："板桥道人郑燮……诗词书画，皆旷世独立，自成一家。"（《墨林今话》卷1）著名画家徐悲鸿跋板桥《兰竹石》图轴云："板桥先生为中国近三百年来最卓绝人物之一，其思想奇、文奇，书画尤奇。观其诗文及书画，不但想见高致，而其寓仁慈于奇妙，尤为古今天才之难得者。"所谓"旷世独立，自成一家""思想奇、文奇、书画尤奇"云云，即精确地揭示出板桥鲜明的个人风格。

板桥在绘画领域的艺术成就和风格，主要体现在如下几个方面：

板桥之画，独倾心于兰、竹、石，兼画松、菊、梅等为主，还偶尔涉及一点山水、荷、秋葵、灵芝、菱角、如意等，而尤工兰竹。与其他大多数画家相比，板桥所选题材无疑有些"狭窄"。然板桥对此则自有他的解释，其题《靳秋田索画》图轴说：

> 石涛善画，盖有万种，兰竹其余事也。板桥专画兰竹，五十余年，不画他物。彼务博，我务专，安见专之不如博乎？

显然，板桥的专工兰竹，同他所主张的由博而精的思想是相一致的。此外，板桥之画还有一个特点，即他的画多系纸本水墨，勾勒设色者不多。不过，李玉棻《瓯钵罗室书画过目考》卷3提到："吴子复太守藏有绢本竹兰大屏八帧。心泉上人绢本设色桃树直帧"；"余藏有设色菊花竹篱立帧"，证明板桥也曾画过设色花卉，想来不会太多而已。一般来说，这种题材单一、没有彩晕色染的画法，很容易流于单调刻板；但是，板桥的艺术才华在这种别人不易取得成效的方面，却得以尽情地挥洒，以其富有创造性的艺术实践，给后人留下了大批韵味隽永、美妙无穷的作品。在我们现今所看到的板桥作品中，有不少可能是足以以假乱真的赝品，但这却从一个侧面反证了板桥作品的艺术价值。

板桥笔下的竹子，摇曳多姿。其中有翠烟葱笼的新竹，有古色斑驳的老竹，也有清亮映日的晴竹和滴沥迷蒙的雨竹，所有这些竹子在板桥的笔下，无不显得瘦劲挺拔，风骨凛然。板桥不仅谙于画竹，而且对前人画墨竹之源流、得失皆能了然于胸，且能有自己的独到之见。在《仪真客邸复文弟》（第9号）信中，他指出：

> 本来画墨竹，幽人韵士聊以抒写性情，故画有六法，惟竹与兰不与焉。按画墨竹之始创者为唐张立，王摩诘亦擅墨竹。五代郭崇韬之妻李夫人，临摹窗上竹影，别成一派。更有黄筌父子、崔白弟昆，皆工墨竹，笔致精细，神妙入微。宋元以降，有文湖州、苏东坡、赵孟坚、孟頫、仲穆、管仲姬、吴仲圭、倪云林等，诸子中惟湖州笔法，最臻神化。其布局，有浅深层次、向背照应之分别；其补地，有邱石泉壑、荆棘野草之变化；其点景，有烟云雪月、风晴雨露之烘托。是惟意在笔先，始能笔超法外，诚为画墨竹之圣手。东坡与之同时，尚北面事之也。其后金之完颜樗轩，元之李息斋父子、自然老人、乐善老人，明之王孟端、夏仲昭，都师法湖州，兼师东坡。湖州、息斋，各立墨竹谱以传厥派，后世师承其法者，代有传人。更有写墨而兼擅钩勒着色者，有王澹远、黄华老人、吴道子；画紫竹者，有程堂；画朱竹者，有宋仲温；画雪竹者，有解处中。此犹如禅宗中之别派也。

又于《再复文弟》（第10号）中，更提出画墨竹之四法、七忌、四宜、八法，以为入门之法：

凡画墨竹，分立竿、添节、画枝、画叶四法，循序而行。起笔先留竿留节，稍与根须短，中竿须长，又贵长短各殊，最忌一律，便落呆板。竿宜两边如界。节贵上下相承，其形若半环。若画一二竿，墨色可随意；画三竿以上者，前者墨宜浓，后者墨宜淡，始有前后之别。稍至根，虽一节节画出，而笔意须贯穿。立竿既定，随手画节，上节须覆盖下节，下节须承接上节，中虽断，笔意须连属。落笔不可太弯，不可太远，不可齐大，不可齐小，宜两头粗、中间细，宜两头放起、中间落下，始见全竿圆浑而得势矣。画枝须枝枝著节，行笔须迅速，迟缓则无生气。用笔须道健圆劲，始有生意。嫩枝须和柔而顺，其节小；老枝须挺拔而起，其节大。枝覆者叶多，枝昂者叶少。风枝欹斜，雨枝下垂，贵在描摹得神也。画叶须一抹而成，行笔愈速愈妙，少迟留便呆笨失势。写墨竹惟画叶为最难，下笔要劲利，实按而虚起，须有破法搭法；墨色须有浓淡，则老嫩反正分明矣。更有七忌：一忌孤生，二忌并立，三忌如叉，四忌如井，五忌如手指，六忌粗如桃叶，七忌细如柳叶。避免七忌，又须参以四宜：雨叶宜垂，露叶宜润，风叶宜翻，雪叶宜压。更有八法须知：老嫩须别，阴阳须分，春叶须嫩而上承，夏叶须浓而下俯，秋叶须带萧疏之态，冬叶须具苍老之形，风叶无一字之排，雨叶无人字之列。

板桥以轻灵的笔触，将十分深奥的画墨竹技巧与意境，明白如话地揭示出来，体现出其大手笔的风范。无怪乎后人称其所"作墨竹，风枝露叶，翛然自成蹊径"[1]，"笔情纵逸，随意挥洒，苍劲绝伦"[2]。

---

① 《增修甘泉县志》卷15《寓贤》。
② 秦祖永：《桐阴论画》下卷。

　　板桥画兰，其"兰叶用焦墨挥毫，以草书之中竖长撇法运之"（《清代学者象传》），既放得开，又收得拢。板桥笔下的兰花可谓多姿多彩，其中有未开、初开之兰，又有半开、全开之兰；它们或垂于悬崖，或丛生于乱石；或安于乌盆之内，或欲破盆而飞；尤其是那破盆兰花，亦能"破盆带土叶参差，横扫草隶如飞麻"[①]，被刻画得栩栩如生，真所谓"板桥写兰如作字，秀叶疏花见姿致"[②]。

　　兰花有兰、蕙之分，一箭一花者为兰，香有余，长于北方；一箭数花者为蕙，香不足，长于南方。兰之种类甚多：春有春兰、春箭；夏有蕙兰、台兰；秋有建兰、漳兰；冬有墨兰、寒兰。摇曳多姿，风情万种。板桥于兰花，"好画兰，不画蕙……不画蕙者，愚意欲香远而长，花少而炎，又何讥焉"（自题《墨兰》图轴）。板桥画兰，亦能自出手眼，其自题《墨兰图》轴曰："予作兰有年，大率以陈古白先生为法。及来扬州，见石涛和尚墨花，横绝一时，心善之而弗学，谓其过纵，与之自不同路。又见颜君尊五，笔极活，墨极秀，不求异奇，自有一种新气。又有友人陈松亭，秀劲拔俗，矫然自名其家，遂欲仿之。兹所飘撇，其在颜、陈之间乎，然要不知似不似也。"不惟如此，板桥还能不拘传统，创为新意。他对山谷、峭壁之兰与破盆兰的情有独钟，即体现出了此一取向。板桥自题画《兰》曰："此是幽贞一种花，不求闻达只烟霞。采樵或恐通来径，更写高山一片遮。"题《峭壁兰》曰："峭壁一千尺，兰花在空碧。下有采樵人，伸手折不得。"又题《破盆兰化》曰："春雨春风洗妙颜，一辞琼岛到人间。而今究竟无知己，打破乌盆更入山。"这里，板桥所要表达的，是对自由的向往，对大自然"春夏之气"的渴望。那么，板桥所谓的"春夏之气"意喻何在？于此，清人杨鹿鸣《画兰琐言》（《兰言四种》第一）有一揭示：

① 潘呈雅：《七山人歌·郑燮》。
② 蒋士铨：《忠雅堂诗集》卷18《题郑板桥画兰送陈望亭太守》。

画兰之法，贵秀逸而非柔媚，贵奔放而非粗野，贵峭健而非生硬，贵朴茂而非拙塞，然总宜有春夏气，乃为可贵耳。昔板桥老人作折枝兰蕙，自题云："非有他巧，不过春夏气为多耳。"此语妙双关：能明画法而得春夏气，无论娟娟烟痕，萧萧雨影有之，即纵横驰骤，破笔焦墨，亦自有蓬勃之致。惟画法端有积学而成，而画兰尤以立品为要。彝斋高逸，故萧疏闲淡；衡山清远，故洒落风流；所南本穴之花，乃天人姿泽。此又不可仅以画法论，而画法实自三公以传。偶论画法，特于此一泄其秘。

此言可谓深得板桥画兰之旨趣。

金德瑛的《题郑板桥赠兰竹画》，也对板桥画兰竹之意蕴有所揭示。其言道：

画兰不多三五茎，画竹不多三五干。纸宽墨润腕力余，更添古石三五片。微香馥馥清影摇，满堂观者增欣美。齐东有竹却少兰，玉版尊师唯悟半。板桥家法所南翁，心花无根舒烂漫。平生妙墨懒收拾，偶欲追寻从友案。胸中事即对人言，与弟家书刊共看。吟颠字怪剧游嬉，巨耐折腰趋下县。西范东潍十载宽，自怜天鉴超忧患。同心知我称石交，为拂古瓦撼柔翰。别久争讶鬓霜盈，逢稀似类优昙现。径题长句画中间，如使两人长对面。

——《诗存》卷3

竹兰之外，板桥对石亦很钟爱。在他笔下，石之形态纷呈，有横，有竖，有方，有圆，更有欹斜侧出、丑陋难看之石。其画面也是多有变化，"有皴法以见层次，有空白以见平整"，甚至有时以畅笔醮墨作"一笔石"。板桥之作"一笔石",乃受万个影响,但并不为其所拘泥。其《题画·一笔石》曰:"西江万先生名个,能作一笔石,而石之凹凸深浅、曲折肥瘦,无不毕具。八大山人之高弟子也。燮偶一学之,一晨得十二幅,何其易乎!然运笔之妙,却在平时打点,闲中试弄,非可率意为也。石中亦须作数笔皴,或在石头,或在石腰,或在石足。"板桥画石,一扫前人之习,不仅取材上弃柔曲圆润、玲珑剔透之太湖石,而取雄浑朴茂、秀峭崚嶒之黄石;且常喜画柱石,即所画柱石,亦与他人取向不同。其自题《柱石图》轴曰:

> 昔人画柱石图,皆居中正面,窃独以为不然。国之柱石,
> 如公孤保傅,虽位极人臣,无居正当阳之理。今特作为偏侧之
> 势,且系以诗曰:
>
> > 一卷柱石欲擎天,
> > 体自尊崇势自偏。
> > 却似武乡侯气象,
> > 侧身谨慎几多年。

又一般画石者多用苔来点缀,而板桥则很少用此。在他看来,"石不点苔,惧其浊吾画气"(《兰竹》)。但他也非绝对不用点苔之法,如在自题画石册页中所说"从来不作苔花点,今日微添一两斑",即表明他也曾偶尔为之,只是不像他人那么重视罢了。

板桥不仅竹、兰、石画得好,其画作中的构图布局更是千变万化,达到很高的艺术水准。那么,板桥为什么如此喜画竹、兰、石呢?个中缘由,乃源于板桥的人格、处世的精神取向。其题《兰竹石图》曰:"一兰一竹一石,有节有香有骨";"介于石,臭如兰,坚多节,皆《易》之理也,君子以之";"石多于兰,兰多于竹,无紫无红,惟青惟绿,是为君子之谷"。又题《竹石》曰:"咬定青山

不放松，立根原在破岩中。千磨万击还坚劲，任尔东西南北风。"所谓"节、香、骨"者，其意即在于"介、臭、坚"，而此皆体现了君子的风范和"咬定青山""千磨万击"浑不怕的坚韧精神。这正是板桥为之的目的和追求的境界。当然，面对世事的窘境，板桥是不会与世沉浮的，其题《深山兰竹图》轴所说"深山绝壁见幽兰，竹影萧萧几片寒。一顶乌纱须早脱，好来高枕卧其间"，就体现了他的思想取向。但板桥并未就此而消沉，他有着愿为柱石的精神。在所作《清朝柱石之图》中，他表示："气骨森严色古苍，俨如公辅立朝堂。竹枝亦复多情事，靠定青山有主张。"又在题《柱石图》中强调："谁与荒斋伴寂寥，一枝柱石上云霄。挺然直是陶元亮，五斗何能折我腰！"以陶渊明的精神自况，由此可见板桥之人生境界了。

总之，无论画竹画兰画石，板桥都充分发挥出中国画所用纸、笔、墨、水的功能，使现实生活中的兰竹石，经由艺术的创造，而被赋予了新的生命力、新的意境。石涛及"扬州八怪"中的李方膺和金农等人，虽也以擅长竹石闻名，但他们从没像板桥那样常常将兰、竹、石生动地组合在一幅画面上，使之有时此为主而彼为宾，有时此为宾而彼为主，灵活变化，尽情发挥，给人以笔墨之外更多的感受和启发。更为难能可贵的是，板桥之画兰竹石，意在"用以慰天下之劳人，非以供天下之安享人也"（《题画·靳秋田索画》），这体现出他对劳苦大众的一片赤子之情。

板桥能在文人写意画领域取得如此突出的成就，在很大程度上得自于他几十年如一日的不断追求、揣摩和创新。正如他在《署中示舍弟墨》中所提到的："予为兰竹，家数小小。亦有苦心，卅年探讨。"乾隆二十三年（1758）十月下旬，他在为瀛翁所作《竹石图轴》中，题识云："四十年来画竹枝，日间挥写夜间思。冗繁削尽留清瘦，画到生时是熟时。"这种对艺术的不懈追求、苦心钻研，正是他能在创作上达到炉火纯青境界的根本动因。

当然，一个艺术家的成功并非仅仅靠勤奋就能得来，其间还离不开画家个人的理论素养和艺术个性。板桥在绘画领域巨大成就的取得，如下几方面的因素颇值得注意：

第一，板桥善于师法自然。用板桥自己的话来说，即"以造物为师"。

板桥在一则题画中说道："古之善画者，大都以造物为师，天之所生，即吾之所画，总需一块元气团结而成。"（《题兰竹石二十七则》之一）现实生活是艺术创作的源泉，板桥所画兰竹石之灵感，正是在对生活的细微观察中体悟出来的。在另一则《题画·竹》中，他又指出："凡吾画竹，无所师承，多得于纸窗粉壁日光月影中耳。"正因以造化为师，所以更能得其间之真意。蒋士铨在《题郑板桥画兰送陈望亭太守》中也道破了这层关系："君生兰渚旁，熟精种艺方。"（《忠雅堂诗集》卷18）板桥自幼即以竹为伴，离开家乡后，又长期生活于多竹之地。江村是多竹的，扬州之地亦多竹，且扬州之人爱养兰，扬州园林又多以黄石叠山，凡此皆为板桥提供了丰富的灵感源泉。竹、兰、石不仅为板桥的身边之物，更是他的心爱之物。板桥爱竹简直成癖，风中雨中倾听它的声音，日中月中观看它的情形，诗中酒中对它抒发情感，闲中闷中以它作为伴侣，竹子不仅入了他的画，更融入他的生命灵魂中。对竹如此，对兰、对石亦无不如此。板桥爱兰，于是便亲手养兰，由此对兰愈加亲近。其《题画·兰》曰："余种兰数十盆，三春告暮，皆有憔悴思归之色。因移植于太湖石、黄石之间，山之阴，石之缝，既已避日，又就燥，对吾堂亦不恶也。"日日以竹兰石为伴，也就完全熟悉了它们的特性和情态，也就能捕捉到兰竹石的千姿百态、性灵之境。在此前提下作画，无怪乎板桥能达到"我有胸中十万竿，一时飞作淋漓墨"的境地了。

"以造物为师"绝不简单地意味着形式主义地重复自然物，那是一般画匠的做法；对于有创造精神的画家来说，他们则能将生活事物的自然形象，提升为有灵魂的艺术形象。板桥所做的，正是苦心孤诣地将生活中竹的自然形象升华为作品中的艺术形象。这种艺术化的竹，融入了板桥对人生、对生活的种种感悟，枝枝节节都表达着他的情感。在《题画·竹》中，板桥生动地展现出他的这一艺术升华过程：

> 江馆清秋，晨起看竹，烟光日影露气，皆浮动于疏枝密叶之间。胸中勃勃，遂有画意。其实胸中之竹，并不是眼中之竹也。因而磨墨展纸，落笔倏作变相，手中之竹，又不是胸中之竹也。总之，意在笔先者，定则也；趣在法外者，化机也。独画云乎哉！

在传统画论中，"胸有成竹"是画家追求的一种艺术境界。于此，苏轼《文与可画筼筜谷偃竹记》曾有一概括：

> 竹之始生，一寸之萌耳，而节叶具焉……今画者乃节节而为之，叶叶而累之，岂复有竹乎？故画竹必先得成竹于胸中，执笔熟视，乃见其所欲画者，急起从之，振笔直遂，以追其所见，如兔起鹘落，少纵则逝矣。

相对于这一境界来说，板桥的"眼中之竹——胸中之竹——手中之竹"则更上一层次。在板桥看来，画家（即审美主体）和客观事物（即审美客体）之间是一种互动统一的过程。首先，画家第一步要做的是对客观事物进行深入、细致的观察，从而在脑际形成独特的感受（即"眼中之竹"）。进而，在此基础之上，将其凝练、抽象成富有艺术思想情感的艺术景象（即"胸中之竹"）。再进一步，画家充分发挥画纸、笔、墨、水的功能，将心中的艺术景象富有灵性地展现出来，此时的纸上之竹，已不再是单纯的审美客体的简单复制，而是一种主客体高度统一、融合的艺术形象（即"手中之竹"）。板桥所揭示的这一过程，实际上是一个从自然美到艺术美的创造过程。显然，板桥所讲的"手中之竹"，已经是主客体统一、融合后的人格化的竹子了。

所谓人格化的竹子，实际上就是中国画中的写意画法。板桥的画是以写意见长的，他画的兰竹属于豪放一路的写意兰竹，非常强调作品的意境。所谓意境，简而言之，是指将所描绘的具体可感的客观事物和作者丰富的思想或强烈感情融合为一体而形成的一种艺术境界。板桥一再提到"意在笔先者，定则也；趣在法外者，化机也"，以及"为竹写神"等，皆指此意境而言。板桥笔下的墨竹，往往是满纸由下而上，画十多根粗细不匀、干湿不一、浓淡相间的竹枝，仅在中间画上两三枝新竹，上面点缀上几片嫩叶，迎风飘舞，动感十足。在《题画竹六十九则》中，他说：

> 不过数片叶，满纸俱是节。
>
> 万物要见根，非徒观半截。
>
> 风雨不能摇，雪霜颇能涉。
>
> 纸外更相寻，干云上天阙。

如此一来，意境便出来了。众所周知，稍懂绘画艺术的人，都不会单单关注画面之竹与现实之竹的相似性，而是顺着节节向上的竹竿，去感悟画家所追求的意境，去探寻画家的"画外之意"。正如板桥在《题画六十九则》之一中所说：

> 画有在纸中者，有在纸外者。此番竹竿多于竹叶，其摇风弄雨、含露吐雾者，皆隐跃于纸外乎？

这也正是"手中之竹"具有的意境美的生动体现。

第二，板桥善于汲取前人之长，即板桥自己所讲的"转益多师"。

一个有成就的画家，必然是站在前人艺术成就的基础上继续自己的艺术创作。中国画的传统风格和技法源远流长，其间若没有继承，就不会有发展。板桥尝自称"凡吾画竹，无所师承"，但这并不是说他从来就不理会前人的成就，而是指他并未被某一家一派所囿。事实上，在板桥的艺术实践中，他不仅从生活中学习，而且不断地汲取传统的艺术营养，借鉴传统的艺术成果，并把生活与传统结合起来，熔古今于一炉，从而形成其"无古无今之画"的风格。也就是说，板桥不是不学习前人，而是讲求一种正确的学习方法，以期既能采众家之长又不囿于一家一派的窠臼。一句话，板桥之所以能取得艺术上的成功，一个重要的原因是他善于学习前人。这表现为：

首先，他能够自觉地转益多师，兼采众家之长。在《题兰竹石二十七则》中，板桥曾这样说道：

> 平生爱所南先生及陈古白画兰竹。既又见大涤子画石，或依法皴，或不依法皴；或整或碎，或完或不完。遂取其意，构成石势，然后以兰竹弥缝其间。虽学出两家，而笔墨则一气也。

这里所说的"学出两家"，就是转益多师的体现。

板桥临摹过文与可、苏轼的墨竹。金农《冬心自写真题记》称板桥画竹"绝似文湖州"，《清代学者象传》则认为板桥画竹"神似坡公"。实际上，板桥之画竹，乃能兼取两家之长。其实，板桥不只能兼取文、苏两家之长，还能充分注重更多人之长。《题画·竹》中日：

> 鲁直不画竹，然观其书法，罔非竹也。瘦而腴，秀而拔；
> 歆侧而有准绳，折转而多断续。吾师乎！吾师乎！

可见，板桥还能从黄庭坚的书法中得到画竹灵感。文、苏两人外，板桥提及的前辈画家还有：宋遗民画家郑思肖，对其人品画艺，板桥都极为推崇，认为"兰竹之妙，始于所南翁"，并自称"所南翁之后"；明代画家徐渭，板桥对其更是佩服之至，认为"文长、且园才横而笔豪，而爕亦有倔强不驯之气，所以不谋而合"（《题画·靳秋田索画》），他甚至刻了一方"青藤门下牛马走"印，毫不掩饰自己的崇敬之情。不仅对前人如此，板桥于同时代的画家，如石涛、八大山人、高其佩、李鱓等人，也能虚心学习其长处。他曾慨叹："甚矣石公不可及也！"并为老朋友李鱓的去世，"不复有商量画事之人"而叹息。足见板桥虚心学习之至诚。

板桥善于向别人学习的第二点是，善于学名家之长，而又能避其短，即其所讲的"选佳为师"。板桥之向别人学习、借鉴时，其视野放得非常宽，着意于"转益多师"。正是在多方涉猎的过程中，板桥能够认清诸家之长、短，并因而得出如下结论："古之善画者，大都以选佳为师。"对石涛的学习便是一个典型的例子。在《题画·兰》中，板桥曾提到学习石涛的情况：

> 石涛和尚客吾扬州数十年，见其兰幅，极多亦极妙。学一半，撇一半，未尝全学。非不欲全，实不能全，亦不必全也。

板桥的意思非常明白：学习传统，不能生搬硬套，一味模仿，而必须"十分学七要抛三"。也就是说，既要按照是否有助于自己个性发展的标准去取舍古人，同时又要在学习中探索、抒展自己的个性。

"选佳为师"学习方法发挥到极致，便是板桥所说的略其迹而

"师其意"：

> 郑所南、陈古白两先生善画兰竹，燮未尝学之；徐文长、
> 高且圃两先生不甚画兰竹，而燮时时学之弗辍。盖师其意，不
> 在迹象间也。

——《题画·靳秋田索画》

板桥画竹的艺术水平应当是在徐渭之上的，因为后者是"不甚画兰竹"，但板桥却能在对徐渭的学习中多有所得。他认为："徐文长先生画雪竹，纯以瘦笔破笔燥笔断笔为之，绝不类竹；然后以淡墨水钩染而出，枝间叶上，罔非雪积，竹之全体，在隐跃间矣。"（《题画·竹》）实际上，板桥的画竹瘦而腴，秀而拔，清光拂面，潇洒逼人，笔法不是青藤一路。板桥到底从这位画竹水平不如自己的徐渭身上具体学到了什么，我们认为这要从板桥的"师其意"上来解释：板桥羡慕于徐渭能用瘦笔、破笔、燥笔、断笔来发抒"倔强不驯之气"，由此受到启发，他就要探索自己如何巧妙地汲取徐氏的笔意，来发抒自己的"胸中块垒"。"师其意"在这里就又可以解释为取其"神似"、意境。

第三，板桥之画体现了高尚的人格美。

作为进士出身的板桥，其绘画作品不同于一般的民间绘画，更不同于宫廷画院的绘画，而是属于写意的"文人画"。"文人画"的称呼，最早为明人董其昌提出，泛指中国传统社会中文人、士大夫的绘画。"文人画"作者们的创作，题材多为山水、花草之类，用写意画法，借以抒发对万物、人生的感悟或个人心中的郁闷，其中不乏借以表达对民族压迫或腐朽政治的愤懑之情。这些人看重的是作品中的"士气""逸品"，讲求笔墨的情趣，强调画面的神韵，同时又十分重视作品中所体现出来的文学修养。其格调高雅，意境幽远，用笔

讲究，为传统画坛带来了一股清新之气。在借以寄情言志的诸审美客体中，梅、兰、竹、菊，自宋特别是南宋以来，便得到画家们的普遍珍爱，享有"四君子"之美誉。此外，石头也被画家们赋予了诸如坚贞、高洁等美德，同时也被认为是为人傲岸、逸宕的表现。历史上有不少画家在"四君子"画上取得极高的艺术成就，如苏轼之墨竹、郑思肖之墨兰、王冕之墨梅、徐渭和原济之兰竹等。板桥继承了这一传统，其专攻兰竹石，在很大程度正是出于这种考虑。

板桥在《题画》中曾这样说道："四时不谢之兰，百节长青之竹，万古不败之石，千秋不变之人，写三物与大君子为四美也"（《题画兰二十一则》）；"兰竹石，相继出，大君子，离不得"；"一竹一兰一石，有节有香有骨。满堂君子之人，四时清风拂拂"（《题兰竹石二十七则》）。其题《竹石图轴》，更对心爱的竹子尽情地加以礼赞道：

> 盖竹之体，瘦劲孤高，枝枝傲雪，节节干霄，有似乎士君子豪气凌云，不为俗屈。故板桥画竹，不特为竹写神，亦为竹写生。瘦劲孤高，是其神也；豪迈凌云，是（其）志也；依于石而不囿于石，是其节也：落于色相而不滞于梗概，是其品也。

这是对竹子的礼赞，又何尝不是孤傲、高雅、有气节、不得志士大大和文人的心灵独白？总之，板桥喜爱兰竹石从而擅长画兰竹石，是因为在他看来兰竹石体现了一种坚强不屈、正直无私、苍劲豪迈、虚怀若谷的人格美。这也正是其兰竹石艺术能取得成就的感情基础。

第四，在具体的绘画技巧上，板桥善于将诗、书、画、印结合起来，体现了其艺术的立体感。

诗、书、画、印，为中国独特的艺术形式，在这几方面板桥皆有较高的造诣。张维屏于《松轩随笔》中尝说：

> 板桥大令有三绝：曰画，曰诗，曰书。三绝之中又有三
> 真：曰真气，曰真意，曰真趣。

而更为难能可贵的是，板桥又能将诗、书、画、印完美地融合在一起，使之成为一个思想整体的几种不同的表现形式，从而达到艺术创作的极致。板桥每幅画作上必有题款，而且一般是题诗，其写诗所用之字体又是他那长长短短、正正斜斜如"乱石铺街"的"六分半书"。这些"怪异"的字或上或下，或左或右，或夹于画中，灵活多变，与画面的格调融为一体，两相宜，不可离。而后再加上具有狂怪风格的诗文内容，和那放纵跌宕的印章，最终形成了独树一帜的板桥兰竹艺术。我们不能想象将板桥的画换上金农或其他书家的字，或者没有那些题款将是什么样子，那肯定也就不再是板桥风格的画了。对此，蒋宝龄《墨林今话》中所云："板桥题画之作，与其书画悉称，故觉妙绝，他人不宜学也"，可谓一语中的。此可见熔诗、书、画、印为一炉，正是板桥艺术的独到之处。

板桥之题款，不仅能在整个画面布局上起到增进视觉效果的作用，其所擅长的借题款之内容抒怀论世，更增添了画境的意蕴。绘画和诗歌是两种不同种类的艺术表现形式，但二者之间又存在某种联系。苏轼有"味摩诘之诗，诗中有画；观摩诘之画，画中有诗"之论（《书摩诘蓝田烟雨图》）；张舜民有"诗是无形画，画是有形诗"之语（《跋百之诗画》），表达的都是诗画之间在艺术实践中相互增益的内在联系。板桥的绘画正是借用了题款上的诗词，阐述了那些仅仅通过画面无法表达的艺术见解和内心感受。如他在一幅破盆兰花图上，题了这么一首诗："春雨春风写妙颜，幽情逸韵落人间。而今究竟无知己，打破乌盆更入山。"诗情画意，交相辉映，使人在看到画面上秀逸绝伦的兰花时，自然而然地感受到板桥对知音稀少的慨叹和对个性自由的追求。再如其所作《墨竹图》，画面上是一枝被强风刮

倒的竹枝，竹枝虽已然倒悬于峭壁之上，但竹枝却依然表现出顽强的生命力：其叶逆风翻卷，给人一种历经风霜却仍然清高傲岸的感受，大有凛然不可侵犯之势。在这幅画上，板桥又题诗一首："一阵狂风倒卷来，竹枝翻回向天开。扫云扫雾真吾事，岂屑区区扫地埃！"然后又加盖印章数枚，诸如"橛散""横扫"等，遂构成一幅完美的艺术佳品。在这幅画中，板桥通过诗、书、画、印多方面的艺术手段，将自己虽有凌云之志却又不为世用的抑闷之情，含蓄精妙地展现出来，营造了一种深邃的意境。倘若单凭画面的一根竹子，无论如何是表达不出如此丰富内涵的。对于题款的这种作用，板桥本人曾有过明示："借君莫作画图看，文里波澜，字里机关。"他所要表达的意思，就是力图发挥自己在诗歌领域的才能，赋予画面更为深刻的内涵，用以抒发自己诸种复杂的情愫。

题款的作用不仅仅在于其内容，更在于字画同源。题款本身就是画面的一部分，与绘画、印章共同组成一幅完美的构图。板桥在画面上题字的位置、字之多少并无固定模式，而是结合绘画的内容一并构思的，因为题字本身就同竹、兰、石等一样，也是画中的血肉，甚至是其骨干。如板桥的一幅《墨竹图》是这样构思的：在画面的右下侧，歪歪斜斜地伸出几枝瘦竹，在竹影掩映中，原本可以补上几笔"怪石"的地方，他却题上几行歪歪斜斜的"六分半书"：

今日醉，明日饱，说我情形颇颠倒，那知腹中皆画稿。画他一幅与太守，太守慌慌锣来了，四旁观者多惊异，又说画卷画的好。请问世人此中情，一言反复何多少？吁嗟乎，一日反复何多少！以字作石，补其缺耳。

在这幅作品中，字画相协，融为一体，那字迹不仅像峰峦上的皴法一样，衬托出潇湘修竹的秀美，而且还展现出作者那嘲讽俗世的机锋和醉态。同时，诗文更有"画外"之意。如此之奇思妙构，真是把诗、书、画艺术发挥到了极致。

板桥的绘画，在当时及对后世都有很大的影响，应属于开一代画风的人物。板桥之时，就有很多人模仿、学习他的兰竹画法。如徐珂《清稗类钞》所记载的"理氏昌凤"，《板桥先生印册》所记载的"朱青雷"，都深得板桥笔意。近百年来，虚谷、赵之谦、任颐、吴昌硕、陈师曾、齐白石、潘天寿、傅抱石、李苦禅等也都曾受过板桥风格的影响。白石老人认为古今有不少画家画的竹子不是"真而不妙"，便是"妙而不真"，只有文与可、郑板桥几人才兼得两者"真而且妙"的境趣，这一评价是很有见地的。①更值得指出的是，板桥的艺术不仅是中华民族的宝贵文化遗产，而且走向了世界，越来越被世界各国人民所欢迎和喜爱。

板桥之书法

中国书法艺术可谓源远流长，而且随着时代风云的变幻和时人审美情趣的不同，其艺术风格一直处于变化之中，所以后人能看到书体不同、风格迥异、色彩纷呈的各种流派的书法作品。

中国字的最早形态是甲骨文，而后又发展出金文，之后是隶书。魏晋时期是中国书法发展的一段至关重要的时期。此时，随着汉学的衰微，玄学、佛学的兴起，书法又发展到了一个新的阶段，即古朴的汉隶开始向以清秀、飘逸为显著特点的魏晋书法转变。众所周知的大书法家钟繇、王羲之等人，即为魏晋时期书法的代表。他们的书法也正反映了魏晋时代士人的审美情趣，成为当时书法的主流。其中，钟繇为三国魏人。其书法的特点是变隶书扁肥为瘦长，开一代新书风。王羲之继承了钟繇的风格，并在钟体的基础上使新书体愈加趋于完

---

① 胡佩衡、胡橐：《齐白石画法与欣赏》，人民美术出版社1992年版，第78页。

美。魏晋时期之所以是中国书法发展史上的一个非常重要的时期，不仅在于这一阶段出现了以钟繇、王羲之为代表的主流书法艺术，还在于此时出现了以佛教各种造像和帝王将相、王公大人生平为内容的碑刻艺术，这是另一种风格的书法，可称之为魏晋书法的潜流。其代表性作品如《爨龙颜碑》《瘗鹤铭》《郑文公碑》《张猛龙碑》等，这种书法风格同样对后世书法家产生深远影响。这一潜流，与汉代的隶书一起，共同成为后世书法家突破主流书法艺术取之不尽的源泉。

唐朝是中国封建社会发展的巅峰时期，也是中国书法艺术的又一高峰时期，在真、草、隶、篆诸体上，涌现出诸多大家。这一时期的书法，就整体的审美情趣来说，是以"法度森严"为主流的，但不同的书法家，其表现"法度"的审美形式则风格多异。唐代有代表性的大书法家，唐初有虞世南、欧阳询，唐中期有颜真卿、柳公权。唐代书法艺术高度繁荣的一个重要原因是当时宽松的文化政策，因为当时官方在书法上并没有定于一尊，尽管科举制度已经大有发展，唐政府对考生的书法字体没有像后来那样有硬性的规定。因此，唐代书法艺术是在相对自由的竞争状态下发展起来的。唐人书法虽各有宗派，各有法度，但能不囿于"法度"，死守"法度"，在"法度"与"自由"二者之间，保持着较好的张力。

两宋的书法艺术，在唐代流派纷呈书法的基础上，继续呈现出多彩多姿的局面。其中，北宋中叶的苏、黄、米、蔡四大家，最为有名，对以后的文人书法产生了很大的影响。

入明以后，中国书法从某种意义上讲到了一个衰退期，这同中国的封建文化日渐走向没落的历史发展趋势是相一致的。伴随着明代文化专制政策的出现和加强，书法艺术亦表现为定于一尊的趋势，出现了一种名为"台阁体"的书法。"台阁体"被当时政府规定为参加科举考试的标准书体，是科举考试评分的一个重要标准。此项规定的出台，无疑使占社会主流的官方书法一时风光八面，但同时也在一定程度上扼杀了其艺术生命力。同样，千人一面的规矩、法度，虽吸引了大批知识分子为功名着想而纷纷投入到"台阁体"的习练之中，但这也扼杀了他们书法艺术的个性生命。好在当时还有少数书法家如文徵明、祝允明、唐寅、徐渭、董其昌等人依然坚持着自己的个性，遂使明代书法在某种程度上仍然保持住了一定的生命力。另外值得一提的是，明至清初的书法家，崇尚晋、唐以来的法帖，谓之"帖学"。其中如祝允明、文徵明、董其昌以及王宠、张瑞图、黄道周、倪元璐、王铎等人，将个人的气质与古人的面目融合起来，潇洒出尘，千变万化，从而在继承、发展宋元书法传统的基础上，为明代的书法艺术成就添上了重重的一笔。但就整个明代的书法艺术成就来说，较之两宋显然有所倒退，其成就与唐和魏晋相较，更难相提并论。

清代的情况和明代相类，清军入关后，伴随着清王朝的稳定和一系列政策的推行，思想学术渐趋一尊，文化专制亦逐渐加强。在书法艺术上，"帖学"日渐走向没落。统治者对董其昌、赵孟頫的书法极力推崇，臣下自然也就投"一人"之所好，群趋而效之，从而形成一种"馆阁体"书风。其时，科举考试规定，试卷上的字要用"乌""方""光"的小楷。于是人人都练习这种行行匀整、字字光圆的书体，结果，千人一面，使书法艺术更趋于衰微。不过，由于统治者的不同爱好，"馆阁体"亦有所变化。金安清《水窗春呓》卷下《馆阁书变体》曰："馆阁书逐时而变，皆窥上意所在。国初，圣祖喜董书，一时文臣皆从之，其最著者为查声山、姜西溟。雍正、乾隆皆以颜字为根底而赵、米间之，俗所谓墨圆光方是也。然福泽气息，无不雄厚。"总之，板桥生活的年代是一个文化专制日渐加强的时代，也是一个在学术、艺术领域复古主义思潮愈演愈烈的时代，其中当然也包括书法艺术。在这种时代背景下，一方面书法艺术需要创新，另一方面，书法创新必然受到来自社会复古势力的压制，这便是板桥从事书法创作所面临的时代困境。

从整体上来说，板桥所处时代是一个在思想文化领域让人窒息的时代，但在局部地区，特别是经济发达如江南等地，则充满了活力。在这些地区，商品经济的繁荣，刺激着人们追求新的艺术形式，孕育着新的审美情趣。这种呼唤新的艺术、新的审美风尚的现实需求，刺激着艺术家从事新的探索。扬州地区便拥有这样的经济条件和文化氛围。身处扬州艺术氛围之中的郑板桥，正是在不断地汲取新艺术营养的同时，以其"怒不同人"的自觉追求，开创了新的书法风格。

特别有意思的是，板桥从事书法创新过程中，十分注意借鉴魏晋以来书法艺术"潜流"的碑刻艺术。板桥生活的清代前期，是文字狱最为猖獗的年代。一般学者为全身远祸，大都钻进烦琐的考据圈子里，金石学因之而兴。汉、晋、南北朝时期的碑刻出土日多，清代的书苑里从而形成了一股"碑学"波澜。这一时代特点和学术关注点的变迁，似又为板桥从事书法创新从某种程度上提供了一些有利的条件。板桥和他的朋友如高凤翰、丁敬、金农等人，皆受古碑的启发而在书体上有所创造。在《署中示舍弟墨》中，板桥云："字学汉魏，崔、蔡、钟繇，古碑断碣，可意搜求。"并在一幅大中堂上录南北朝书论云："蔡邕书骨气洞达，爽爽如有神力；邯郸淳书应规如矩，方圆乃成；钟繇书如云鹤游天，群鸿戏海，行间茂密，实亦难过邪；王右军书字势雄强，如龙跳天门，虎卧凤阙，故历代宝之，永以为则。"可为学碑确证。创新的结果，金农从隶书入手，以《国山碑》《天发神谶碑》为基础，用秃笔和重墨为之，创为古朴奇拙之体，号称"漆书"。板桥则创造出了"六分半书"，其走势雄浑峭拔。郑、金二人同时驰骋书坛，各有千秋。

板桥书法艺术风格的形成及所创著名的"六分半书"体，经历了很长一段时间的磨砺过程，是板桥在摹习各家各派书法艺术的基础上，经过曲折摸索而形成的。

板桥少年时代始练书法时，主要在楷书上下功夫。《清史列传·郑燮传》云:"书画有真趣,少工楷书。"从现存板桥的小楷作品《秋声赋》来看,板桥楷书主要是从学习欧阳询入手的,同时又参酌了褚遂良的书法。另外,板桥还曾练习过草书。据估计,板桥习行书大体是由晋帖入手,对王羲之的《兰亭序》《宋拓圣教序》等曾下过苦功夫。徐珂在《清稗类钞》中提到:"板桥初学晋帖。雍正辛亥①,书杜少陵《丹青引》横幅,体仿黄庭。后乃自为一体。"金农《画竹记》云:"狂草古籀,一字一笔,兼众妙之长。"板桥从孙郑銮《板桥世大父临兰亭序跋》也说:"公少习怀素,笔势奇妙,惜不可多见。"总之,为了科举的需要,板桥早年曾一度着意于楷书和草书,且写得相当好。从现存的板桥墨迹如《城隍庙碑记》、扫叶山房石印《郑板桥全集》中某些用楷书书写的诗句如《陆种园诗》等笔迹来看,其楷书和草书的功力是颇深的。他的楷书多以欧体,工整秀丽;草书则具有怀素的风韵,多用中锋,笔力圆劲流畅。这表明,如同其他士子,板桥也曾以官方认可的秀美字体为准,这是当时应试士人必走的书法之路。而对板桥书法影响最大的,则是汉隶、魏碑。

除前人外,同时代人中对板桥书法产生一定影响的要属高其佩了。板桥《行书论书》轴曰:"平生爱学高司寇且园先生书法,而且园实出于坡公,故坡公书为吾远祖也。坡书肥厚短悍,不得其秀,恐至于蠢,故又学山谷书,飘飘有欹侧之势,风乎?云乎?玉条瘦乎?元章多草书,神出鬼没,不知何处起何处落,其颠放殆天授,非人力不能学、不敢学。东坡以谓超妙入神,岂不信然!"在如此转益多师的基础上,板桥逐渐打下了"自创书体"的基本功。

天宁寺读书阶段,应是板桥书法发展的一段重要时期。当时,板桥和他的学友为了比赛各自对经典熟悉的程度,就一起默写经典,用当时市面上的格纸,"日默三五纸,或一二纸,或七、八、十余纸;

---

① 按:雍正辛亥即1731年,时板桥39岁。

或兴之所至，间可三二十纸。不两月而竣工。虽字有真草讹简之不齐，而语句之间，实无毫厘错谬"（《四子书真迹序》）。板桥这种随意挥洒的书法创作，正是形成其书法艺术风格的关键。可以这样说，在天宁寺读书以前的书法练习过程，是量的积累，而在天宁寺默写四书、五经时期，则是质的飞跃。这一质的飞跃，其契机，乃在于板桥能任情地自由挥洒。

当然，板桥的这种自由创作，是具有理性的，这同其先前的理论素养有密切关联。也就是说，他是在熟悉、吸收书法史上典范作品的基础上，来从事自己的书法艺术创作的。板桥在比较了黄庭坚杜诗钞本和赵松雪《左传》抄本优劣的基础上，"创为真隶相参之法，而杂以行草"。在《四子书真迹序》中，板桥是这样描述自己当时的艺术心得的："黄培翁有杜诗钞本，赵松雪有《左传》钞本，皆为当时欣慕，后人珍藏，至有争之而致讼者。板桥既无培翁之劲拔，又鄙松雪之滑熟，徒矜奇异，创为真隶相参之法，而杂以行草，究之师心自用，无足观也。博雅之士，幸仍重之以经，而书法之优劣，万不必计。"讲"师心自用，无足观也"，当为板桥自谦之词。既然是"创为真隶相参之法，而杂以行草"，就说明板桥是作为一名艺术家在自觉地从事创作。只是这时板桥的书法艺术风格还处于探索期、形成期，他还不敢、也不便对经典权威下不敬之语。

板桥所作《四书手读》，已经比较成功地融合了真、隶二法。在结构整体安排上，他取侧斜之势，从而使本来隶意较浓的欧体显得愈为生动有神。而在篇章的安排、布局上时而间杂一两个古体字，更是妙手拈来，使整篇书法犹如美玉嵌宝珠，灵性凸显，避免了熟而生庸的缺陷。《四书手读》较重的隶意，突出了欧体字的古朴意趣，同时又淡化了欧体险峻、峭拔的风格；参以行、草之意，而减少了欧体的板滞。以古隶之波磔取代欧体捺笔之峻秀的技法选择，也初步体现出板桥追求"沉着"风格的美学思想。这种带有行草意味，且隶味较重的"板桥体"，不同于前人书体，一反腐儒、迂儒对待经典的做法，很大胆地以"己意"使"古隶"获得新的时代生命。总之，板桥在其《四书手读》中，已初步形成了他的书法艺术风格。因为在《四子书真迹序》中，板桥已经将真、隶相参，杂以行草，粗具"六分半书"的面目。对此，傅抱石先生有过如下评价："大体说来，他的字，是把真、草、隶、篆四种书体而以真、隶为主的综合起来的一种新的书体，而且又用作画的方法去写。这不但在当时，是一种大胆的惊人的变化，就是几千年来也从未见过像他这样自我创造形成一派的。"（《郑板桥集·前言》）

出于对艺术的挚爱，板桥时刻没有放松学习、探索过程。这一过程甚至在他准备会试而于焦山读书期间，也没停止过。焦山多竹，板桥深深地爱上了满山的修竹，在他眼中，这些修竹也像苦读中的自己一样，蕴含一种凌云之志。而最为重要的是，焦山亦多碑刻。焦山西侧沿江一带，全为峭岩陡壁，其上多有宋、元、明历代游客的题名、题诗。从字体上来看，有正、草、隶、篆等，可谓各种书法应有尽有，琳琅满目，美不胜收，其中又有不少上乘之作，为此，焦山享有"书法之山"的美誉。对板桥来说，这可称得上是一次难逢的大好学习机会。当时的板桥，可谓是整身心地陶醉在这座硕大的书法陈列馆中了。其中，板桥对宋代爱国诗人陆游踏雪观《瘗鹤铭》石刻赏玩不已，倾心其间。其文曰：

陆务观、何德器、张玉仲、韩无咎隆兴甲申闰月二十九日，踏雪观《瘗鹤铭》。置酒上方，烽火未熄，望风樯战舰在烟霭间，慨然尽醉。薄晚，泛舟自甘露寺以归。明年二月壬午，圜禅师刻之石，务观书。

关于《瘗鹤铭》这一千古名作，其背后还有一段感人的故事。相传，东晋大书法家王羲之平生极爱养鹤。有一年，他游览至焦山，正巧看到山上有一只白鹤，长得非常可爱，不禁对这只白鹤心生爱意。但数年之后，当他再次来到焦山，却发现这只白鹤已经死了，这令他备感伤心。痛心之余，他挥毫写下了《瘗鹤铭》，以寄托自己的哀思，于是便有了这部传世之作。《瘗鹤铭》原本是被人刻在焦山西麓岩石上的，后来却因岩石崩裂而坠入江中。到了清康熙五十二年（1713），时任镇江知府的陈鹏年请人下江打捞此碑，但仅寻得残石五块，其中有81个完整字、11个残字。尽管如此，仍然可由此看出其字体之潇洒苍劲，别具一格。事实上，这部作品在书法史上占有极为重要的地位，它是由隶书发展成楷书演变过程中著名的石刻之一。板桥在《署中示舍弟墨》中，说自己"字学汉魏，崔、蔡、钟繇，古碑断碣，可意搜求"，想来其最后所创造出的以隶、楷相结合为特色的"六分半书"，定会从《瘗鹤铭》中得到某些启示。而有人更直接指出，说板桥"书法《瘗鹤铭》，而兼黄鲁直，合其意为分书"（李玉棻《瓯钵罗室书画过目考》）。李详《药裹慵谈》亦称："板桥初学晋帖，余尝见板桥雍正九年书杜老《丹青引》横幅，体仿黄庭，对之磬折，后乃自为一体。蒋心余指为晚摹瘗鹤兼山谷者，然余尝见李长衡书，板桥极似之，其渊源固有自也。"（卷3《拭觚下·郑板桥》）

由上来看，板桥书法风格的形成乃一循序渐进、不断发展的过程，"六分半书"是其最终的心血结晶。正因为板桥的书体是在创作中不断发展完善的，我们不好简单地认定他是哪一年形成"六分半书"风格的，而只能说从板桥36岁天宁寺创作《四书手读》始，其独有的艺术风格便已经开始形成，在日后渐臻成熟完善。板桥58岁时所作《板桥自叙》中自称"善书法"，且自号其书体为"六分半书"，显然，此时板桥的书法已经是成熟完善的"六分半书"了。乾隆二十五年（1760），68岁的板桥作有《刘柳村册子》，其中提到"板桥书法以汉八分杂入楷行草，以颜鲁公《座位稿》为行款，亦是怒不同人之意"。此外，他还治有一枚"六分半书"印。对此，我们可以认为，这是板桥对其书法创作更高层次的体悟。总之，板桥的"六分半书"，是其自觉的个性追求在书法艺术上的体现，是一种艺术个性化的实现过程，其间既有创作实践的不断精进，又有理论上的不断总结、提高。

何谓"六分半书"？板桥自己没做具体说明，其后的书评家们亦对此不甚了了。著名书画家傅抱石先生在《郑板桥集序》中，曾对板桥之书体作了这样的概说："大体说来，他的字，是把真、草、隶、篆四种书体而以真、隶为主的综合起来的一种新的书体，而且又用作画的方法去写。"在此需要指出的是，"分书"，就是隶书，又称"八分书"。板桥之书体，介于隶、楷之间，且又隶多于楷，这样就不足八分，又不是四四对分，故得"六分半书"之名。傅老之说可谓抓住了板桥书体的根本特征。周积寅先生对此说得更为清楚，他指出："板桥的'六分半书'，若从比数上去理会，即从汉字八分中取其六分半，尚有一分半为行、为楷、为篆、为草。"而就板桥的具体书法实践来看，"不可能也没必要按这个比数去书写。书写的结果，也许是五分、五分半、六分、六分半、七分。因此，他的'六分半书'当看成是一种活称，绝非一种固定不变的模式。"①周先生的解释，与前面所提到板桥之书体当作为一个不断发展完善的过程来理解的思路是一致的。无论是从傅先生的概述中，还是从周先生的解释中，我们都可以得出一个同样的结论："六分半书"是一种综合创新的艺术形式，从现在能够见到的板桥书法作品来看，其创新是相当成功的。

对"六分半书"的特点，周积寅先生在总结前人评价的基础

---

① 周积寅：《郑板桥》，吉林美术出版社1996年版，第188页。

上，将其集中概括为五点：第一，"多体合一"；第二，"以画为书"；第三，"摇波驻节"；第四，"乱石铺街"；第五，"一字多变"。①事实上，真正能揭示板桥"六分半书"审美特征的，是第一、二、四这三点。因为，所谓"摇波驻节"实乃"以画入书"的一种表现；而"一字多变"为众多书法家所共有，算不上板桥字体中突出的特点。以下，就多体合一、以画入书、乱石铺街三方面稍作剖析。

第一，多体合一。这一特征在前面介绍"六分半书"含义时，实际上已经揭示了这层意思。板桥"六分半书"鲜明的艺术特色，就是将真、草、隶、篆四体融合在一起，或者说，是以汉八分（隶书的别称）杂入楷、行、草，并带有篆意。叶恭绰先生《清代学者象传》称板桥"书有别致，以隶楷行三体相参"，即指此而言。细观板桥书法作品，可明显地看出，其中的隶、篆笔法很多，金石味很浓，有些地方甚至是直接掺入篆字，可谓不守规矩，大胆创新，这也正是板桥"如灌夫使酒骂座，目无卿相"②性格特征的鲜活体现。实事求是地讲，板桥的字有的写得的确过于张扬，甚至被人斥为有造作之感。如他在乾隆二年（1737）所书《板桥自叙》手卷中，全篇笔势变化多端，但四个"行"字分别写作四体。这一点，有人称之为板桥的一大特点；有人则认为大可不必如此张扬，不足为后人法。但无论如何看待板桥字体之多变，有一点大家的观点是基本一致的，即板桥这一"多体合一"的新型书体，具有特别丰厚的审美意蕴。如清人查礼指出："板桥工书，行楷中笔多隶法，意之所之，随笔挥洒，遒劲古拙，另具高致。"（《铜鼓书堂遗稿》卷32《词话》）蒋宝龄亦称板桥之书"极瘦硬之致"（《墨林今话》卷1）。也就是说，板桥把极其矛盾的一对审美范畴"古拙"与"秀美"统一起来，从而获得了

① 周积寅：《郑板桥》，吉林美术出版社1996年版，第186—194页。
② 桂馥：《国朝隶品》。

"古秀独绝"的审美效果。板桥"六分半书"的审美特征，从某种意义上讲，在感性的层次上正好满足了商业社会人们喜好猎艳、猎奇的心理。清人阮元在《广陵诗事》卷8中曾指出："郑板桥少为楷书极工，自谓世人好奇，因以正书杂篆隶，又间以画法，故波磔之中，往往有石纹兰叶。"在书法美学方面，板桥非常成功地将真、行、草、隶、篆多体熔为一炉，从而既得楷书的端庄、行书的潇洒、草书的跳动，又得隶书的典雅、古拙，篆书的圆润，体现了该时代综合创新的精神。

第二，以画入书。中国艺术发展史上，字画是同源的，因为在原始社会，文字和绘画本是合一的，只是后来随着文明的进步，它们因各自主要功用有所不同而被分开了。尽管如此，两者之间始终有着天然的联系，中国文字渊源的"六书"中，"象形"居首，可作佐证。唐人张彦远《历代名画记》有所谓"工画者多善书"和"书画同法"的理论。事实上，古代很多画家多兼善书法，如唐代的薛稷，宋代的苏轼、米芾、宋徽宗，元代的赵孟頫，明代的文徵明、沈周等均是。赵孟頫更有诗云："石如飞白木如籀，写竹还与八法通。若也有人能会此，须知书画本来同。"（题《秀石疏林图》卷）可知书法和绘画，不但同源，而且在一定程度上也是同法的。板桥书法的特征之一是"以画为书"，是指板桥在书法创作的方法上，将画法融入书法，使字的笔画更具表现力。值得注意的是，古人讲书画同源，多讲以书法的笔法融入绘画。板桥亦讲书画同理，却是将画法融入书法。他在《墨竹》横幅题词中，对此作了明白的交代，说："至吾作画，又往往取沈石田、徐文长、高其佩之画以为笔法，要知书画一理。"板桥这种艺术特色的形成，据他自己说曾受黄庭坚书法的启发。其《题画·竹》云："与可画竹，鲁直不画竹，然观其书法，罔非竹也。瘦而腴，秀而拔；欹侧而有准绳，折转而多断续。吾师乎！吾师乎！"从中可以看出他对黄庭坚由衷的推崇与佩服。又《题画竹六十九则》

中说："山谷写字如画竹，东坡画竹如写字。不比寻常翰墨间，萧疏各有凌云意。"正是出于师法山谷的"凌云意"，板桥恰到好处地将绘画用笔的成就吸收到书法中来。他学习了山谷的长撇，又巧妙地参入兰竹画笔，使字的中锋一竖和一撇，犹如兰竹的再现。吴根友先生所揭示的"摇波驻节"，亦是这个意思。吴先生指出："桥在处理长笔画时，有意抖动笔锋，使长笔画产生迭宕之姿，使书法的篇章在整体结构的平静中出现起伏感。这亦是他以画兰之意透入书法的结果，一般书法家不敢，也想不到用此笔法。《六分半书苏轼轴》一幅中的'之'字、'人'字的捺笔，最为典型。板桥71岁时作的对联：'操存正固称完璞，陶铸含弘若浑金'中的'存'字、'铸'字、'若'字的长撇，亦如此。清人翟赐履认为，这是因为板桥'以分书入山谷体'的缘故：'板桥以分书入山谷体，故摇波驻节，非常音所能纬。'其实不完全如此，此乃是板桥以画兰之法透入书法的结果。"[①]

具有这种特征的字在板桥书法作品中还可以找出不少。如《润格》墨迹中"纠"字的一竖，就如同一根劲挺的竹枝。两个"也"字，一撇有长有短，短者如竹叶，长者如兰叶。对板桥这种以画入字的特点，清人蒋士铨、何绍基等均有议论。蒋上铨诗云："板桥作字如写兰，波磔奇古形翩翻。"（《忠雅堂诗集》卷18）就是指板桥这种以画笔入书的艺术特色。何氏的评价是："板桥字仿山谷，间以兰竹意致，尤为别趣。"（《跋郑燮〈道情十首〉》）

第三，所谓"乱石铺路"，是指板桥的"六分半书"比较突出地表现了篇章结构中字的大大小小、长长扁扁、方方圆圆之间的配搭关系，在乱中求整。所谓书画同源，同样表现在书法作品的篇章结构上。从某种意义上讲，中国书法实际上是一种抽象画，因为观赏者往

---

① 吴根友：《郑板桥的诗与画》，安徽文艺出版社2018年版，第186页。

往可以不管文字的意思，只把它视作抽象的构图就能得到艺术的享受。中国字是由最复杂的成分所构成的，它的书写，除了单个字颇有讲究之外，包括组织对比、平衡、比例、粗细、浓淡等构图方面亦大有讲究。板桥写字常常不是一行写到底，而是大大小小，方方圆圆，正正斜斜，疏疏密密，浓浓淡淡，一眼望去如马路上乱铺的石子，但是细玩之下，却又发现其间有着音乐一般的节奏感和韵律感。也就是说，板桥"六分半"行书的每个字似乎都是独立的，且大小、长扁、方圆不一，但整幅作品却具有内在统一性。清人朱克敬称板桥书法"如秋花倚石，野鹤戛烟，自然成趣"（《雨窗消意录》甲部卷1）；周积寅先生将其概括为"乱石铺街"，均得板桥"六分半书"之神韵。板桥书法的这一特点，一方面得力于颜鲁公《座位稿》；另一方面，因板桥既是画家，又精于篆刻，故对于布局有着独具的慧眼。周先生在概括板桥书法特点时，拈出一个"乱"字，是颇得板桥晚年艺术思想精髓的。板桥于晚年一再强调画竹、画兰、画石要"乱"。这一"乱"的意念，实是自由的代名词。"乱"中有法，自由中体现自律，"乱"中体现"野性""生机"。

而就板桥书法艺术体现的思想精神来说，"六分半书"实是一种在用笔上"折衷古今"的创新，它以古朴、锋芒以及偏斜、不平衡等特征来打破正统的秀美、圆润、甜俗，以"形乱神贯"代替单纯的统一性，极大地丰富了书法艺术的表现力，体现出艺术家自觉地超越古今、伸张个性的精神追求。

那么，板桥为什么会创造出这样怪异的书法呢？其原因，除了上面提到的他善于师法前人，以及其艺术创新思想外，还与他能对现实生活进行深入的观察和体悟大有关系。于此，板桥曾深有感触地说：

昔人学草书入神，或观蛇斗，或观夏云，得个入处；或观公主和担夫争道，或观公孙大娘舞西河剑器，夫岂取草书成格而规规效法者！

——《题画·靳秋田索画》

　　板桥如此善于触类旁通地从现实生活中找到艺术创作灵感，无怪乎其书法能"如秋花倚石，野鹤戛烟，自然成趣"了。

　　关于板桥创新书法之艰辛，有一个值得玩味的传说。据说，为寻求书体创新的突破点，板桥曾为之思索得非常着迷，简直到了如痴如醉的地步。有一天夜里，板桥躺在床上仍在琢磨笔法，不知不觉地用手指在妻子的背上乱画。妻子惊醒后埋怨道："我有我的体，你有你的体，人各有一体，你尽在我的体上画什么？"[①]说者无心，听者有意。妻子的这番诙谐话，对板桥来说，无疑蕴含了当头棒喝般的禅机，使他顿有所悟。就这样，板桥坚持了其"郑为东道主"（板桥印章语）的理念，遂创造出"六分半书"。这当然是极不可靠的传说，然板桥在书法上摒弃旧的习俗，创立个人的风格，确实经历了痛苦的"脱胎换骨"过程，这一点却是可信的。

　　如何评价板桥的这种怪异书体呢？说来也是一件难事，因为历来的评说褒贬不一。清初大哲学家方以智曾概括当时的时代特征说："坐集千古之智，而折衷其间。"大哲学家王夫之也说："六经责我开生面。"板桥的"六分半书"，正是时代特征的体现，以艺术的创作实践，证明了"折衷古今""开生面"的可能性、现实性。当时的保守派将这种"折衷古今""开生面"、力求创新的艺术实践活动目之为"怪"。当时主张"诗抒性灵"的袁枚，就对板桥等人的艺术创新活动感到不理解，尝说："惟书法学郑板桥，则殊不必。板桥书法野狐禅也，游客中有寿门、己军、楚江诸公，皆是一丘之貉，乱爬蛇蚓，不识妃豨，以揠苗助长之功，作索隐行怪之状，亦如孙寿之

---

① 陈蕖：《消夏杂录》。

本无颜色，又不肯安心梳裹，故为龋齿笑、坠马妆，以蛊惑梁冀秦宫耳。"（《与庆晴村都统书》）晚清的康有为也曾攻讦板桥书法"失之怪"。诸如此类的话，体现出历史前进中的复杂性。但大体而言，在对板桥书法的评价中，褒扬还是多于贬斥的，以致有不少人认为，在板桥诗、书、画三绝中，其书法水平最高。如秦祖永《桐阴论画》（下卷）将板桥的画仅列为"能品"，而认为他的书法"一字一笔，兼众妙之长"。且不论板桥书法本身已经达到多高的艺术水准，仅就其书法敢于独树一帜，从而极大地打击了风靡一时的"馆阁体"的开拓精神而言，其在中国书法史上就应拥有一席之地。杨守敬曾说："板桥行楷，冬心分隶，皆不受前人束缚，自辟蹊径。然以为后学师范，或堕魔道。"（《书学迩言》）他不仅肯定了板桥的独创性，同时亦指出效仿其"怪"的危害性。这一评判，还是较为公允的。

但板桥之"怪"，绝非仅仅追求形式之"怪"，他追求的是一种艺术的创新。板桥晚年称自己的字为"震电惊雷之字"，仿佛在说，自己的书法若不能引起世人的心灵震撼就不是成功的艺术创新。从这一角度讲，板桥之"怪"又是可以理解的。当然，我们不能不承认很多人之所以喜欢板桥的书法，正是因为其"怪"得特别；尤其是在崇新尚奇的江南一带，这种"怪"恰恰能满足人们的好奇心。因此，不管板桥书法创新的初衷是否真正被理解，他的"六分半书"得到世人的广泛关注则是一个不争的事实。《板桥自叙》中说："凡王公大人、卿士大夫、骚人词伯、山中老僧、黄冠炼客，得其一片纸、只字书，皆珍惜藏庋。"甚至连高丽国也派人前来索书，其丞相李艮还专门投来名刺（类似今天的名片）（《刘柳村册子》）。由此可见，板桥的"震电惊雷之字"的社会效应，还是相当有影响力的。

可以说，板桥的"六分半书"代表了其书法最突出的成就，也代表了其艺术的个性。当然，除"六分半书"外，板桥在楷书、隶书、行书、草书方面的成就，同样也达到了较高的艺术境界。

板桥之于楷书，早年主要师法欧阳询，代表作是在京师时用小楷书写的欧阳修的《秋声赋》，已有相当功力。板桥之师法欧体，主要是借鉴其结体，而没株守其程式。最能代表板桥楷书水平的是他在57岁时创作的《潍县永禁烟行经纪碑文》《重修文昌阁记》，以及在60岁时所作的《城隍庙碑记》。此外，板桥中年所作的《破格书王羲之〈兰亭序〉》，也具有较高的艺术水准。拓本《潍县永禁烟行经纪碑文》在整体风格上虽未超出欧体，却加重了隶意和行书意味。在《重修文昌阁记》中，板桥所书楷体的行书意味更浓，如其中的"得"字、"峙"字、"特"字、"青"字，皆为行楷。而"斯"字中的"斤"旁之撇，以及"君"字中的长撇，明显取自黄山谷体之意。《城隍庙碑记》乃板桥为纠正世人在临摹古人笔迹时只知其形、不知其神的偏颇而作。板桥在《破格书王羲之〈兰亭序〉》题记中指出，"古人书法入神超妙"，但由于"石刻木刻，千翻万变，遗意荡然"，已失去书法家本人真正的书意，后人若不知其神而拘其形，盲目地依拓本临摹，则极易误入歧途。为避免这一弊病，板桥提出自己的看法，主张"以中郎之体，运太傅之笔，为右军之书，而实出己意，并无所谓蔡、钟、王者，岂复有兰亭面貌乎！"

在行书方面，板桥也取得了一定的成就，且其作品传世的也不少，如《自书诗》（49岁时作）、《修潍县城记》（56岁时作）、《书李壶庵道情十首》和《论苏轼书》（66岁时作）等，均代表了其行书的最高水平。其中《自书诗》的字体，书写时带有草书意蕴，有些字显然是以画兰之法来写的。而《修潍县城记》则取《兰亭序》之偏长字体结构，同时又撇捺多露锋芒，横竖笔画则以中锋运笔为主，如此一来，就显得气势雄伟，骨力丰圆。《论苏轼书》别具风格，隶意较浓，倾向于楷体。最能代表板桥成就与风格的，是其《书李壶庵道情十首》，可称得上是一典范之作。其布局合理，节奏和谐，韵律典雅，尤其是那重墨粗笔的异体古字的错落其中，更增添了一股典雅之气。

在板桥的书法作品中，纯粹的草书作品和隶书作品不多。板桥学草书，早期主要师法怀素。39岁时，他曾作有草书《节录怀素自叙帖》，但成就一般。67岁时所作草书《祝允明北郊访友诗》，较之前者有明显的精进，其线条圆劲，行气贯联，撇捺时杂兰草画意，充满一股狂放之气。但总的来看，板桥的草书水平不太突出，与祝允明、徐渭等相比，稍嫌逊色。与其草书不相上下，板桥的隶书作品的成就亦不太突出。现在能看到的，有其47岁时作的《隶书岣嵝碑》，54岁作的隶书《揭古碑》、隶书《张志和渔父词》以及隶书《歌咏古扬州》匾额等。

与书法实践相一致，板桥书论的基本精神主要表现为对"个性"的张扬，亦即"怒不同人"。"怒不同人"思想，是板桥在乾隆二十五年（1760）秋所作《刘柳村册子》一文中提出来的。也正是在这篇文章中，板桥对自己的书法创作从理论上进行了总结：

> 庄生谓："鹏怒而飞，其翼若垂天之云。"古人云："草木怒生。"然则万事万物何可无怒耶？板桥书法以汉八分杂入楷行草，以颜鲁公《座位稿》为行款，亦是怒不同人之意。

所谓"怒"者，意谓奋发、郁勃，亦可引申为"抒情"，即抒发个人之真情。"怒不同人"，也就是展现个人的性情。在《绝句二十三首·方超然》中，板桥对方超然的小楷评论道："蝇头小楷太匀停，长恐工书损性灵。"即他不太赞成那种损抑书法家个性的书体。在"怒不同人"思想的促动下，板桥一生转益多师，他临摹过王羲之的《兰亭序》《宋拓圣教序》，临摹过怀素的《自叙帖》、虞世南的《破邪论》、颜真卿的《争座位帖》，还从同时代前辈高其佩的字入手，上溯苏轼、黄庭坚、米芾；在学碑方面，他对《瘗鹤铭》、虞世南的《孔子庙堂碑》、欧阳通的《道因法师碑》（宋拓本）、李邕的《岳庙碑》《云麾将军神道碑》等，均曾下过一番苦功夫。板桥之所以能创造出独具特色的"六分半书"，与其"怒不同人"的取向是分不开的。

板桥"怒不同人"个性化书论审美情趣，具体表现为如下两个方面：

其一，崇尚劲拔，反对圆熟。

中国传统书法理论一向比较重视劲拔，反对甜熟柔弱的世俗面孔，而板桥所处时代大批文人所写的正是这种以甜熟柔弱为特征的字体。板桥一反时人之好，继承和发展了传统的审美情趣，在书法创作和鉴赏中，崇尚劲拔，反对圆熟。在《四书手读序》中，他公开表示对赵孟頫"滑熟"风格的鄙视，而推崇黄庭坚的"劲拔"风格。黄庭坚的"劲拔"风格，与欧阳通的"孤峭""险峻"风格多有不同，更多地带有文人的潇洒秀活之气，蕴含着艺术家内在的自由意志，这正是板桥对之推崇的重要原因所在。在板桥的审美情趣中，还有"中和"的一面，这与其不太欣赏过于峻峭的笔法有关。板桥称赞黄山谷的书法说："飘飘有欹侧之势，风乎？云乎？玉条瘦乎？"又称赞米芾的书法"颠放殆天授"，自感"不能学，不敢学"。板桥的这些评价，体现出其追求的艺术趣味。

其二，板桥认为书法与人品相表里，主张以温和中介为美。

面对世俗千人一面的艺术风格，板桥极力主张要"怒不同人"，强调艺术应张扬艺术家的个性。但就个人的内在品德而言，板桥更倾向于传统的"君子之德"。而且，他还将这种"君子之德"与审美趣味结合起来，推崇一种"中和"的审美情趣。这一思路，板桥越到老年表现得愈益明显。在《题宋拓虞永兴破邪论序册》中，板桥就提出"书法与人品相表里"的观点。他认为，正因为虞世南有君子之德，故他的"《庙堂碑》及《破邪论序》，介而和，温而栗，峭劲不迫，风雅有度，即其人品，于此见矣"。正是在这种"中和"审美趣味的影响下，他才会在给堂弟墨的家书中告诫自己的子孙不要学习褚遂良、欧阳率更的书法，以免导致与世人格格不入，给人生带来不幸。其言曰："褚河南、欧阳率更之书，非不孤峭，吾不愿子孙学之也。"（《仪真县江村茶社寄舍弟》）

不可否认，书品和人品是有一定关系的。但是，像板桥这样将书法家的作品风格完全视为其个人道德水平的反映，未免过于绝对化了。不过，板桥提出此一看法，也是有其苦衷的。在板桥看来，过于有棱角的书体有可能会塑造出桀骜的性格，他一生与世俗抗争，自然深知个中甘苦。但是，板桥自己虽然"怒不从人"，却不希望子孙们也像自己一样，故而对家人、后人书体选择多所顾忌。这正反映出早期启蒙思想家的内心矛盾及其软弱性的一面。当然，我们也不能苛求板桥会像后来"五四"新文化运动的旗手鲁迅等人那样，具有韧性的战斗精神，虽然板桥敢于向世俗抗争，但他毕竟不是一个有着清醒历史眼光的批判思想家。尽管板桥在艺术上可以"怒不同人"，但就政治思想层面来说，他仍摆脱不了传统士大夫的局限，其晚年的归隐也许正体现了这一点。由此来看，板桥之主张"中和"说，也就不难理解了。

此外，就书法与现实的关系而言，板桥主张书法创作应从生活、自然中汲取灵感，"或观蛇斗，或观夏云"，"或观公主与挑夫争道，或观公孙大娘舞西河剑器"，而不要囿于"成法"。事实上，这一思路与他的"师法造化"绘画思想是相通的，体现出其一贯的审美情趣。

板桥之印

康雍乾时代，正是篆刻艺术处于高潮之时。其时，一般的书画家都会有不少的印章，但像板桥的书画用印之多，在扬州画家中当首屈一指。别的画家一般在画面上只钤两三方印，板桥则不然，他一般要用五六方，甚至有些画多达十一二方。板桥用印独特之处，在于多而不乱。他不仅敢用，而且会用，在布局上能处理得恰到好处。

据有人粗略统计，板桥使用过的印章不下一百三十多方。板桥之印不但数量多，而且在内容上也相当丰富，这与他的性格、艺术风格、文学风格等是一致的。印，一般是以古朴典雅见长，尤其是在内容方面，更以庄重为主。板桥之印则不同于这一常理，其印的内容多以展示个性、表达喜怒哀乐为主。

板桥之印文，大略可分为两大类：以民俗入印；以个性入印。

"雪婆婆同日生"一印，是板桥为纪念自己生日所刻，为民俗入印的典型。当时有人曾讥诮此印不典，板桥对此作了反驳：

> 俗以十月廿五日为雪婆婆生日，燮与之同日生，故有是刻。或以不典为诮，予应之曰：古之谚语，今之典；今之谚语，后之典。"宫中作高髻，四方高一尺。"真成俗语而今为典矣。
>
> ——《板桥先生印册》

由板桥的辩解可以看出，"雪婆婆同日生"印虽然只有六个字，却表达了板桥对待民俗的亲近态度，反映了其对民间文化的喜爱。与此相类，"麻丫头针线""穿衣吃饭""痛痒相关"等印则体现出板桥对民生日用的关心，亦即"绝不谈天说地，而日用家常，颇有言近旨远之处"。板桥的这一思想取向，与明人李贽"穿衣吃饭，即是人伦物理。除却穿衣吃饭，无伦物矣"（《焚书·答邓石阳》）思想有其相似之处。"恨不得填满了普天饥债""病黎阁"等印，则反映出板桥关心民瘼的情怀。

以个性入印，则体现出板桥独具的性情。如"古狂""鸡犬图书共一船""海阔天空""心血为炉熔古今""畏人嫌我真""游好在六经""富贵非吾愿""动而得谤，名亦随之""郑疯子""老画师"等，均表露出板桥坚持"本真"、与世俗抗争的心态。由这些印章，我们可以看出，板桥既"畏人嫌我真"，但同时又决不趋炎附势，决不改变自己"古狂"的人生态度。"动而得谤，名亦随之"之"名"，正是这种"狂名"。这一"狂名"虽为入仕之大忌，却能为民众所接受、传扬。由坚持自己的个性和艺术观念出发，板桥要横扫世俗陈旧观念，故有"横扫"之印。同时，面对现实生活的压抑，他要抒展自己的情怀，故有"放情丘壑"之印。板桥在艺术上时时追求创新，故有"骨常新"印，意在警己示人。针对当时社会中盛行的"以理杀人"境况，板桥刻有"私心有所不尽鄙陋"之印，体现出其反对理学、肯定人性私欲合理的态度。其他如"眼大如箕"，表达了他藐视权贵的个性；而"江南巨眼"，则是板桥作为有个性、有思想的艺术家审视历史与现实理性批判精神在印章这一艺术形式中的体现。板桥之"江南巨眼"，与前代思想家李贽之"童心"，傅山之"一双空灵眼睛"，叶燮《原诗》中追求的"只眼"，在精神和思想取向上是相通的，都体现了一种折中古今、审视历史的理性批判精神。

在板桥的印文中，还有一些表达了其对黑暗污浊官场的厌恶。如"风尘俗吏""俗吏之为之也""俗吏""七品官耳""十年县令""有数竿竹无一点尘""潍夷长"等印文，皆体现出板桥对官场的深深厌恶之情。而从"康熙秀才雍正举人乾隆进士"等印中，则可看出板桥作为"三朝元老"的愤懑，以及对自己仕途蹇滞的怨恨之情，尽管其中也蕴含了板桥对自己仕进的自豪。

和其诗文一样，板桥印文中亦有消极遁世思想的流露，如"板桥道人""橒散"等印；同时，又有因得到帝王赏识而倍感荣幸心态的呈现，如"乾隆敕封书画史""乾隆东封书画史"等印。前者的消极，后者的世俗，活化出板桥的喜怒哀乐，也正展现出其真实性的一面。板桥就是这样一个人，他敢爱敢恨，敢怒敢悲，既狂放又深沉，既有积极淑世之情怀，又有消极隐遁之心结。板桥的这一坦荡胸怀，在其他印章中也多有体现。如板桥极为崇拜徐渭，便刻有"青藤门下牛马走"之印，甘愿为徐作牛作马；"所南翁后""谷口"等印亦属此类，表达出板桥的书法与宋元时郑思肖、清初隶书大家郑簠的关系。而板桥向石涛学习，故又有"师造物""搜尽奇峰打草稿"等印。

晚年的郑板桥，与世俗抗争的态度有所缓和，到了"难得糊涂"的人生境界，是以有"多种菩提结善缘""欢喜无量""结欢喜缘""随喜""见人一善忘其百非""饮人以和""敬常存伪"等印，体现出他此时的心态变化，反映出其力求以佛道退世、避世、和世等思想，以及理学中的修身养性来弥缝与社会的张力，从而达到内心相对平衡的愿望。

另外，板桥印中还有其他方面内容的一些印章，如说明自己家世、籍贯的"扬州兴化人""板桥"等；表明自己身份的"潍夷长""七品耳""康熙秀才雍正举人乾隆进士"等。这些印章与绘画、题诗、书法交相共鸣，个性鲜明地展现了板桥的立体形象。

总之，板桥的印文内容很丰富，可以这样说，他在诗文书画中所表达的思想，在印文中均有浓缩式的表达。这种以抒情为特征的治印思想，显然对清中期印坛有一定的冲击力。概言之，板桥之印，是其个性化艺术整体中不可或缺的有机组成部分。

在板桥的一百三十余方印中，"他自己所刻约占用印总数百分之七十。以白文为主，其名号印多为自己所刻。不管他人所刻，还是自己所刻，印文皆为板桥所定。"[1]板桥之印虽大部分出自己手，

---

① 周积寅：《郑板桥》，吉林美术出版社1996年版，第219页。

也有一些为他人代刻，且代刻之人颇多。阮元《广陵诗事》卷9称：
"郑板桥图章皆出沈凡民凤、高西园凤翰之手。"曾衍东《小豆棚》
卷16则说："郑有印章数十方，如'橄榄轩''七品官耳''鹪
鹩''二十年前旧板桥'，皆别致。大半吾乡朱文震所刻。"《雨
花》1962年第8期刊载了卞孝萱先生的《板桥先生印册》，其中介绍
到郑板桥的佚文记载了代板桥治印者有吴于河、朱文震、潘西凤、沈
凤等19位篆刻家。这还仅是些名见经传者，到底有多少"操刀者"不
可确知，但恐不止这个数目。

阮元之从弟阮充首先记载了板桥善于刻印，其《云庄印话·印人
诗事》曰："板桥曾为先祖制'学圃'石印，并绘赠墨竹巨幅，题
曰：'新竹高于旧竹枝，全凭老干为扶持；明年再有新生者，十丈龙
孙绕凤池。'惜未入集中。"秦祖永《桐阴论画》下卷亦说："印章
笔力朴古，逼近文、何。"[①]秦氏还将板桥所刻的十二方印章（"留
伴烟霞""砚田生计""修竹吾庐""活人一术""桃花潭""更一
点销磨未尽爱花成癖""恬然自适""花萝绿映衫""大吉羊""明
月前身""茶烟琴韵书声""思古"）与丁敬、金农、黄易、奚冈、
蒋仁、陈鸿寿等人所刻印章及其边款辑为《七家印跋》。其中，"砚
田生计"印跋语曰：

> 西园左笔寿门书，海内朋交索向余。短札长笺都未尽，老
> 夫赝作亦无余。西园工诗画，尤善印篆。病废后，用左臂，书
> 画更奇。余作此印赠之，竟忘其雷门也。

显然，这是板桥送给右手病废后高凤翰的。由此可以看出，板桥
的确精于篆刻。

---

① 文、何指明朝篆刻家文彭及其弟子何震。文彭字寿永，苏州人，治印风格工稳，开
"浙派"先声。何震字主臣，治印风格端重，导"皖派"前路。

然而，板桥的很多印章现在已无法看到，所以难以窥见其篆刻的具体风貌；但秦祖永将板桥与丁敬等并提，合称"雍嘉七子"，想来他的治印风格亦属"浙派"一路吧？至于《板桥先生印册》一书中未著录的印章，周积寅先生在其《郑板桥书画艺术》中列出了三十余方。这中间哪些是板桥自刻的，哪些是别人代刻的，我们同样无法知晓，所以依然难以据此推断板桥篆刻的风格。

综观板桥的书画艺术，以"雅俗共赏、形神兼备"来概之当不为过。林散之先生曾作有《论书诗》《作画诗》，其中似有合于板桥特色者，其言称："独能画我胸中竹，岂有随人脚后尘，既学古人又变古，天机流露出精神"；"图画三更兴未阑，此中消息耐人参，眼明手辣初能到，气足神完更觉难"[①]。虽不专为板桥所发，实则甚契合于板桥。板桥的书画成就，在当时的影响远及于海外。据咸丰元年（1851）重修《兴化县志》卷8载：板桥的作品流传范围甚广，"不独海内宝之，即外服亦争购之"。板桥本人在《行书刘柳村册子》中，也曾指出："高丽国索拙书，其相李艮来投刺，高尺二寸，阔五寸，厚半寸，如金版玉片，可击扑人。今存枝上村文思上人家，盖天宁寺西院也。"足见板桥影响之一斑。据估计，板桥的作品被国内外文博单位、艺术部门以及私人收藏的有一百余家，一千余幅作品。

板桥在世时及其身后，有不少人学习继承他的画风、书风，形成一个新的艺术流派，曰"板桥派"。李斗《扬州画舫录》卷10称："郑燮工画竹，以八分书与楷书相杂，自成一派。今山东潍县人多效其体。"朱克敬《雨窗消意录》甲部卷1亦称："乾隆时，兴化郑燮工书画，书增减真隶，别为一格……时称'板桥体'，多效之者，然弗能似也。"而据周积寅先生统计，板桥弟子以及传其画风、书风者，仅见于著录的就有四五十人，遍及江苏、浙江、山东、安徽、河

---

① 郑炳纯辑：《郑板桥外集·前言》。

北、湖南、河南、辽宁、云南、广东等地；而未见于著录的，远远不止此数。[①]当今学习板桥的，更是人数众多，在艺术界知名的如江苏的田原、杨建侯、徐石桥，广东的刘昌潮，上海的韩敏等。尤其是田原先生，深入钻研数十载，深得板桥书体之精要，且能有所超越。其书六分半体，较之板桥更加潇洒活泼、自由奔放，曾得到启功先生的高度评价（《启功丛稿·友人钢笔临郑板桥字册跋》）。

板桥对后世影响的另一方面是，由于板桥字画作品的艺术价值和商业价值较高，吸引不少人不断地进行"托名翻板"，从而导致赝品泛滥。李详《药裹慵谈》即指出："吾乡郑板桥，以书画名海内，真迹渐少。在板桥当时，即有扬州某观道士学其体，足以乱真，见李艾堂《扬州画舫录》。后又有同县黎氏仿之，皆书也。兰竹，钟氏昌凤能为之。"（卷3《拭觚下·郑板桥》）而有趣的是，这里面的不少"赝品"板桥自己也曾"参与制造"。其因在于，板桥成名后，求画者甚多，有些又不好谢绝，这使得他感到有些应酬不暇。为官范县时，板桥在写给堂弟墨的信中，曾这样倾吐心中的不快："近时求书画者，较往年更增数倍，都属同年同寅及巨绅，大抵携赠物而来，势不得不为之一挥。早知今日，悔不当初不习画，则今日可减一半磨烦。"（《范县署中寄舍弟墨》第21号）此后任潍县县令时，情况依然如此，"索书索画，积纸盈案，催促之函，来如雪片，如欠万千债负，未识可有清偿之日否？"（《复同寅朱湘波》）无奈之下，板桥决定出此"下策"：让弟子代笔。例如板桥在潍县时，就曾让一个叫谭子犹的人代笔作过不少作品。谭名云龙，字子犹，是潍县的一个木匠。县衙选匠作器皿，谭子犹与选，得以有机会见到板桥作画。每当板桥作画时，他都站在旁边静静地观看，细心地揣摩。这位谭云龙虽然是个木匠，但也曾读过书，所以对板桥书画中的意境颇有领悟。板

---

① 周积寅：《郑板桥》，吉林美术出版社1996年版，第225—229页。

桥见他有此资质，且又喜欢作画，便乐意收其为徒，加以悉心指导。不过几年光景，这位聪明的谭木匠已经能够比较准确地表现板桥的画风，其所作之画，酷似板桥，大有以假乱真之妙。板桥每当政务繁忙，又不得不面对"万千债负"时，有时就让谭子犹代作，而后再加上板桥的真印章，这样也就真正达到以假乱真的目的了。[①]据说，有一幅真中有假、假中有真的谭氏作品，居然连著名画家傅抱石也给蒙住了[②]，一时传为佳话。

如果说谭子犹的作品还算半真半假的话，那么，今天所看到的板桥赝品更多的是摹本或者是伪造的。如《郑板桥书画集》第二集影印（所谓）板桥的《行书唐人五律》册（七开），就是一件钩摹本。其中之一首句"我宿五松下"，之六首句"野店临西浦"（图九十二），之七首句"骏马似风飙"，和南通博物苑收藏的板桥真迹《行书唐人五律》册（八开。《郑板桥书法集》曾影印）之二、五、（图九十三）、六同，只是印章有别，摹本皆用"板桥道人"（白文方形印，同为赝品），真迹皆用"俗吏"印（朱文长方形印）。在具体笔法上，摹本得其形而失其神，尤其是长笔画，力度明显不如真迹。[③]至于伪造，为之者就更多了，其中不少出自板桥的弟子谭子犹、刘敬尹（号荔园，兴化人。从学于板桥，颇得其传，善书画，"肖亦酷"，水平不在谭子犹之下）等，尤其是谭子犹，在板桥去世后，便做了不少冒充板桥的作品。子久恒庆题谭子犹《竹石图》轴云："至板桥仙去，一字一画，世人珍之。而谭氏所作，外来字画商人，亦不能辨其真伪，每以重价购去，谭氏子孙因以小康。"于源普亦题道："谭云龙子犹，乾隆时木工也，能仿邑侯郑板桥先生书画，款识印章均伪托逼肖，鉴赏几莫辨其为赝鼎。"谭云龙一生之中所作

---

① 子久恒庆题谭子犹92岁时摹板桥老人笔意所作《竹石图》轴。
② 1962年中华书局版的《郑板桥集》中，有一幅《晚香图》即是谭氏代作的。
③ 周积寅：《郑板桥》，吉林美术出版社1996年版，第236—237页。

之画大都署名郑板桥，而此翁又其长寿，在板桥身后又活了30年，其间能作多少赝品，可想而知。有人估计，仅谭氏一人所作伪作便不下万件，再加上板桥的其他弟子以及板桥画风、书风的追随者，世上流传的板桥赝品的数量应是惊人的。

板桥《后刻诗序》尝说："板桥诗刻止于此矣。死后如有托名翻版，将平日无聊应酬之作，改窜烂入，吾必为厉鬼以击其脑！"在此，板桥虽但称诗作，其实，对于其词、其文、其画作，他又何尝愿人作伪？但令板桥始料不及的是，其诗作虽没发现多少翻版烂入的，其画作则出现了不少。如果当初他意识到这一点的话，想必也会于画作作此警语？然警则警矣，只要世有所好，便会有人作伪。在名利之心的驱动下，有的人连死都不怕，又怎会怕厉鬼击脑乎？

难得糊涂破红尘

糊涂难得　掷去乌纱　寒江独钓　沙鸥醉卧

观鱼濠上　太虚幻境　欲说还休　拙公『润格』　独『拥绿园』

春雨春风写妙颜，

幽情逸韵落人间。

而今究竟无知己，

打破乌盆更入山。

——《题破盆兰花图》

　　世人皆欲机智、精明，板桥则不然，他虽然睿智豁达、洞达世相，却发出了"难得糊涂"的慨叹。板桥并非真的要"糊涂"，他也曾煞费苦心地经营仕途，但一生的坎坷遭遇，却如一盆冷水，使他体悟到"聪明反被聪明误""糊涂难得"的人生"真谛"所在。也许"糊涂"一点，更能在仕途上一帆风顺，游刃有余于官场，成为世人的"大众情人"，名利就更不用说了。板桥虽能体悟到这一点，或也曾试图"一阶未进真藏拙"（《自咏》），但他却怎么也做不好、做不到。此无他，其"狂""怪"秉性使然也。清人钱泳有言："郑板桥尝书四字于座右曰'难得糊涂'，此极聪明人语也。余谓糊涂人难得聪明，聪明人又难得糊涂，须要于聪明中带一点糊涂，方为处世守身之道。若一味聪明，便生荆棘，必招怨尤，反不如糊涂之为妙用也。"（《履园丛话》卷24《难得糊涂》）此语可谓得板桥"难得糊涂"之的解。

　　"难得糊涂"是板桥于乾隆十六年（1751）在潍县为官时以六分半书作的一个匾额。关于这四个字，还有一个传说。据说这四个字板桥是在莱州的云峰山写的。云峰山位于莱州城的东南，多有碑刻。当时板桥到云峰山的目的是观览郑文公碑，因过于流连，不知不觉天色已晚，只好借宿于山间草庐。草庐主人是一老翁，举止文雅，谈吐不凡，自称糊涂老人。最令板桥惊异的是，在老人的草庐中居然有一方桌面大小的砚台，而且质地上乘，镂刻精致。交谈之间，糊涂老人即兴请板桥赐以墨宝，以便刻于砚台背面。因谈得投机，板桥对老人的请求欣然应允。考虑到老人自命为糊涂老人，必定对"糊涂"二字有一番深刻理解，板桥于是写下"难得糊涂"四个大字，然后盖上"康熙秀才雍正举人乾隆进士"印。题字完毕，板桥请老人写一段跋语。老人这样写道：

　　　　得美石难，得顽石尤难，由美石而转入顽石更难。美于中，顽于外，藏野人之庐，不入富贵之门也。

　　然后钤一印，印文为"院试第一乡试第二殿试第三"。见此印，板桥更是大为惊奇，暗忖此老必定是一位不得志归隐的官员。由此老之仕历，板桥想到了自己的"康熙秀才雍正举人乾隆进士"，一种惺惺相惜之情不由得涌上心头。念及于此，板桥当下挥毫和了一段：

　　　　聪明难，糊涂尤难，由聪明转入糊涂更难。放一著，退一步，当下心安，非图后来福报也。

　　真乃妙对。老人见此，不禁会心地哈哈大笑。

　　"难得糊涂"四字，反映出板桥对官场的厌倦心态，同时也是他人生境界的一种升华。板桥曾一度致力于"唤醒痴聋，销除烦恼"，但一次次的挫折打击，使他对人间世相有了更清醒的体悟。既然难于勇进，又何妨不"糊涂"一把，放他一著，退他一步，以求得内心的一片安宁。此时的板桥，内心的感受已大不同于中进士之前的心境了。锋芒毕露的激情虽也偶尔出于口，但更多地被埋藏于内心深处。事实上，在板桥身上所体现出来的这种心态上的变化，正是中国传统士人某些共性的流露，即所谓"兼济天下"和"独善其身"的统一。当然，板桥的人生选择，同道家思想的影响也不无关系。其实，在历代不少名士如陶渊明、苏轼等人身上，都集中体现了深受道家思想影响的传统士人的超然情态。板桥亦然。他本不善饮酒，却又十分爱酒，时常以酒为伍，且善书善画。做官之余，牢骚之际，诗酒书画就成了板桥发泄心中块垒、抒发内心苦闷的最佳凭借。当官之前，板桥一方面自与心竞，发愤苦读，精进于艺；另一方面则以诗酒书画来表达对某些现象的不满，用道家的出世精神来揭露现实，鞭打丑恶。在《道情十首》中，他就曾高唱"扯碎状元袍，脱却乌纱帽"，以遁隐山林的人生闲适来代替现实的仕途进取。当然，此时的板桥并未真正体会到官场的坎坷，发泄的是对自己求学仕进坎坷遭遇的感受。当官之后，板桥备感为官之"俗"，为了排遣官场上的应酬之苦，舒展被压抑的个性，他亦借诗酒书画来宣泄心中的郁闷。在《潍县署中寄李复堂》中，他曾说：

> 板桥肚里曾打算过，使酒骂人，本来不是好事，欲图上进，除非戒酒闭口，前程荡荡，达亦何难；心所不甘者，为了求官之故，有酒不饮，有口不言，自加桎梏，自抑性情，与墟墓中之陈死人何异乎？天生万物，各适其用，各遂其好，鸟，翼而飞；兽，足而走；人，口而言，有口不言，岂非等诸翼而不飞、足而不走，有负其用，于心安否？且衣之暖者莫如裘，味之美者莫如酒，酒品酒德，前人早有词赞，何必多说。伯伦

之荷锸以行，"死便埋我"，正以爱酒之故。苟非呆汉，断无美味当前而自甘舍弃者，登徒子见十六七岁娇娃，其果不动心焉乎？几番商量，宁可乌纱不戴，不可一日无酒，宁可伍于刘四，不甘学作金人，官小官大，身外之事耳。适我性情，不官亦可长寿，违性逆情，虽官而不永年，官而夭不如寿而乐，我宁取其前者。故人，故人，谓我何哉？

而每当为官不顺时，道家的归隐意识往往又成为板桥抗拒官场诱惑的精神动力。如在潍县时，由于不堪官场的束缚，板桥干脆就"乌纱掷去不为官"，归隐扬州，写字作画，自谋生路，自畅性情。可以这么说，道家的批判意识与遁世情怀，为板桥提供了一个自我放纵的精神家园，甚至在一些特定的时期还能为他的积极进取提供精神动力。正是有了这一强大的精神力量，也正是因为很早便有归隐田园之志，所以，板桥不仅敢于不断地发出狂妄之论，在官场上具有敢作敢为的胆量，而且也拥有了为民做主的精神动力。道家的遁世情怀，在表面上看起来是消极的，但在特殊的人物身上，却能发挥出积极的精神。板桥即属此类人物。揭示出板桥的这一精神取向，或许能从另一个角度加深对板桥人生选择的理解。

"难得糊涂"，既是一种处世之道，也是一种人生境界。它是板桥人生心路历程的体现。板桥晚年之归隐扬州，并非偶然之举，而是由其桀骜不驯的性格所决定的必然结果。从某种意义上来讲，这也是其受道家思想影响的必然选择。板桥之"狂""怪"性格，在其青少年时期便已形成；而板桥的遁世心态，也早在其读书时代即已具有，且伴其终生。

板桥的遁世心态，在其所作描写湖光山色、荒村野店的诗文中有不少体现。如《山色》诗中，板桥就借写山光水色、渔家生活的辛劳，表达了欲出世又不甘心的矛盾心情。诗曰：

> 山色清晨望，虚无杳霭间。
> 直愁和雾散，多分遣云攀。
> 流水淡然去，孤舟随意还。
> 渔家破蓑笠，天肯令之闲？

板桥一方面描写了渔家晨雾缭绕、流水淡然、孤舟随意的自在、闲逸生活，为之羡慕不已；另一方面，当他一看到渔家身着蓑笠辛勤撒网捕鱼的生活情景，仿佛又醒悟到：这些渔家并非真的闲逸，他们不仅要为自己的生计奔波操劳，更要面对官府各种各样的盘剥。如此一来，他那美好的遁隐愿望一下子又被现实击得粉碎。

然而，回首官场的倾轧，都市的浮华、势利，板桥心中不免又激起对山村生活的憧憬，对他来说，这里毕竟更为适性怡情。《寄许生雪江三首》（其三）便体现出板桥的这种愿望，其中曰：

> 不舍江干趣，年来卧水村。
> 云揉山欲活，潮横雨如奔。
> 稻蟹乘秋熟，豚蹄佐酒浑。
> 野人欢笑罢，买棹会相存。

在板桥的笔下，乡村的风景如诗如画，乡村的人们质朴善良，乡村的空气清新怡人，生活在这种环境中能不令人备感轻松、自在、愉快、舒心乎？此情此景，不由得使人想起陶渊明的"春秋多佳日，登高赋新诗。过门更相呼，有酒斟酌之。农务各自归，闲暇辄相思。相思则披衣，言笑无厌时"（《移居二首》其二）；陆游的"莫笑农家腊酒浑，丰年留客足鸡豚。山重水复疑无路，柳暗花明又一村。箫鼓追随春社近，衣冠简朴古风存。从今若许闲乘月，拄杖无时夜叩门"（《游山西村》），在精神上亦与此有相通之处。当然，诗人们之所以将乡村田园生活描述得如此具有诗情画意，目的主要是为了寄托自己对自由自在美好生活的向往，同时也借以反衬出官场、上流社会的污浊、肮脏，体现出其"怒不从流"的高洁品质。板桥亦然。《瑞鹤仙》组词对渔家、酒家、山家、田家、僧家的赞美，以及对宦家、帝王家的鄙视、诅咒，便反映出板桥的这种情怀。

在《瑞鹤仙·渔家》中，板桥把自然、质朴的渔家生活描绘得如同神仙生活一般，其言道：

> 风波江上起，系扁舟绿杨，红杏村里。美渔娘风味，总不施脂粉，略加梳洗。野花插髻，便胜似宝钗香珥。乍呼郎撒网鸣榔，一棹水天无际。

最为得意的是打得满筐鱼虾，换来美酒，夫妇同归，"人与沙鸥同醉。卧苇花一片茫茫，夕阳千里"。其他如《酒家》《山家》《田家》《僧家》诸篇，同样都是着意歌颂这种自由自在的生活。其中在《酒家》中，板桥更是表达了一种蔑视功名的超越情怀：

> 知否？世间穷达，叶底荣枯，卦中奇偶。何须计较，捧一盏，为君寿。愿先生一扫长安旧梦，来觅中山渴友。解金貂付与当炉，从今脱手。

《僧家》则表达了一种放纵、自由的情怀，以及对清规戒律的蔑视：

> 茅庵欹欲倒，倩老树撑扶，白云环绕。林深无客到，有涧底鸣泉，谷中幽鸟。清风来扫，扫落叶尽归炉灶。好闭门煨芋挑灯，灯尽芋香天晓。

非娇，也亲贵胄，也踏红尘，终归霞表。残衫破衲，补不彻，缝不了。比世人少却几茎头发，省得许多烦恼。向佛前烧柱香儿，闲眠一觉。

或许是长期在山东担任父母官而又善于体察民情的缘故，板桥对农家生活体会得很深，描写起来也最为真切动人。《田家》曰：

江天春雨后，傍山下人家，野花如绣。平田大江口，春潮来夜半，土膏浸透。青秧绿绿，埂岸上撒麻种豆。放小桥曲港春船，布谷烟中杨柳。

板桥也同样懂得这种宁静的农家生活最易被什么东西打破，那便是官吏侵扰："株守，最嫌吏扰，怕少官钱，惟知农友。"他是如此地理解小民，体恤小民，将己之情与小民之情融为一体，将己之心与小民之心连在一起，乐民之乐，忧民之忧，体民之心："每长吁稚女童孙长大，婚嫁也须成就。"世俗生活在板桥笔下体现得就是这么的亲切、生动、具体。

总之，无论乡间的田园风光，还是山间水旁的自然风光，对板桥这样一个崇尚个性、追求自由的人来说，无不能引发起他的赞美和向往之情，致使必歌咏之而后快，正所谓"我见青山多妩媚，料青山见我亦如是"也。这种物我交融、物我无间的境界，实际上就是一种淡泊情怀与自然之美的对话，是自由人性在美丽大自然中的独自。《峄山》诗正是板桥与自然对话，在自然美面前的独白。其言曰：

徐州五色土，乃在峄山下。
凸凹见青黄，崩裂堕赤赭。
偃蹇十里石，蓄怒卧牛马。

苔斑古铜铸，黑骨积铁冶。

砉然触穹苍，千峰构云厦。

曲径回肠盘，飞泉震雷泻。

古碑断虫鱼，老屋颓甍瓦。

秋河舀可竭，寒星摘盈把。

悲乌百群叫，孤鹤万年寡。

结茅此间住，万事芬可舍。

山中古仙人，或有骑龙者。

　　置身在峄山幽古景色之中，板桥眼前似乎呈现出一位鹤发童颜的长须老者，跨在龙背上悠闲自得地遨游，真恨不得与之一起同游天地间。

　　板桥一生性喜交游，认识了很多朋友，其中又多有僧、道等世外高人，他们对板桥的思想和性格都有一定的影响。在赠给这些朋友的诗中，板桥时常流露的也正是那种逍遥遁世的情怀。如《瓮山示无方上人》，便表达了板桥对庄子"观鱼濠上"人生境界的向往。"观鱼濠上"，出自《庄子·大宗师》，讲的是庄子与惠子在濠上观看游鱼而进行的一场关于如何认识自然对象的哲学争论。板桥在这里引用此典，无非是取意与志同道合者之间谈玄论道的那种自由、惬意的生活意境。而当板桥考中进士，由此摆脱了科场之困后，这些释道朋友更成了他抒发出世情怀的最好对象。《赠瓮山无方上人二首》便描绘出僧居美妙、幽静、自适的生活。"山裹都城儿，僧居御苑西。雨晴千嶂碧，云起万松低。天乐飘还细，宫莎剪欲齐"，刻画的是山僧居住环境之美。而"一见空尘俗，相思已十年。补衣仍带绽，闲话亦深禅。烟雨江南梦，荒寒蓟北田。闲来浇菜圃，日日引山泉"，既表现了无方上人的禅机深妙，又描绘出其寄情小园的适意之境。

　　《赠博也上人》诗更能体现出世外僧人对板桥处世心态的影响。

其诗曰:

> 闭门何处不深山,蜗舍无多八九间。
>
> 人迹到稀春草绿,燕巢营定画梁闲。
>
> 黄泥小灶茶烹陆,白雨幽窗字学颜。
>
> 独有老僧无一事,水禽沙鸟听关关。

板桥以远离纷嚣尘世的心态来体悟博也上人的出世情怀,感悟出只要与世俗保持一定的心理距离,则人间处处皆深山。晚年归隐后,板桥既没有隐于山林,亦未隐于田园,却长期生活在闹市扬州,大概与以上体悟有关。这也是板桥"闹中取静"的一种折中取向。

板桥受僧道的影响,不仅仅指僧人的处世态度助长了板桥的出世情怀,还在于板桥经常出入于甚至长住于僧家、道士的幽居之地,出家人的幽静无事、远离嚣尘的栖居环境,足以濯去板桥心灵上的浮躁,从而使他对官场的污浊愈加觉得难以容忍。《弘量上人精舍》《赠巨潭上人三首》《别梅鉴上人》《再到西村》等诗,都表现出板桥对幽静佛居向往之情。《弘量上人精舍》二首写道:

> 森森秋涛涌树根,西风落叶破柴门。
>
> 蛮鸦日暮无人管,飞起前村入后村。
>
> 山门夜悄不能呼,冷烛秋船宿苇蒲。
>
> 残月半天霜气重,晓钟鸡唱满东湖。

在这里,少去了人间的各种约束,人性、人心、人情尽可以尽情地放纵、挥洒,如同日暮山间的乌鸦,任情地在山间的自然村落间肆无忌惮地飞翔。此一淡泊宁静的氛围,怎不令板桥心向往之?

《赠巨潭上人》第二、三两首，描绘了山间景色之美和山中生活之闲适：

> 墨碟铅匙一两三，半窗画意写江南。
> 谁家绢素摧人急，先向空中作远岚。
>
> 寒烟袅袅淡孤村，一绺霜华界瓦痕。
> 睡足晓窗无一事，满山晴日未开门。

又《山中雪后》云："晨起开门雪满山，雪晴云淡日光寒。檐流未滴梅花冻，一种清孤不等闲。"写景寄情，松、竹、梅、雪，无不寄寓了板桥清孤傲俗的品格。

其他如《村居》《忆湖村》《由兴化迂曲至高邮七截句》《真州杂诗八首并及左右江县》《真州八首属和纷纷皆可喜不辞老丑再叠前韵》等诗，以至《仪真县江村茶社寄舍弟》等家书，都极写江南水乡之美。如《村居》曰：

> 雾树溟蒙叫乱鸦，湿云初变早来霞。
> 东风已绿先春草，细雨犹寒后夜花。
> 村艇隔烟呼鸭鹜，酒家依岸扎篱笆。
> 深居久矣忘尘世，莫遣江声入远沙。

又《仪真县江村茶社寄舍弟》中说：

> 江雨初晴，宿烟收尽，林花碧柳，皆洗沐以待朝暾，而又娇鸟唤人，微风叠浪，吴楚诸山，青葱明秀，几欲渡江而来。此时坐水阁上，烹龙凤茶，烧夹剪香，令友人吹笛，作《落梅

花》一弄，真是人间仙境也。嗟乎，为文者不当如此乎？一种
新鲜秀活之气，宜场屋，利科名，即其人富贵福泽享用，自从
容无棘刺。

经过板桥妙笔的渲染，江南水乡真成了一个"天净有云皆锦绣，
树深无雨亦溟濛"（《和雅雨山人红桥修禊》）的人间仙境。当然，
江南水乡这种和平、安宁、富庶生活的实现和维持，需有一重要前
提，即没有官府、小吏的侵扰。

由此看来，山间僧道的幽静恬淡与江南水乡的田园风情，始终都
是板桥人生的精神动力和精神寄托。

正是由于久处于佛道山居和江南水乡，使得板桥不仅能身处嚣嚣
尘世的同时拥有一片属于自己的神圣精神家园，而且还拥有了一种在
污浊肮脏的官场上所得不到的友朋间相互心领神会的人生默契。诚如
《瓮山示无方上人》中所揭示的：

> 松梢雁影度清秋，云淡山空古寺幽。
> 蟋蟀乱鸣黄叶径，瓜棚半倒夕阳楼。
> 客来招饮欣同出，僧去烹茶又小留。
> 寄语长安车马道，观鱼濠上是天游。

是啊，人生难得一知己，有了友朋的相互理解，便有了精神上的
满足。这种怡然的生活，即使不是神仙，也可称得上是"地行仙"
了，而这种"地行仙"就在于心灵的自由。这种心灵的自由，同时又
成为板桥诗意的不尽源泉。

但正如当年的庄子一样，板桥心灵的自由，以及他笔下那美好的
"诗情画意"，又毕竟只能在"神游"中呈现。而板桥毕竟又是世俗
中人，其"神游"亦比不得那些超然世外的僧、道朋友。故而，当板

桥化山间的幽清美景为一种诗境词意时，却又从这幽清中品味出一种清冷。《法海寺访仁公》曰：

> 参差楼殿密遮山，
> 鸦雀无声树影闲。
> 门外秋风敲落叶，
> 错疑人叩紫金镮。

板桥是不想独守这份清冷的，孤寂的他企盼着能有一知己"叩紫金镮"来到他身边。而这种企盼友朋的心情，却又浸染着浓浓的秋愁：

> 树满空山叶满廊，
> 袈裟吹透北风凉。
> 不知多少秋滋味，
> 卷起湘帘问夕阳。

板桥无法独享这份清冷和寂寞，尤其是在喧嚣俗世中。在尝遍为官的"俗"滋味之后，他时刻思念着能回到知己朋友们中间，与他们共同"神游"。为了排遣心中的苦闷，每当厌恶官场生活时，板桥便作诗寄无方上人，渴求归隐深山，以求心灵的安适。《怀无方上人》曰："嗟我近事如束柴，爪牙恶吏相推排。不知喜怒为何事，夜梦跼蹐朝喧豗。一年一年逐留滞，徒使高人笑疣赘。我已心魂傍尔飞，来岁不归有如水。"率真的郑板桥，像孩子一样赌起了咒语，要向方外朋友发誓：我要归隐山林了。

板桥的遁世思想，还体现在其厌官、弃官心路历程的逐渐呈露上。

在多年的苦苦追求后，板桥终于如愿以偿地踏入了仕途。但正如一句俗语所说的："难当官，当官难。"踏入仕途前，板桥确实尝尽了难当官的滋味。但当其就任山东后，又很快尝到了"当官难"的滋味。事实上，早在刚到山东任上时，板桥的妻子郭氏（板桥第二个妻子）就曾告诫他："一代作官七代贫，幸勿枉法杀人，公门里面好修行，庶积德以禳天心。"（《潍县署中寄内子》第56号）意谓一个为民着想的清廉官吏，不会在仕途上为自己赚回任何经济上的回报，只能是官越做越穷。然对板桥来说，清贫并不可怕，其追求的是"得志泽加于民"，而非谋取金银财宝。真正让板桥尝到"当官难"之"难"的，不是清贫，而是另一种令他无法忍受的"难"滋味。

板桥从为官中到底品尝到了什么样的"难"滋味？一个字：俗。在范县作县令时，板桥就自称俗吏，说知己来了，"袖中力士百斤椎，椎开俗吏双眉锁"（《小游》）。到潍县任上后，他依然自称"俗吏"："一别朱门，六年山左，老作风尘俗吏。"（《玉女摇佩·寄呈慎郡王》）更为有意思的是，他还请人刻了一枚印章，上书"俗吏"二字，而且还时不时加盖于其书画作品之上。又其《自咏》诗道：

> 潍县三年范五年，山东老吏我居先。
> 一阶未进真藏拙，只字无求幸免嫌。
> 春雨长堤行麦陇，秋风古庙问瓜田。
> 村农留醉归来晚，灯火千家望不眠。

所谓"俗"，主要俗在官场上的应酬。就实而言，板桥是极厌倦于这个俗字的。但是，为宦十余年，周旋于山左官场却又公开宣扬自己是"俗吏"，这倒又说明板桥的不俗之处。从某种意义上讲，世上唯有不俗之人，才能知俗。洞悉了这一点，我们或许更容易理解板桥为官期间所作诗文的真真假假，并从中体会到板桥内心世界的苦闷和无奈，也才能真正理解板桥所谓的"难得糊涂"之真谛。

乾隆十二年（1747），岁次丁卯，为乡试之期。按当时的规定，各地乡试要挑选"同考官"负责试卷的评审，人数为18人。板桥有幸入选。本次乡试的主考官是侍讲学士满人德保[①]。这位德保大人，19岁中的进士，本年来山东主考时年仅29岁。和板桥相比，无论年龄、科举资历，都只能算板桥的晚辈。但板桥在给他的和诗中，却称其才华如泰岱之山，自己远弗能及。作为一个狂癫之人，板桥之所以用这种口吻和一个年轻人对话，其由乃在于后者是钦派的京官，是主考大人。故而，板桥在这里表现得很"俗"气，没有了昔日丝毫的狂气。

与上文形成鲜明对比的是，板桥在写给另一位官员于敏中的和诗中，则谈到自己过去是"十载扬州作画师，长将赭墨代胭脂"，而现在则是"潦倒山东七品官，几年不听夜江湍"。这些话皆为真情流露，肺腑之言，体现出其一贯的狂傲之气，寻不到一丝的俗气。

于敏中为乾隆二年（1737）恩科状元，当时任山东学政，官品、地位和那位德保相近。板桥的这两首和诗的格调缘何相差如此之大？原因在于，板桥给德保的和诗不过是出于官场的应酬，而给于氏的和诗则是向知己的倾诉。当时于氏和板桥同为一方地方官，彼此之为人相互间较为熟悉，其亲密程度远非来自京城而又生疏的德保所能比。因此，板桥给于敏中的和诗，也就能表现得潇洒自如，尽荡俗气。其诗云：

> 十载扬州作画师，长将赭墨代胭脂。
>
> 写来竹柏无颜色，卖与东风不合时。
>
> 潦倒山东七品官，几年不听夜江湍。
>
> 昨来话到瓜洲渡，梦绕金山晓日寒。

---

① 姓索绰络氏，字仲容，一字润亭，号定圃，又号庞村，满洲正白旗人。

三百人中最后生，玉堂时听夜书生。

知君疗得嫦娥渴，不为风流为老成。

山东锁院自清凉，湖水湖云入槛长。

剪取吾家书带草，为君结束锦诗囊。

——《和学使者于殿元枉赠之作讵敢中》

　　板桥在"俗"与"不俗"之间"糊涂"的选择，于下面的事例中可以体现出来。据《潍县志稿》载，乾隆十三年（1748）春，潍县遭受蝗灾，年景非常不好，当地百姓的生计极为困难，以致出现"人相食，斗食值钱千百"的境地。这年冬天，板桥跟随高斌（字东轩，大学士，河督）到莱州一带放赈。朝廷放粮赈民，百姓自然高兴，但是，毕竟是大灾之年，老百姓所面临的情景自然到处是劫后余生的惨景。在这种景况下，板桥写给高斌的诗中，却描述了一种"愚民攀拽无他嘱，为报君王有瑞禾"的升平气象。写这种诗，本不符合板桥一贯关心民瘼的本性，这无疑又是一首应酬上司的"俗"作。因为，几乎与此同时，板桥写出了他那首哀婉凄恻、动人心魄的《还家行》，此当为板桥真情实感的流露，毫无半点"俗"气。

　　正是因为无法忍受这种俗与不俗"双面人"角色的折磨，加之年事已高等其他原因，板桥终于下决心与他的"俗吏"生涯彻底诀别。其题《破盆兰花》图轴曰：

春雨春风写妙颜，

幽情逸韵落人间。

而今究竟无知己，

打破乌盆更入山。

　　这首诗表达出板桥决心脱"俗"的思想转变。

去官后的板桥，心儿早已如诗中所描述的兰花一样破盆而飞，飞向那魂牵梦绕的瓜洲江岸、烟雨虹桥，飞向那旧居李氏小园寓楼。回到扬州后，板桥曾大宴诸友，席间，卢见曾高足李葂啸村赠板桥一联。上联曰："三绝诗书画"；下联曰："一官归去来"。此联十分精练，不仅道出了板桥的成就，而且体现出板桥此时的心态。

板桥归扬后，在与好友图牧山的信中，曾对自己的生平有一检讨，道出了其"难得糊涂"心境的苦衷，并一度规划、憧憬着自己的晚年生活。其言道：

燮自呱呱入世时，天公似即为我排定位置，注定命运，以故赋性爽直，骨体不媚，好酒漫骂，深中膏肓。因此早得狂名，招人憎怨。兼之拙于酬应，不会逢迎，冷气何多，笑颜太少，凡斯人之不合我眼、不洽我情者，终席不与交一语，此皆宦途之所不宜，而我乃一一犯之，欲安其位而升其秩，不亦难乎。每当静夜长思：境之顺逆，官之利钝，头上天公，早自安排。行年六十向外，夕阳虽好，已近黄昏，又何必苦苦挣持，而为逆天之举。飘然归去，老我田园，做一个太平盛世之逸民，正恐靖节公之不及我也。解组以来，如释重负，砚田所入，尚足自给，青山绿水，畅我襟怀，鸟语泉声，适我情志，较诸簿书鞅掌，案牍劳形，上官拘束，下吏纷扰，南面作宰时，如经转轮一过也。

将来若有盈储，拟以制钱五六十千，买地一大陂，筑一草茅院子，除主屋、厨屋、奴子屋以外，另建客堂一间、书房二间、憩所一间，用碎石铺曲径一条，通达二门，径旁杂植花草，上架藤棚，门外则列种树木，夏日来临，炎威何惧。院左临河之处，结一小园，园中杂植卉木、葛藟、萧艾、杨柳、梧桐，因地量移，随宜点缀。更凿一池，引河水入来，养鱼百尾，池旁架一小亭，仅可容纳两人对坐，小几而外，别无长物。春夏之交，灌木阴翳，细草幽香，黄鹂清歌，绿漪清漾，蛙声断续，萤光明灭，游息其间，何必桃源，幽淡之趣，岂独柴桑翁所可领略哉。时或良朋偶荏，雅客忽临，先饷苦茗，继具嘉酿，池内鲜鳞，烹而佐酒，畦中时蔬，煮以充馔，对坐长谈，兴趣弥永，主醉客归，客醉主送，及门一揖，就此而别，不作酬应场中一句俗语，真爽快也。若有伧夫俗客，昧然闯到，嚣呼竟日，也不开门。此所谓身饱烟霞之气，心绝宇宙之尘。人能如此终身，又何浮荣之足慕乎？略言鄙愿，勿哂狂狷。

——《与图牧山》

肺腑之言，苦心经营，真乃畅快也！

板桥归来时，好友李鳝也早已退出官场，在家乡兴化修了一座"浮沤馆"，作为晚年安居之所。对于这座浮沤馆的来历和情况，《重修兴化县志》（咸丰二年刊本）有这样的记载："李复堂鳝因其地之幽僻，曾构楼阁数椽，缀以花草，以为退休之所。赋诗作画，日与诸名士啸傲其间，号曰浮沤馆。郑燮在山左寄诗云：'待买田庄然后归，此生无分到荆扉。借君十亩堪栽秫，赁我三间好下帏。柳线软拖波细细，秧针青引燕飞飞。梦中常与先生会，草阁南津旧钓矶。'"（卷1《古迹》）显然，板桥早就听说了这座浮沤馆，并时常盼着有那么一天能和好友李鳝做邻居。而今板桥总算有机会实现自己的愿望了。回到家乡兴化后，板桥果然在李鳝的浮沤馆旁建造了一座别业，名曰"拥绿园"。此园虽只有茅屋三间，但绿竹掩映，环境幽雅，也算得上是名副其实了。板桥时常在里面写字作画，或与高朋雅士相过往，诗画友俱在，板桥的生活自然过得轻松愉快。对这段时光，板桥曾有如下记述：

旧诗书是我有缘物，新见闻是我最乐事。高朋满座，能为破愁城之兵；绿竹横窗，可作入诗囊之料。以此永日，不知乌兔升沉；借此怡年，亦任燕鸿来往。无心不在远，得意不在多。盆池拳石，居然有万里山川之势；片言只语，宛然见千古人物之心。

——《闲居赋》

三间茅屋，十里春风，窗里幽兰，窗外修竹，此是何等雅趣，而安享之人不知也。懵懵懂懂，绝不知乐在何处。惟劳苦贫病之人，忽得十日五日之暇，闭柴扉，扫竹径，对芳兰，啜苦茗，时有微风细雨，润泽于疏篱仄迳之间；俗客不来，良朋辄至，亦适然自惊，为此日之难得也。凡吾画兰、画竹、画石，用以慰天下之劳人，非以供天下之安享人也！

——《"恬然自适"印跋》

其悠然自得之情，不禁溢于言表。

板桥晚年的谋生手段当然依然是做画师，为此，扬州仍是他晚年生活的根据地。他虽然经常来往于扬州、兴化之间，总的来说，以在扬州的时日居多。在扬州，他还是住在20年前的旧地——李氏小园。

十多年后重操卖画旧业，板桥很是感慨万千。据说，他踏上阔别多年的扬州后的第一幅作品画的是竹，并题词云：

二十年前载酒瓶，
春风倚醉竹西亭。
而今再种扬州竹，
依旧淮南一片青。

——《题画·初返扬州画竹第一幅》

　　据《唐摭言》载："乞丐文人"王播少年时孤苦贫穷，曾在扬州惠昭寺跟和尚一块吃饭。和尚们十分厌弃这个穷书生，有一次故意吃过饭后才敲开饭钟，弄得王播没吃上饭，饿了半天肚子。后来王播取得功名，官至淮南节度使，开府扬州，旧地重游，再访惠昭寺，却惊奇地发现过去他题在墙上无人看重的诗，而今已被人用碧纱罩上，视为珍物。王播有感于这种人世变迁和世态炎凉，曾作有《题惠昭寺木兰院》二首，诗云："二十年前此院游，木兰花发院新修。而今再到经行处，树老无花僧白头"；"上堂已了各西东，惭愧阇黎饭后钟。二十年来尘扑面，如今始得碧纱笼"。（卷7《起自寒苦》）不知板桥写题《初返扬州画竹第一幅》时，是否怀着和王播一样的心情。从两人的经历来看，板桥和王播多有相似之处：二十年前，板桥同样是落拓扬州，时常寄宿于寺庙，其画也是"写来竹柏无颜色，卖与东风不合时"；而这次重返扬州，虽不是衣锦还乡，却也是名声远扬，远非二十年前可比，当时崇拜他的年轻人都争着上门请教，各地的画师文士也经常找他切磋研讨。板桥自己说："四十外乃薄有名……其名之所到，辄渐加而不渐淡"（《刘柳村册子》）；"凡王公大人、卿士大夫，骚人词伯，山中老僧，黄冠炼客，得其一片纸、只字书，皆珍惜藏庋。"（《板桥自叙》。甚至就连高丽国丞相李艮还曾亲自登门求过书。世态之炎凉，能毋使板桥为之感慨乎！

　　晚年板桥的名气大了，但其性格却依然未改，癫狂怪异之状一如当年，好游之性亦一如当年。正因为此时的板桥名闻遐迩，所以许多官吏前来求索字画。对此，板桥也不讲什么客气了，赠之画，亦受之益。乾隆十九年（1754）春，板桥游杭州时，给杭州知府吴作哲画了一幅墨竹，写了一幅字，吴就"请酒一次，请游湖一次，送下程一次，送绸缎礼物一次，送银四十两"，板桥也趁机"过钱塘江，探禹穴，游兰亭，往来山阴道上"，认为此乃平生快举（《与墨弟书》）。不料，后来湖州知府李堂在吴作哲处看到板桥字画，爱不释手，强夺人爱，使得这位吴太守落了个鸡飞蛋打——一场空。吴知府只得第二天又到板桥下榻的南屏山静寺去拜访，邀板桥到湖州去玩，想来此举乃为板桥字画计。湖州府下属乌程知县孙扩图曾在山东掖县做过教谕，与板桥发生过矛盾，这次杭守吴作哲为他俩作了和解。孙看到顶头上司湖守李堂如此爱慕板桥，也就格外亲热地邀板桥去湖州、乌程游玩。于是，板桥"姑且游诸名山以自适"（《与墨弟书》），趁此机会游历了苕溪、雪溪、卞山、白雀、道场山等名胜，整整玩了一个月才回扬州。

除官吏强索巧取外，还有一些自称朋友的人死乞白赖地求取字画，而这些人中不少都是二十年前对板桥冷语白眼、诬蔑攻击过的。以板桥的性格，有些人他从来不愿打交道，尤其是那些附庸风雅的市井之徒，这反倒激起这些人不择手段地收集板桥的字画。《清代名人轶事》曾载一则关于一盐商用"狗肉计"骗取板桥字画的故事，颇为有趣，不妨说来让大家一乐。据说，"一日，板桥出游稍远，闻琴声甚美，循声寻之，则竹林中一大院落，颇雅洁，入门，见一人须眉甚古，危坐鼓琴，一童子烹狗肉方熟。板桥大喜，骤语老人曰：'汝亦喜食狗肉乎？'老人曰：'百味惟此最佳，子亦知味者，请尝一脔。'两人未通姓名，并坐大嚼。板桥见其素壁，询其何以无字画，老人曰：'无佳者。此间郑板桥，虽颇有名，然老夫未尝见其书画，不知其果佳否？'板桥笑曰：'汝亦知郑板桥乎？我即是也。请为子书画可乎？'老人曰：'善。'遂出纸若干，板桥一一挥毫竟。老人曰：'贱字某某，可为落款。'板桥曰：'此某盐商之名，汝亦何为名此？'老人曰：'老夫取此名时，某商尚未出世也。同名何伤？清者清，浊者浊耳。'板桥即署款而别。次日，盐商宴客，丐知交务请板桥一临，至则四壁皆悬己书画，视之皆己昨日为老人所作，始知老人乃盐商所使，而己则受老人之骗，然已无可如何矣。"（《风趣类》卷1《郑板桥受骗》）

当然，这个故事未必完全可信，但结合前面所提到的吴知府为获取板桥字画而强拉其湖州之游，再结合《板桥后序》所云"其诗文字画每为人爱，求索无休时，略不遂意，则怫然而去。故今日好，为弟兄，明日便成陌路"，可以看出，某些人强索字画的举措的确使板桥厌烦，在这种情况下，发生有人使用计策骗画的可能性是有的。更为可能的是，板桥性喜狗肉。在《潍县署中寄弟墨》（第47号）中，板桥曾说："兼之目光昏蒙愈甚，谅由春日肝旺，并多食狗肉与高粱，火气大重，目光容易模糊。"《范县寄朱文震》中也说："昨有故人贻予狗肉，烹手高妙，质味上乘，如获至宝，亟以之下酒，大快朵颐，不尝此绝味盖半载矣。"由此可见，板桥是十分喜吃狗肉的。更有趣者，板桥还因友人视狗肉为秽物，曾致信论辩（《潍县答金棕亭》），发了一番高论，为狗肉昭雪：

> 世间之物，一物有一物之味，各不相同，而人之所嗜，各有所喜，亦各有所不喜，喜甜者必恶咸，喜酸者必恶辣，或有兼而好之，其人必不知味者也……余于蟹、笋、荔枝等，亦所爱嗜，每逢其物见新，必一再嗜之以为快；然觉物之具有至味，虽久嗜而不厌者，舍狗肉莫能胜也……故食物中只有二种入牙缝而不臭腐，经宿而不变，别而闻之，本质依然，其物为何？姜与狗肉是已。谓余难信，曷不一试？板桥每食狗肉，必加姜少许与之同煮，其味更美。所嫌此物最宜冬季，不能常将下酒，引为恨事。姜者，食物中之隽味，狗肉则为至味，亦神味也！若以狗肉为秽物，为不可食，世间再无更有味之物可吃，奈何！奈何！袁枚最喜品评食物，每尝佳味，著之笔墨，极有辨别本事。但闻其确信因果，生平不敢尝狗肉，此是袁家才子之大缺陷！足下素以知味自负，邰公之厨，誉出众口。今乃来书痛斥狗肉，贬之为秽物，毁之为臊臭，狗肉何辜，蒙此

恶名？而岂知味者之言乎？爰代狗肉昭雪，著诸辩论。若心不甘服，尽可来书再决，谨操不律以待。

即此来看，板桥对狗肉是情有独钟的。正因为他有这一嗜好，所以难免会发生别人投其所好，从而诱骗书画之事。

为了摆脱众人之纠缠、巧取豪夺，板桥再次显示出他的怪异之处。乾隆二十四年（1759）板桥67岁时，采纳了拙公和尚的建议，自定书画价格，亦即"润格"或"笔榜"。板桥所定价格为：

大幅六两，中幅四两，小幅二两，条幅对联一两，扇子斗方五钱。凡送礼物食物，总不如白银为妙：公之所送，未必弟之所好也。送现银则中心喜乐，书画皆佳。礼物既属纠缠，赊欠尤为赖帐。年老体倦，亦不能陪诸君子作无益语言也。

画竹多于买竹钱，

纸高六尺价三千。

任渠话旧论交接，

只当秋风过耳边。

乾隆己卯，拙公和尚属书谢客。板桥郑燮。

——《石刻拓本》

叶廷琯对板桥的这一做法，尝评价道："字画索润，古人所有，板桥笔榜小卷，盖自书书画润笔例也。见之友人处，其文云……此老风趣可掬，视彼卖技假名士，偶逢旧友，貌为口不言钱，而实故靳以要厚酬者，其雅俗真伪何如乎！"（《鸥陂渔话·郑板桥笔榜》）按："润笔"的传统，由来已久。宋代的洪迈在《容斋续笔》中，指出："作文受谢，自晋、宋以来有之，至唐始盛。《李邕传》：'邕尤长碑颂，中朝衣冠及天下寺观，多赍持金帛，往求其文。前后所制，凡数百首，受纳馈遗，亦至巨万。时议以为自古鬻文获财，未有如邕者。'……皇甫湜为裴度作《福先寺碑》，度赠以车马缯彩甚厚，湜大怒曰：'碑三千字，字三缣，何遇我薄邪？'度笑，酬以绢九千匹……本朝此风犹存。"（卷6《文字润笔》）

不了解事情来由的人还以为板桥掉到钱眼里了，竟然公开要价，简直是个吝啬鬼。其实不然，板桥终生生活都很简朴，出名之后依然如此。否则，以板桥之才之名，将其画作待高价而沽的话，定会有不菲的收入。其《题兰竹石调寄一剪梅》云："乾隆二十一年二月三日，予作一桌会，八人同席，各携百钱以永日欢。"作永日欢会，不过"各携百钱"，可见板桥生活节俭之一斑。板桥虽自我节俭，但对别人却十分慷慨好施，绝非聚敛拥财之辈。《淮安舟中寄舍弟墨》云："愚兄平生漫骂无礼，然人有一才一技之长、一行一言之美，未尝不啧啧称道。囊中数千金，随手散尽，爱人故也。"《范县署中寄舍弟墨》也曾提到："汝持俸钱南归，可挨家比户，逐一散给。南门六家，竹横港十八家，下佃一家，派虽远，亦是一脉，皆当有所分惠"；"其余邻里乡党，相赒相恤，汝自为之，务在金尽而止"。在潍县任上时，板桥还特地写信要郑墨关心、体恤那些贫苦人家的孩子，让其"每见贫家之子、寡妇之儿求十数钱，买川连纸钉仿字簿，而十日不得者，当察其故而无意中与之。至阴雨不能即归，辄留饭；薄暮，以旧鞋与穿而去。彼父母之爱子，虽无佳好衣服，必制新鞋袜来上学堂，一遭泥泞，复制为难矣"（《潍县寄舍弟墨第三书》）。归隐扬州后，板桥之乐施好善之性依然未改。阮元《淮海英灵集》称其"尝置一囊，银钱果食之类皆贮于内，遇故人子或乡邻之贫穷者，随所取而赠之"。这不仅反映了板桥的慷慨，也反映了他赠人银钱又怕人惭愧的一番苦心，体现出其忠厚的性格。如此等等，足见板桥之定"润格"，非出于银钱计，实迫于他人之无穷索书索画也。当然，如遇到知己，板桥则啥都不会计较。71岁时，即乾隆二十八年

（1763），他曾作一《竹图》，并题识道："山僧爱我画，画竹满其欲，落笔饷我脆萝卜。"此可见板桥之豪爽。

板桥的润格，后由吴嘉（字及之，一字山尊）刻石。同治八年（1869），吴云（号平斋、退楼）、周闲（字存伯，号范湖居士）又重刻于上海。此后，两人的书画润笔，"皆准板桥所定，即以此帖为仿单，不复增减"。于此，晚清大儒俞樾（1821—1907）曾感慨道："余谓东坡先生字在当日只换羊肉而已，吾辈率尔落笔，便欲白银，亦大罪过。"不过，设身处地地想想，好像又有不得已之处。所以，俞先生又诙谐地说："然年来以笔墨为人役，亦甚苦之。读板桥此帖，辄为诵古诗曰：'齐心同所愿，含意俱未申。'退楼诸公闻之，当干笑也。"（《春在堂随笔》卷2）

板桥的晚年是辉煌的，又是苍凉的。毕竟年事已高，板桥开始一次次经历故交老友去世的痛苦。在其知音中，除高翔早已辞世外，乾隆十九年（1754）、二十四年（1759）、二十七年（1762），李方膺、汪士慎、李鱓三人相继病殁。这些友朋的故去，使板桥伤心不已。而此时的板桥，也已日渐憔悴，身体渐渐趋于衰老。即便如此，在往来于兴化、扬州之间曲曲折折的水道上，人们仍然可以看到板桥踽踽而行的身影。板桥在扬州的住所为李氏小园，在兴化则先居和李鱓比邻的拥绿园，后又居杏花楼。在一则题画中，板桥提到："甲申秋杪，归自邗江，居杏花楼。"甲申即乾隆二十九年（1764），板桥时年72岁。杏花楼在兴化城西北鹦鹉桥附近，板桥《范县署中寄舍弟墨第二书》中曾提及此地："是宅北至鹦鹉桥不过百步，鹦鹉桥至杏花楼不过三十步，其左右颇多隙地。幼时饮酒其旁，见一片荒城，半堤衰柳，断桥流水，破屋丛花，心窃乐之。若得制钱五十千，便可买地一大段，他日结茅有在矣。"可知杏花楼是板桥早已属意的归栖之地。对于板桥晚年的生活境遇，周积寅先生《郑板桥书画艺术》谓："到了晚年，生活竟无立锥之地，只好寄居在同乡画友李鱓家里。"

很多人都持此说。其实，板桥虽然生活较为简朴，但其作画收入不仅足以糊口，也会有能力经营一份产业，绝对不再是一个落拓的穷书生。在《潍县署中寄舍弟墨》第30号中，板桥曾说："殊不知我每年笔润，就最近十年平均计算，最少年有三千金，则总数已有三万。我家仅有典产田三百亩，每亩典价二十千，约值钱六千千；合之绝田产八十亩，不过万金耳。故尚余润资二万金，整备改建家园，以为归田娱乐之地。"在《扬州杂记卷》中，也提到："王箬林澍、金寿门农、李复堂鱓、黄松石树谷、后名山、郑板桥燮、高西唐翔、高凤翰西园，皆以笔租墨税，岁获千金，少亦数百金，以此知吾扬之重士也。"这还仅是其为官时的数目，若加上他归家后频频作画所得，其数目定会不少。这于其自定"润格"的价格可略知一二。即此来看，板桥晚年虽不免有些苍凉，其生活还是较为适意的。

但不无遗憾的是，板桥的后嗣不兴，虽生有两子，但都不幸或夭折或早逝。后来，板桥过继了堂弟郑墨之子田（字砚耕）为嗣子，但丧子之痛在板桥心中留下的阴影则是永久难以弥缝的。另据《郑板桥年表》称，板桥有两个女儿，长女适赵氏，次女适袁氏。而《昭阳郑氏族谱》则说："女三：一适赵，二适袁，三适李。"（根据我们在前面论述板桥的"父子（女）情"一节所述，板桥曾明确提到将饶氏所生之女淑儿嫁予陆棻镜之子。不知《年表》《族谱》为何不提淑儿？）板桥之孙郑镕（字范金），曾孙郑国璋（字文址），从孙銮、钛，均能继承板桥衣钵，或长于诗文书法，或工于画兰竹。他们大都是读书人，只有郑銮（字子砚）于嘉庆十二年（1807）成为举人，做了知县，颇有政声（同治朝《扬州府志》）。

综观而言，板桥的一生，是坎坷曲折、穷途潦倒的一生，也是欲超拔于世而又宏愿难展的一生。入仕前，他贫寒苦读，抱着"修身""齐家""治国""平天下"的远大志向，梦想着做一番事业。待到中了进士，做了县官，亲身接触到社会的黑暗和民间的疾苦，以及横遭同僚冤诬排挤，深受打击，他终于尝到了"做官难、难做官"的辛酸苦涩滋味。随着梦想的逐渐破灭，板桥遂决定"从此江南一梗顽"，归隐扬州，卖画终老。尽管如此，他的内心深处，仍然充满了对黑暗官场的愤懑，直到临终前的几个月，他还悲愤地写道："宦海归来两袖空，逢人卖竹画清风。还愁口说无凭据，暗里赃私遍鲁东。板桥老人郑燮自赞又自嘲也。乾隆乙酉，客中画并题。"（《题画竹六十九则》）

罗聘曾作诗评郑板桥曰：

> 一官轻弃返初心，
> 游戏人间岁月深。
> 曾到蓬莱看东海，
> 题诗笑付老龙吟。
> ——《香叶草堂诗存·江上怀人绝句十五首》

凌霞之诗称：

> 板桥落拓诗中豪，
> 辞官卖画谋泉刀。
> 画竹挥尽秋兔毫，
> 时人雅谑常呼"猫"。
> ——《天隐堂集·扬州八怪歌·郑燮》

陆恢题板桥为程铎振凡所作《兰竹图》卷曰：

> 郑板桥，郑板桥，原是人中豪。一麾出守制百里，归来依旧安蓬茆。觉世文章尽情说，说敝澜翻广长舌。乐府盲词播

管弦，铜琶铁板冰壶裂。论书知古不知今，汉刻秦碑僻处寻。饕餮穷奇画变相，依然不失先民心。以其余力事图画，墨沈淋漓恣荒怪。犹是龙蛇太古书，不徒专守青藤派。此图修竹与幽兰，数笔萧萧着意寒。扫地焚香一展对，恍如坐我潇湘滩。板桥板桥荥阳郑，姿态丰神出生硬。只有冬心一片心，江南江北相辉映。人皆以怪病，我独以怪敬。无盐丑女列贞贤，怀中别有光明镜。

——《中国绘画总合图录》第一卷

　　"猫"也罢，"狗"也罢（板桥治有"徐青藤门下走狗郑燮"印，曾遭人嘲讽），郑板桥就是郑板桥，"假道学"非其愿，"推廓不开"为其鄙，他寻求的是"琢出云雷成古器，劈开蒙翳见通衢"的大境界，"狂""傲"其表，"睿""智"乃真！这才是板桥"绝世风流"的底色所在！

　　乾隆三十年十二月十二日（1766年1月22日）未时，在饱尝了人间悲与喜诸种世相的磨砺后，板桥——这位曾以"狂""怪"震惊于世的73岁老人，不无遗憾地于春天将临之时与世长辞，遽归道山。一缕太平盛世下备受煎熬的"幽魂"，就这样永不停息地遨游于兴化管阮庄的坟丘上空，一任风霜雪雨的洗礼，执着地追寻着春天的脚步……

主要参考资料

《郑板桥全集》，宣统元年（1909）扫叶山房石印本。

《郑板桥全集》，王缙尘编校，国学整理社1935年版；中州古籍出版社1992年版。

《郑板桥集》，中华书局1962年版。

《郑板桥集》（附《郑板桥年表》），上海古籍出版社1979年版。

《郑板桥全集》，中国书店1985年版。

《郑板桥全集》，卞孝萱编，齐鲁书社1985年版。

《郑板桥集详注》，王锡荣注，吉林文史出版社1986年版。

《郑板桥判牍》，李一氓编，文物出版社1987年版。

《郑板桥外集》，郑炳纯辑，山西人民出版社1987年版。

《郑板桥集》，广陵书社2011年版。

《郑板桥全集》（增补本），卞孝萱、卞岐编，凤凰出版社2012年版。

《郑板桥全集》，党明放编，兰台出版社2015年版。

周积寅、王凤珠：《郑板桥年谱》，山东美术出版社1991年版。

党明放：《郑板桥年谱》，首都师范大学出版社2009年版。

王咏诗编：《郑板桥年谱》，文化艺术出版社2014年版。

闻世震：《郑板桥年谱编释》，辽宁人民出版社2014年版。

高宝庆：《郑板桥轶事》，山东人民出版社1983年版。

李金新：《郑板桥在潍县》，潍坊市新闻出版局1993年版。

《郑板桥书画》，山东美术出版社1984年版。

周积寅编著：《郑板桥书法集》，江苏美术出版社1985年版。

《郑板桥书法全集》，群言出版社1994年版。

曹惠民、李红权编著：《郑板桥诗文书画全集》，中国言实出版社2006年版。

《郑板桥印册》，福建人民出版社2010年版。

秦祖永辑：《七家印跋》，黄宾虹、邓实编：《美术丛书》，浙江人民美术出版社2018年版。

陈东原：《郑板桥评传》，商务印书馆1928年版。

潘茂：《郑板桥》，上海人民美术出版社1980年版。

何琼崖、潘宝明：《郑板桥》，江苏人民出版社1982年版。

房文斋：《郑板桥》，贵州人民出版社1988年版；《郑板桥外传》，中国美术学院出版社1998年版。

陈书良：《郑板桥评传》，巴蜀书社1989年版。

杨士林：《郑板桥评传》，安徽人民出版社1992年版。

陈书良、李湘树：《绝世风流郑板桥》，湖南出版社1993年版。

黄俶成：《郑板桥小传》，百花文艺出版社1993年版。

周积寅：《郑板桥》，吉林美术出版社1996年版。

王家诚：《郑板桥传》，九歌出版社2001年版。

工同书：《郑板桥评传》，南京大学出版社2011年版。

卞孝萱：《郑板桥丛考》，辽海出版社2003年版。

吴根友：《郑板桥的诗与画》，南京出版社1998年版；安徽文艺出版社2018年版。

丁家桐：《扬州八怪全传》，上海人民出版社1998年版。

咸丰元年重修《兴化县志》卷8，《人物志·仕进·郑燮》。

重修《扬州府志》卷48，《郑燮》。

李桓：《国朝耆献类征初编》卷233，《郑燮小传》；《书事》。

钱林：《文献征存录》卷5，《郑燮》。

钱仪吉：《碑传集》卷103，《书潍县知县郑燮事》。

李福祚辑：《昭阳述旧编》，《泰州文献》第二辑，凤凰出版社2014年版。

叶衍兰、叶恭绰编：《清代学者象传》第一集，《郑燮》。

《清史列传》卷72，《文苑·郑板桥》。

李斗著，周光培点校：《扬州画舫录》，江苏广陵古籍刻印社1984年版。

曾七如著，南山点校：《小豆棚》，荆楚书社1989年版。

梁章钜辑：《楹联丛话》，上海书店1981年版。

葛虚存原编，马蓉点校：《清代名人轶事》，书目文献出版社1994年版。

《清实录》，中华书局1985—1987年版。

《清代诗文集汇编》，上海古籍出版社2010年版。

　　另：周积寅先生所著《郑板桥》"附录"之《诸家评论辑要》，郑炳纯先生所辑《郑板桥外集》之《诸家题赠评论》，党明放先生《郑板桥年谱》附五"历代诗评词赞郑板桥"，于他人对郑板桥之论说，搜集得相当周全，故不再一一列举。

郑板桥生平简谱

康熙三十二年癸酉　1693　1岁

十月二十五日子时，板桥诞生于江苏兴化东门外古板桥。

《郑板桥年表》载："先生姓郑氏，名燮，字克柔，号板桥，兴化县人。先世居苏州，明洪武间始迁居兴化城内之汪头。曾祖新万，字长卿，庠生。祖湜，字清之，儒官。父之本，字立庵，号梦阳，廪生，品学兼优，家居授徒，先后数百人。母汪夫人，继母郝夫人。叔之标，字省庵，生子墨，字五桥，庠生。"

是年，画家八大山人（1626—1705）68岁、石涛（1642—1707）52岁、华岩（1682—1756）12岁、高凤翰（1683—1749）11岁、汪士慎（1686—1759）8岁、李鲜（1686—1762）8岁、金农（1687—1764）7岁、黄慎（1687—？ ）7岁、高翔（1688—1753）6岁。

康熙三十三年甲戌　1694　2岁

康熙三十四年乙亥　1695　3岁

五月，康熙帝巡视新堤及海口运道。

是年，李方膺（1695—1755）生。

康熙三十五年丙子　　1696　4岁

板桥母汪夫人病逝。乳母费氏育之。板桥《乳母诗·序》曰："燮四岁失母，育于费氏。"

二月，康熙帝出独石口亲征噶尔丹。五月，昭莫多之战，噶尔丹败。

是年，杭世骏（1696—1773）生。

康熙三十六年丁丑　　1697　5岁

板桥父约于是年继娶郝夫人。

康熙三十七年戊寅　　1698　6岁

康熙三十八年己卯　　1699　7岁

是年，因生活所迫，乳母费氏悄然离开郑家。

二月，康熙帝第三次南巡；五月回。

康熙三十九年庚辰　　1700　8岁

康熙四十年辛巳　　1701　9岁

康熙四十一年壬午　　1702　10岁

是年，乳母费氏返归郑家。《乳母诗》："后三年来归，侍太孺人，抚燮倍挚。"

康熙四十二年癸未　　1703　11岁

是年，乳母子俊任操江提塘官，屡迎母，其母因板桥及其祖母不忍去。《乳母诗》："方来归之明年，其子俊得操江提塘官。屡迎养之，卒不去。以太孺人及孌故。"

正月，康熙帝第四次南巡；三月回。

十月，康熙帝西巡至西安；十二月回。

康熙四十三年甲申　1704　12岁

约于是年就读于真州毛家桥。《为马秋玉画扇》："余少时读书真州之毛家桥，日在竹中闲步。潮去则湿泥软沙，潮来则溶溶漾漾，水浅沙明，绿荫澄鲜可爱。时有鲦鱼数十头，自池中溢出，游戏于竹根短草之间，与余乐也。"按：王氏《郑板桥年谱》系于康熙四十一年（1702）板桥10岁时；而《郑板桥年表》则系于康熙四十八年（1709）板桥17岁时。

康熙四十四年乙酉　1705　13岁

正月，康熙帝第五次南巡至杭州；闰四月回。

康熙四十五年丙戌　1706　14岁

继母郝夫人去世。《七歌》："无端涕泗横阑干，思我后母心悲酸。十载持家足辛苦，使我不复忧饥寒。时缺一升半升米，儿怒饭少相触抵。伏地啼呼面垢污，母取衣衫为湔洗。呜呼！三歌兮歌彷徨，北风猎猎吹我裳。"

康熙四十六年丁亥　1707　15岁

正月，康熙帝第六次南巡；五月回。

十二月，江南大旱。

康熙四十七年戊子　1708　16岁

是年，师从陆种园先生学填词。《重修兴化县志》卷8《人物志·文苑》："陆震，字仲子，一字种园。廷抡子。少负才气，傲睨狂放，不为齪齪小谨。宋家宰荦巡抚江南，期以大器。震淡于名利，厌制艺，攻古文辞及行草书。贫而好饮，辄以笔质酒家，索书者出钱为赎笔。家无儋石储，顾数急友难。某负官钱，震出其先仪部奉使朝鲜方正学辈赠行诗卷，俾质金以偿。后遂失之，某恶甚。震曰：'甑已破矣。'与其人交契如初。诗工截句，诗余妙绝等伦，郑燮从之学词焉。所填甚夥，身后无子，稿半佚。同里刘宗霈搜罗荟萃，属休宁程某锓版行世。"按：一说板桥于康熙五十一年（1712）师从陆震学填词。

九月，废皇太子允礽，惩处其党羽。

康熙四十八年己丑　1709　17岁

三月，复立允礽为皇太子。

康熙四十九年庚寅　1710　18岁

正月，命修满汉蒙合璧《清文鉴》。

是年，清廷始修《康熙字典》。

康熙五十年辛卯　1711　19岁

十月，戴名世《南山集》文字狱兴。

是年，不详，点见曾中举人；高风翰中秀才。

康熙五十一年壬辰　1712　20岁

二月，升朱熹于孔庙四配十哲之次。

九月，再废皇太子允礽。

是年，清廷规定：以后滋生人丁，永不加赋（以康熙五十年人丁2462万、丁银335万余两为准）。

康熙五十二年癸巳　1713　21岁

二月，《南山集》案结，戴名世被处死。

康熙五十三年甲午　1714　22岁

是年，开始绘画创作。乾隆二十八年（1763）题《丛竹图》："今年七十有一，不学他技，不宗一家，学之五十年不辍，亦非苟而已也。"

康熙五十四年乙未　1715　23岁

是年，与同邑徐氏成婚。

秋，于北京瓮山之漱云轩书《小楷欧阳修秋声赋轴》，跋曰："乙未九秋，山中寻菊，感黄叶之半零，望孤云而不返；残阳水面，渺渺寒涛；古寺山腰，凄凄晚磬；栖鸦欲定而犹惊，凉月虽升而未倾。偶翻欧《赋》，爱录是篇。讽咏未终，百端交集。村醪数盏，任凉露之侵衣；清梦半床，听山鸡之送晓。聊书所历，有愧前贤。"

康熙五十五年丙申　1716　24岁

约于是年中秀才。按：王氏《郑板桥年谱》称：17岁"参加县学考试取中秀才"。

闰三月，《康熙字典》纂成。

是年，袁枚（1716—1797）生。

程梦星告归扬州，建筱园，立诗社。

康熙五十六年丁酉　　1717　　25岁

堂弟郑墨（号五桥）生。《怀舍弟墨》："我年四十二，我弟年十八。"

康熙五十七年戊戌　　1718　　26岁

设塾于真州之江村。《仪征县续志》卷6《名迹志·园》："（江村）在游击署前。里人张均阳筑，今废。兴化郑板桥燮尝寓此，与吕凉州辈唱和，有联云：'山光扑面因新雨，江水回头为晚潮。'"

康熙五十八年己亥　　1719　　27岁

作《村塾示诸徒》诗于江村。诗曰："飘蓬几载困青毡，忽忽村居又一年。得句喜拈花叶写，看书倦当枕头眠。萧骚易惹穷途恨，放荡深惭学俸钱。欲买扁舟从钓叟，一竿春雨一蓑烟。"

康熙五十九年庚子　　1720　　28岁

康熙六十年辛丑　　1721　　29岁

是年，卢见曾中进士。

康熙六十一年壬寅　　1722　　30岁

板桥父立庵先生去世。

作《七歌》，感慨己之生平。诗有曰："郑生三十无一营，学书学剑皆不成。市楼饮酒拉年少，终年击鼓吹竽笙。今年父殁遗书卖，剩卷残编看不快。爨下荒凉告绝薪，门前剥啄来催债。呜呼！一歌兮歌逼侧，皇遽读书读不得！"

正月，举行"千叟宴"。

十一月十三日，康熙帝驾崩；其四子胤禛继位，是为雍正帝。

十二月，以张廷玉为礼部尚书；诏速将《古今图书集成》编纂成书。

雍正元年癸卯　1723　31岁

约于是年卖画扬州，前后历时10年左右。《和学使者于殿元枉赠之作》："十载扬州作画师，长将赭墨代胭脂。写来竹柏无颜色，卖与东风不合时。"《题画·初返扬州画竹第一幅》："二十年前载酒瓶，春风倚醉竹西亭。而今再种扬州竹，依旧淮南一片青。"

是年，始与梅鉴和尚交往；作《贺新郎·送顾万峰之山东常使君幕》词二阕赠友人顾于观。

是年，令推行"摊丁入亩"政策。

雍正二年甲辰　1724　32岁

其子犉儿约殇于是年。板桥作有《哭犉儿五首》，以志哀痛。

闰四月，命修《大清会典》。

是年，出游江西，于庐山识无方上人。

是年，定"火耗归公"制。

是年，杭世骏中举人。

雍正三年乙巳　1725　33岁

四月初六日，题《宋拓虞永兴破邪论序册》，主张"书法与人品相表里"。《壮陶阁书画录》卷22《宋拓虞永兴破邪论序册》："书法与人品相表里。方炀帝征辽时，世南草檄，袁宝儿顾盼殿上，帝佯优之，命赋一诗而罢，终身不复见用。及太宗皇帝定天下，乃起从之，卓为学者宗师。可不谓神龙出没隐现，各得其时哉！士固有遇有不遇，藉使开皇之末，仍然五季，天下土崩，无复圣天子出，虽终其身蓬室枢户可也，岂区区于仕进乎！夫区区仕进，必不完于炀帝时矣。今观其所书《庙堂碑》及《破邪论序》，介而和，温而栗，峭劲不迫，风雅有度，即其人品，于此见矣。昔有评右军书云：'位重才高，调清词雅，声华未泯，翰牍仍存。'吾于世南亦云。题《破邪论序》后，时乙巳清明后一日。板桥郑燮。"

第二次出游京师，寓于慈宁寺。《本朝名家诗钞小传·板桥诗钞小传》："壮岁客燕市，喜与禅宗尊宿及期门、羽林诸子弟游。日放言高谈，臧否人物，无所忌讳。坐是得狂名。"

结交康熙帝第二十一子允禧（字谦斋，号紫琼道人。封慎郡王，善书画），甚相得。《紫琼岩诗钞》卷中《喜郑板桥书自潍县寄到》："二十年前晤郑公，谈谐亲见古人风。东郊系马春芜绿，西墅弹棋夜炬红。浮世相看真落落，长途别去太匆匆。忽看堂上登双鲤，烟水桃花锦浪通。"

作《燕京杂诗》三首，以表达自己的志向。诗曰："不烧铅汞不逃禅，不爱乌纱不要钱。但愿清秋长夏日，江湖常放米家船。偶因烦热便思家，千里江南道路赊。门外绿杨三十顷，西风吹满白莲花。碧纱窗外绿芭蕉，书破繁阴坐寂寥。小妇最怜消渴疾，玉盘红颗进冰桃。"

由京师返扬后，成《道情十首》初稿。《书道情词后》："乾隆二年人日，板桥书《道情十首》。跋云：'雍正三年，岁在乙巳，予落拓京师，不得志而归，因作《道情十首》以遣兴。'"

七月，立保甲法。

九月，以"维民所止"兴查嗣庭狱。

是年，陈梦雷新制铜活字，印《古今图书集成》。

是年，云贵总督鄂尔泰奏请西南全面推行"改土归流"。

雍正四年丙午　　1726　　34岁

黄慎于是年书《道情十首》。

八月，中俄签订不平等的《恰克图条约》。

雍正五年丁未　　1727　　35岁

是年，客于南通州（今南通市）。

雍正六年戊申　　1728　　36岁

春，读书于扬州天宁寺，写《四书》。《四子书真迹序》："戊申之春，读书天宁寺，呫哗之暇，戏同陆、徐诸砚友赛《经》□生熟。市坊间印格，日默三五纸，或一二纸，或七、八、十余纸；或兴之所致，间可三二十纸。不两月而竣工。虽字有真草讹减之不齐，而语句之间，实无毫厘错谬。固诵读之勤，亦刻苦之验也。"

八月，李鲜、黄慎同寓天宁寺，品诗论画。黄慎作《米山小帧》，板桥题之曰："苍茫一晌扬州梦，郑李兼之对榻僧。记我倚栏论画品，蒙蒙海气隔帘灯。"

雍正七年己酉　　1729　　37岁

作《道情十首》。《道情十首》跋曰："是曲作于雍正七年。"《刘柳村册子》："《道情》十首，作于雍正七年。"

是年，作《满江红·田家四时苦乐歌过桥新格》。

五月，兴吕留良案；九月，颁《大义觉迷录》。

是年，除山西、贵州及少数民族地区外，普遍实行"地丁制"。

雍正八年庚戌　　1730　　38岁

是年，李方膺就职于山东乐安。

十月，翰林院庶吉士徐骏以"清风不识字，何故乱翻书"句被杀。

雍正九年辛亥　1731　39岁

妻徐夫人去世。板桥有《客扬州不得之西村之作》诗，以志丧妻之痛。诗曰："自别青山负凤期，偶来相近辄相思。河桥尚欠年时酒，店壁还留醉后诗。落日无言秋屋冷，花枝有恨晓莺痴。野人话我平生事，手种垂杨十丈丝。"

十二月二十九日，作《除夕前一日上中尊汪夫子》（汪夫子，名芳藻，兴化县令）诗，以寓志。诗曰："琐事贫家日万端，破裘虽补不禁寒。瓶中白水供先祀，窗外梅花当早餐。结网纵勤河又洭，卖书无主岁偏阑。明年又值抢才会，原向秋风借羽翰。"

是年，高凤翰知安徽绩溪县。

雍正十年壬子　1732　40岁

秋，赴南京参加乡试，中举人。板桥作有《得南闱捷音》诗，抒发中举后的心情。诗曰："忽漫泥金入破篱，举家欢乐又增悲。一枝桂影功名小，十载征途发达迟。何处宁亲惟哭墓，无人对镜懒窥帷。他年纵有毛公檄，捧入华堂却慰谁？"《板桥自叙》："板桥康熙秀才，雍正壬子举人，乾隆丙辰进士。"

游览南京诸名胜，作有《念奴娇·金陵怀古》词十二首（《石头城》《周瑜宅》《桃叶渡》《劳劳亭》《莫愁湖》《长干里》《台城》《胭脂井》《高座寺》《孝陵》《方景两先生祠》《弘光》）；观潮钱塘江，作有《观潮行》《弄潮曲》诗等。

中举后，因身患大疮，栖居于小海外祖父家。

李方膺调知兰山，以事系狱。

是年，《大清会典》修成。

雍正十一年癸丑　1733　41岁

是年，板桥叔父省庵先生去世。

重阳节，作《别梅鉴上人》诗两首。

是年，板桥父挚友朱子功82岁寿辰，板桥为作行书《恭祝子功八十二寿通屏》十二幅，叙及两家世谊。

得友人程羽宸资助赴焦山读书，准备应试。

五月，续修《大清会典》成。

是年，罗聘（1733—1799）生。

雍正十二年甲寅　1734　42岁

七月初九日，有感于顾世永代弟买妾事，作《为顾世永代弟买妾事手书七律一首》。诗曰："一夜花枝泣别离，东风无复订佳期。樱桃熟后凭人摘，梅子酸时只自知。何幸荆钗完凤契，免教破镜惹相思。人间处处风波在，莫打鸳鸯与鹭鸶。德远老亲台老年翁为其弟世美买妾，既成价矣，闻其有夫，即还之，不责其值，且赠以金。此义举也。中尊汪夫子既旌其庐，复歌咏其事。燮不揣固陋，赋诗谨和。时雍正十二年七月九日也。"

作《怀舍弟墨》诗，以志堂兄弟手足之情谊。

是年，金农客扬州，始留髯，人称"髯金"。

是年，扬州梅花书院落成。

雍正十三年乙卯　1735　43岁

二月，游扬州北郊时，于玉勾斜饶家与饶五姑娘一见钟情，遂介赠《西江月》词为媒定情，并书《道情十首》赠之。词曰："微雨晓风初歇，纱窗旭日才温。绣帏香梦半朦腾，窗外鹦哥未醒。蟹眼茶声静悄，虾须帘影轻明。梅花老去杏花匀，夜夜胭脂怯冷。"

夏，重游设塾之真州江村，作《仪真县江村茶社寄舍弟》。

五月二十四日，作《焦山别峰庵雨中无事书寄舍弟墨》。

六月十日，作《焦山双峰阁寄舍弟墨》。

八月，被聘赴杭州任浙江乡试提调监试（此职为外帘官）。由杭返扬，与李鳝道及赴浙事，因合作诗画。

乾隆元年板桥题雍正十三年十二月李鳝《三清图轴》："雍正乙卯，余分校浙闱，得外帘，同人皆怅怅不乐，因解之曰：'孤山探梅，不胜于区区桃李。'……归而语复堂先生，先生曰：'吾为君作红梅，夺桃李之色有余矣，子盍题诗以纪其事乎？'乃援笔书二十八字：'浙江桃李属他人，只有梅花是我春。写取一枝清又贵，夕阳红影出松筠。'"

冬赴京师，准备应会试。

十月，收回前颁《大义觉迷录》。

十二月，《明史》纂成。

乾隆元年丙辰　1736　44岁

春应礼部试，中贡士；殿试中二甲第88名进士。欣喜之余，板桥挥毫泼墨，作了一幅《秋葵石笋图》，并题诗其上。诗曰："牡丹富贵号花王，芍药调和宰相祥。我亦终葵称进士，相随丹桂状元郎。"

得中进士后，板桥之出仕情态呈露于《呈长者》《读昌黎上宰相书因呈执政》等诗中。但一时授官无望，遂与任陈晋入顺天学政崔纪文幕。

在此期间，与伊福纳、无方上人、青崖和尚、仁公、起林上人、图清格、侯嘉璠、方超然、胡天游、娄近垣等往还唱和。

程羽宸至扬州得知板桥与饶五姑娘事，慷慨解囊，以五百金授饶氏为聘资。

是年，扬州重建平山堂。

三月，颁《十三经》《二十一史》于各省府、州、县学。

九月，召举"博学鸿词科"，乾隆帝亲试176人于保和殿，取中15人。

是年，清廷召开三礼馆；又命纂修《礼书》。

乾隆二年丁巳　　1737　　45岁

南归扬州。

正月初七日，作《行书道情十首卷》，赠勉友人西崖。

复得程羽宸资助五百金，与饶五姑娘成婚。

是年，乳母费氏去世。板桥作《乳母诗》以志其哀。诗有云："平生所负恩，不独一乳母。长恨富贵迟，遂令惭恧久。黄泉路迂阔，白发人老丑。食禄千万钟，不如饼在手。"

卢见曾任两淮都转盐运使司盐运使，旋被劾；高凤翰因卢见曾案亦罢官，寓扬州长寿庵。

乾隆三年戊午　　1738　　46岁

与金农游扬州，甚得山水之趣。金农《冬心先生画竹题记》："十年前，予与先后游广陵，相亲相洽，若鸥鹭之在汀渚也。"

李鱓任山东临淄县知县。

是年，江南大旱。

乾隆四年己未　　1739　　47岁

十月二十日，书《赠卢雅雨诗墨迹》，以志友谊。

是年，袁枚成进士。

李鱓调署山东滕县。

是年，殿版《二十四史》刻成。

乾隆五年庚申　1740　48岁

与沈心定交于金农寓楼。

六月十八日，为秉钧作《行书节录怀素自叙轴》。

六月二十二日，为图清格《兰石轴》作题。题曰："牧山雅人，文公韵士，如兰如石，相得益章。往余在京师，遇牧山，极道文公不置；及来扬，遇文公，又道牧山不去口。余以非材谫陋，得二公雅爱，且喜且惭，亦如苔斑墨汁，乱点于幽兰怪石间也。板桥弟郑燮。乾隆五年六月廿有二日。"

九月初一日，为董伟业《扬州竹枝词》作序。

十一月十二日，自题所作《芝兰轴》。题曰："古人云：入芝兰之室，久而不闻其香。不不闻也，闻之久与俱化也。日与士人君子相磨切，岂复有不善之事乎？画芝兰如见君子，逊逊室中，屋室俱美。板桥郑燮。乾隆五年十一月十有二日写于扬州寓斋。"

十一月，《大清律例》修成。

乾隆六年辛酉　1741　49岁

作书予堂弟墨，表明自己何以好骂"秀才"。《淮安舟中寄弟墨》："以人为可爱，而我亦可爱矣；以人为可恶，而我亦可恶矣。东坡一生觉得世上没有不好的人，最是他好处。愚兄平生漫骂无礼，然人有一才一技之长、一行一言之美，未尝不啧啧称道。囊中数千金，随手散尽，爱人故也。至于缺陃欹危之处，亦往往得人之力。好骂人，尤好骂秀才。细细想来，秀才受病，只是推廓不开，他若推廓得开，又不是秀才了。且专骂秀才，亦是冤屈。而今世上哪个是推廓得开的？年老身孤，当慎口过。爱人是好处，骂人是不好处。东坡以此受病，况板桥乎！老弟亦当时时劝我。"

九月，入京候补。

在京师期间，得到慎郡王允禧的礼遇。

二月，颁《钦定四书》于官学。

乾隆七年壬戌　1742　50岁

春，铨选得范县令（兼署朝城县）。

将赴任，作《将之范县拜辞紫琼崖主人》，答谢慎郡王允禧知遇之恩。

写刻慎郡王《随猎诗草》《花间堂诗草》成，于六月二十五日为之作跋。

是年，订定所作《诗钞》《词钞》。手写付梓，由门人司徒文膏刻版。《刘柳村册子》："四十举于乡，四十四岁成进士，五十岁为范县令，乃刻拙集，是时乾隆七年也。"

乾隆八年癸亥　1743　51岁

春暮，与金农、杭世骏等友人在扬州马氏小玲珑山馆聚会。

几易其稿，所作《道情十首》于是年付梓，门人司徒文膏主其事。

七月十八日，作《破格书王羲之兰亭集序》，并作题跋。跋云："黄山谷云：世人只学兰亭面，欲换凡骨无金丹。可知骨不可凡，面不足学也。况兰亭之面，失之已久乎？板桥道人以中郎之体，运太傅之笔，为右军之书，而实出以己意，并无所谓蔡、钟、王者，岂复有兰亭面貌乎？古人书法入神超妙，而石刻木刻，千翻万变，遗意荡然。若复依样葫芦，才子俱归恶道。胡作此破格书以警来学，即以请教当代名公，亦无不可。乾隆八年七月十八日，兴化郑燮并记。"

作《止足》诗。诗曰："年过五十，得免孩埋。情怡虑淡，岁月方来。弹丸小邑，称是非才。日高犹卧，夜户长开。年丰日永，波淡云回。乌鸢声乐，牛马群谐。讼庭花落，扫积成堆。时时作画，乱石秋苔。时时作字，古与媚皆。时时作诗，写乐鸣哀。闺中少妇，好乐无猜。花下青童，慧黠适怀。图书在屋，芳草盈阶。昼食一肉，夜饮数杯。有后无后，听已焉哉！"

杭世骏于二月考选御史对策中，因主张"天下巡抚汉满参半"被革职。是年，板桥致书杭世骏以示慰问，《与杭世骏书》曰："君由鸿博，地处清华，当如欧阳永叔在翰苑时，一洗文章浮靡积习，慎勿因循苟且，随声附和，以投时好也。数载相知，于朋友有责善之道，勿以冒渎为罪，是所冀于同调者。董浦词兄，燮顿首。"

是年，金农与杭世骏、丁敬等于杭州结诗社。

十一月，命山东将养椿蚕、柞蚕之法移咨各省，依法喂养以收蚕利。

乾隆九年甲子　1744　52岁

饶氏育一子。《潍县署中与舍弟墨第二书》："余五十二岁始得一子。"

《范县署中寄舍弟墨》、《范县署中寄舍弟墨第二书》、《范县署中寄舍弟墨第三书》（六月十五日作）、《范县署中寄舍弟墨第四书》作于是年。

作有《范县诗》《送陈坤秀才入都》《登范县城东楼》等诗。

乾隆十年乙丑　1745　53岁

呈诗姚知府以明志。《范县呈姚太守》："落落漠漠何所营，萧萧淡淡自为情。十年不肯由科甲，老去无聊挂姓名。布袜青鞋为长吏，白榆文杏种春城。几回大府来相问，陇上闲眠看耦耕。"

作有《怀扬州旧居即李氏小园，卖花翁汪髯所筑》《姑恶》《怀李鱓》《署中示舍弟墨》《破衲》《扬州福国和尚至范赋二诗赠行》等诗；作《范县署中寄舍弟墨第五书》。

冬，送饶氏母子返兴化。按王氏《郑板桥年谱》称：乾隆十一年

（1746）前后"送饶氏及子返回兴化"。

高凤翰《归云集》成，始号"归云老人"。

是年，潍县疫；七月十九日海水溢。

乾隆十一年丙寅　　1746　　54岁

由范县改任潍县，自是连署7年。

九月，与华喦、时颜、许大诸友人集于程兆熊之桐华庵，合作《桐华庵胜集图轴》。华喦题识曰："乾隆丙寅秋九，同人集程子梦飞桐华庵斋中。清话之余，野鸟相逢，秋色争妍，得此佳趣，爰对景画之，时颜曳补石，许大写菊。梦飞曰：'此幅似未毕乃事也，得板桥墨竹则可矣。'俄顷，童子报曰：'郑先生来也。'相见揖让，更写竹数个。"

是年，山东大饥，板桥大兴修筑，招远近饥民赴工就食；令邑中大户开厂煮粥轮饲之；责积粟者平价出售。开仓赈贷，饥民得以活者无数。《重修兴化县志》卷8："调潍县，岁荒，人相食。燮开仓赈贷，或阻之，燮曰：'此何时！俟辗转申报，民无孑遗矣。有谴我任之。'发谷若干石，令民县领券借给，活万余人。上宪嘉其能。秋又歉，捐廉代输，去之日，悉取券焚之。"

有感于潍县饥民外出逃生的惨象，赋《逃荒行》以纪其悲状。

约此时画竹呈巡抚包括，并题诗其上。诗曰："衙斋卧听萧萧竹，疑是民间疾苦声。些小吾曹州县吏，一枝一叶总关情。"

乾隆十二年丁卯　　1747　　55岁

秋，调济南参加乡试事，于锁院作《行书扬州杂记卷》，记与饶五姑娘之浪漫情缘等事；又作有《济南试院奉和宫詹德大主师枉赠之作讳保》《和学使者于殿元枉赠之作讳敏中》等诗，与德保、于敏中相唱和。

秋，与汪士慎、李鱓、李方膺合作《花卉图轴》。板桥题曰："梅花抱冬心，月季有正色。俯视石菖蒲，清浅苗寒碧。佛手喻画禅，弹指现妙迹。共玩此窗中，聊为一笑适。乾隆丁卯秋日，士慎画梅，复堂补佛手、石菖蒲，晴江添月季，余作诗于上。"

是年春，潍县旱，大饥。自五月十八日后，连雨两月，造成涝灾。

三月，殿版《十三经注疏》《二十一史》刻成。

六月，命校刊《通典》《通志》《文献通考》，并命编《续文献通考》。

乾隆十三年戊辰　1748　56岁

二月，乾隆帝出巡山东，板桥随行泰山，为书画史，治顿所，卧泰山顶四十余日。为此，板桥镌有一印曰"乾隆东封书画史"，以志荣遇。

三月，协理高斌主持山东放赈事宜。

秋，倡修潍城，首修城工60尺，作有《乾隆修城记》以纪其事。

九月，作《与江宾谷、江禹九书》，论文章风格。

是年，作有《潍县署中寄舍弟墨第一书》《潍县署中与舍弟墨第二书》。

乾隆十四年己巳　1749　57岁

春，潍县饥。

三月，潍县城工修讫，作《潍县永禁烟行经纪碑文》。

五月，与御史沈廷芳诸人游郭氏园，沈廷芳作《过潍县郑令板桥进士招同朱天门孝廉家房仲兄纳凉郭氏园》诗赠板桥；沈心作《留别郑板桥》诗。

作《潍县寄舍弟墨第三书》，叮嘱堂弟墨悉心培育子为人厚道之意；又作有《潍县寄舍弟墨第四书》《潍县署中与舍弟第五书》《与四弟书》。

饶氏生子6岁，病殇于兴化。

秋，大熟，难民陆续还乡，板桥作《还家行》以纪其事。

为载臣作《自咏》诗。诗曰："潍县三年范五年，山东老吏我居先。一阶未进真藏拙，只字无求幸免嫌。春雨长堤行麦陇，秋风古庙问瓜田。村农留醉归来晚，灯火千家望不眠。载臣先生政，板桥弟郑燮。"

误闻金农去世，服缌麻设位而哭。

约于此时，作《潍县竹枝词》。

是年，重订《家书》十六通及《诗钞》《词钞》，手写付梓；作《十六通家书小引》，序《后刻诗》《词钞》。

《十六通家书小引》："板桥诗文，最不喜求人作叙。求之王公大人，既以借光为可耻；求之湖海名流，必至含讥带讪，遭其荼毒而无可如何，总不如不叙为得也。几篇家信，原算不得文章，有些好处，大家看看；如无好处，糊窗糊壁，覆瓿覆盎而已，何以叙为！乾隆己巳。郑燮自题。"

《后刻诗序》："古人以文章经世，吾辈所为，风月花酒而已。逐光景，慕颜色，嗟困穷，伤老大，虽剐形去皮，搜精抉髓，不过一骚坛词客尔，何与于社稷生民之计、三百篇之旨哉？屡欲烧去，平生吟弄，不忍弃之。况一行作吏，此事又束之高阁。姑更定前稿，复刻数十首丁后，此后更不作矣。板桥又题。""板桥诗刻止于此矣。死后如有托名翻板，将平日无聊应酬之作，改窜烂入，吾必为厉鬼以击其脑！"

是年，作行书《板桥自叙》，论次生平志向所在。

是年，清廷召举经学之士。

乾隆十五年庚午　1750　58岁

二月初十日，作《文昌祠记》。中日："心何为闷塞而肥？文何为通套而陋？行何为修饰而欺？又何为没利而肆？帝君其许我乎？潍邑诸绅士，皆修文洁行而后致力以祀神者，自不与龌龊辈相比数。本县甚嘉此举，故爱之望之，而亦谆切以警之，是为民父母之心也。"

夏，作《行书诗三首条幅》。诗曰："晴丝寸尺挽韶光，百舌无声燕子忙。红日屋头槐影暗，微风扇里麦花香。收尽狂飙卷尽云，一竿晴日晓光新。柳魂花魄都无恙，依旧商量作好春。淮南二十四桥月，马上时时梦见之。想得扬州醉年少，正围红袖写乌丝。"

秋，与李鲜合作《蕉竹图》。

是年，缀附记于《板桥自叙》后。其言曰："板桥诗文，自出己意，理必归于圣贤，文必归于日用。或有自云高古而几唐宋者，板桥辄呵恶之，曰：'吾文若传，便是清诗清文；若不传，将并不能为清诗清文也。何必侈言前古哉！'明清两朝，以制艺取士，虽有奇才异能，必从此出，乃为正途。其理愈求而愈精，其法愈求而愈密。鞭心入微，才力与学力俱无可恃，庶几弹丸脱手时乎？若漫不经心，置身甲乙榜之外，辄曰'我是古学'，天下人未必许之，只合自许而已。老不得志，仰借于人，有何得意？贾、董、匡、刘之作，引绳墨，切事情。至若韩信登坛之对、孔明隆中之语，则又切之切者也。理学之执持纲纪，只合闲时用着，忙时用不着。板桥《十六通家书》，绝不谈天说地，而日用家常，颇有言近指远之处。板桥非闭户读书者，长游于古松、荒寺、平沙、远水、峭壁、墟墓之间，然无之非读书也。求精求当，当则粗者皆精，不当则精者皆粗。思之，思之，鬼神通之。板桥又记，时年已五十八矣。"

是年，清廷举行"经学特科"。

乾隆十六年辛未　1751　59岁

二月十五日，海水溢，板桥至潍县北边禹王台勘灾。

九月十九日，作六分半书"难得糊涂"匾额，并题曰："聪明难，糊涂难，由聪明而转入糊涂更难。放一著，退一步，当下心安，非图后来福报也。"钱泳《履园丛话》评道："郑板桥尝书四字于座右曰'难得糊涂'，此极聪明人语也。余谓糊涂人难得聪明，聪明人又难得糊涂，须要于聪明中带一点糊涂，方为处世守身之道。若一味聪明，便生荆棘，必招怨尤，反不如糊涂之为妙用也。"

秋，作《竹图轴》。题识曰："一两三枝竹竿，四五六片竹叶。自然淡淡疏疏，何必重重叠叠？"

秋，作《梅兰竹菊四屏条》以言怀。其《菊》曰："进又无能退又难，宦途踯躅不堪看。吾家颇有东篱菊，归去秋风耐岁寒。"

十一月，书旧作二十四首《潍县竹枝词》。

是年，板桥归老田园之志愈益强烈，《思归行》诗、《思归》《思家》词呈露出他此时的心绪。《唐多令·思归》曰："绝塞雁行天，东吴鸭嘴船，走词场三十余年。少不如人今老矣，双白鬓，有谁怜？官舍冷无烟，江南薄有田，买青山不用青钱。茅屋数间犹好在，秋水外，夕阳边。"《满江红·思家》曰："我梦扬州，便想到扬州梦我。第一是隋堤绿柳，不堪烟锁。潮打三更瓜步月，雨荒十里红桥火。更红鲜冷淡不成圆，樱桃颗。何日向，江村躲；何日上，江楼卧。有诗人某某，酒人个个。花径不无新点缀，沙鸥颇有闲功课。将白头供作折腰人，将毋左？"

金德瑛作《题郑板桥赠兰竹画》诗，推扬板桥作画之妙。其诗曰："画兰不多三五茎，画竹不多三五干。纸宽墨润腕力余，更添古石三五片。微香馥馥清影摇，满堂观者增欣羡。齐东有竹却少兰，玉版尊师唯悟半。板桥家法所南翁，心花无根舒烂漫。平生妙墨懒收拾，偶欲追寻从友案。胸中事即对人言，与弟家书刊共看。吟颠字怪剧游嬉，叵耐折腰趋下县。西范东潍十载宽，自怜天鉴超忧患。同心知我称石交，为拂古瓦撼柔翰。别久争讶鬓霜盈，逢稀似类优昙现。径题长句画中间，如使两人长对面。"（《诗存》卷3）

正月，乾隆帝南巡。

是年，继上年"经学特科"，再取陈祖范、吴鼎、梁锡玙、顾栋高四人。

乾隆十七年壬申 1752 60岁

正月初一日，作《城隍庙碑草稿自跋》，论为文之意。其言曰："板桥居士作《城隍庙碑草稿》初就，赵君六吉即剪贴成册，可谓刻划无盐、唐突西子矣。是碑不足观，而作文之意无非欲写人情所欲言而未能说。此实在眼前，实出意外，是千古作文第一诀。若抄经摘史，窃柳偷苏，成何笔手？"

四月初四日，题宋拓《圣教序》。

五月，作《城隍庙碑记》。

秋，作《兰竹石图》并题识。题识曰："世间盆盎空栽植，唯有青山是我家。画入悬崖孤绝处，兰花竹叶两相迟。乾隆壬申九秋，板桥居士郑燮写于北海。"

十月二十五日，自作六十寿联。联曰："常如作客，何问康宁，但使囊有余钱、瓮有余酿、釜有余粮，取数叶赏心旧纸，放浪吟哦，兴要阔，皮要顽，五官灵动胜千官，过到六旬犹少；定欲成仙，空生烦恼，只令耳无俗声、眼无俗物、胸无俗事，将几枝随意新花，纵横穿插，睡得迟，起得早，一日清闲似两月，算来百岁已多。"

是年底，卸任。按：板桥去官之因，众说不一，莫衷一是。或言以娄罢，或言以忤大吏罢，或言乞休归，或言以病罢，或言乞病归，或言老病归等。要之，官场容不得板桥，板桥亦不适应官场。其虽曾孜孜于求学仕进，一度踌躇满志；然一入官场，则处处碰壁，难以一展其"致君泽民"之夙志宏愿。其"狂""怪"之性情怎么也难以融入理想与现实碰撞的两难窘境。归老田园，寄迹山水，实乃板桥不得已之无奈抉择，亦是其悟得"难得糊涂"之真谛的人生归宿。

乾隆十八年癸酉　1753　61岁

正月，作《隶书扇面》以言志。题曰："老困乌纱十二年，游鱼此日纵深渊。春风荡荡春城阔，闲逐儿童放纸鸢。买山无力买船居，多载芳醪少载书。夜半酒酣江月上，美人纤手炙鲈鱼。乾隆癸酉太簇之月，板桥郑燮罢官作二首。"

春日，离潍去官日，百姓痛哭挽留。板桥别潍县绅士民，为作竹图并题识。《予告归里画竹别潍县绅士民》："乌纱掷去不为官，囊橐萧萧两袖寒。写取一枝清瘦竹，秋风江上作渔竿。"

《小豆棚》卷16："当其去潍之日，止用驴子三头：其一板桥自乘，垫以铺陈；其一驮两书夹板，上横担阮咸一具；其一则小皂隶而变童者骑以前导。板桥则风帽毡衣，出大堂揖新令尹，据鞍而告之曰：'我郑燮以娄败，今日归装，若是其轻而且简。诸君子力踞清流，雅操相尚，行见上游器重，指顾莺迁，倘异日去潍之际，其无忘郑大之泊也。'言罢，跨蹇郎当以行。"

板桥返扬州，宴请诸友，李啸村菰赠板桥以"三绝诗书画，一官归去来"，众人叹为工妙。《楹联丛话》卷12《杂缀》："板桥解组归田日，有李啸村者，赠之以联。板桥方宴客，曰：'啸村韵士，必有佳语。'先观其出联云：'三绝诗书画。'板桥曰：'此难对。昔契丹使者以三才天地人属语，东坡对以四诗风雅颂，称为绝对。吾辈且共思之，限对就而后食。'久之不属，启视之，则'一官归去来'也，咸叹其工妙。"

张维屏《松轩随笔》称："板桥大令有三绝：曰画，曰诗，曰书。三绝之中有三真：曰真气，曰真意，曰真趣。"

三月十五日，作《雨后新篁图屏风》并题识，志其作画得自然之妙蕴。

十一月，董伟业作《赠招哥词调寄〈虞美人〉》。其词曰："书廊一带斜阳寂，小女窗前立。双弯鸦鬓巧蟠头，刚是推帘欲进又含羞。荷包手制红绡滑，百摺团团掐。自言针线不成行，只合先生将就着槟榔。"

是年，罗聘与方婉仪喜结良缘。

卢见曾再任两淮都转盐运使，自此连署九载。

程釜（字夔洲，一字南陂，号二峰）重建扬州竹西亭，春暮宴集诸友人吟酬。

乾隆十九年甲戌　　1754　　62岁

春，游杭州；又应孙升、李堂之邀游湖州诸名胜。《与墨弟书》有云："掖县教谕孙升任乌程知县，与我旧不相合，杭州太守为之和解，前憾尽释。而湖州太守李公讳堂者，壬戌进士，久知我名，硬夺杭守字画。孙乌程是其下属，欲逢迎之，强拉入湖州作一月游。其供给甚盛，姑且游诸名山以自适。第一是过钱塘江，探禹穴，游兰亭，往来山阴道上，是平生快举，而吼山尤妙，待归来一一言之。华灿且留住数日，我于端午后必回。"

六月十八日，作《竹石图》并题识。题识曰："竹少石多，竹小石大，直是以石为君，聊复以数片叶点缀之耳。画竹何须千万枝，两三片叶峭撑持。千秋不改嵩衡岳，不靠青山却靠谁？乾隆十九年六月十八日雨中，板桥道人郑燮画并题。"

重九日，作《竹石图轴》并题识，提出画之意在"活"。题识曰："昔东坡居士作枯木竹石，使有枯木石而无竹，则黯然无色矣。余作竹作石，固无取于枯木也。意在画竹，则竹为主，以石辅之。今石反大于竹、多于竹，又出于格外也。不泥古法，不执己见，惟在活而已矣。"

九月二十九日，与汪堂、药根上人等十余友人聚于百尺楼，分韵赋诗。

十月，作《墨兰图轴》并题识，表明自己作兰不拘泥于某一家。题识曰："予作兰有年，大率以陈古白先生为法。及来扬州，见石涛和尚墨花，横绝一时，心善之而弗学，谓其过纵，与之自不同路。又见颜君尊五笔极活，墨极秀，不求异奇，自有一种新气。又有友人陈松亭，秀劲拔俗，矫然自名其家，遂欲仿之。兹所飘擎，其在颜、陈之间乎？然要不知似不似也。"

乾隆二十年乙亥　1755　63岁

是年，与友人李鲜、李方膺合作《三友图》，并题诗。诗曰："复堂奇笔画老松，晴江干墨插梅兄。板桥学写风来竹，图成三友祝何翁。"

是年，李鲜定居扬州，以"鲜"代"鲜"。

是年，马曰琯（字秋玉，号嶰谷）去世。

五月，清廷禁满人与汉人唱和及较论同年行辈往来。

乾隆二十一年丙子　1756　64岁

二月初三日，作《九畹兰花》并题识，以志与黄慎、王文治等人"一桌会"以百钱为永日欢之盛谊。

四月十四日，作《兰竹石轴》于移情书屋，并题识。题识曰："古人云：'吾入芝兰之室，久而忘其香。'夫芝兰入室，室则美矣，芝兰弗乐也。我愿处深山古涧之间，有芝不采，有兰不掇，各适其天，各全其性。乃为诗曰：'高峰峻壁见芝兰，竹影遮斜几片寒。便以乾坤为巨室，老夫高枕卧其间。'乾隆丙子孟夏之月十有四日坐移情书屋，午饭清茶后，写为文翁老学老长兄正画，板桥居士郑燮。"

秋，作《六分半书五言诗轴》。诗曰："酒罄君莫沽，壶倾我当发。城市多嚣尘，还山弄明月。我虽不善书，知书莫如我。苟能得其意，窃谓不学可。"

是年，作《露竹新晴图轴》并题识，阐发画竹之意蕴。题识曰："客舍新晴，晨起看竹，露浮叶上，日在梢头。胸中勃勃，遂有画意。其实胸中之竹，并不是眼中之竹也。因而磨墨展纸运笔，又是一格，其实手中之竹，又不是意中之竹也。步步变相，莫可端倪，其天机流露，有莫知其然而然者，独画云乎哉？乾隆丙子，板桥郑燮画并题。"

乾隆二十二年丁丑　1757　65岁

正月二十三日，作《行书书目横披》。

三月初三日，卢见曾主持红桥修禊盛事，板桥预其会，有《和雅雨山人红桥修禊》《再和卢雅雨》诗各四首，以纪其盛。《和雅雨山人红桥修禊》曰："一线莎堤一叶舟，柳浓莺脆恣淹留。雨晴芍药弥江县，水长秦淮似蒋州。薄幸春光容易老，迁延诗债几时酬？使君高唱凌颜谢，独立吴山顶上头。年来修禊让今年，太液昆池在眼前。迥起楼台回水曲，直铺金翠到山巅。花因露重留蝴蝶，笛怕春归恋画船。多谢西南新月挂，一钩清影暗中圆。十里亭池一水通，俨开银钥日华东。逶迤碧草长杨道，静悄朱帘上苑风。天净有云皆锦绣，树深无雨亦溟濛。甘泉羽猎应须赋，雅什先排禊帖中。草头初日露华明，已有游船歌板声。词客关河千里至，使君风度百年清。青山骏马旌旗队，翠袖香车绣画城。十二红楼都倚醉，夜归疑听景阳更。"

七月，作《兰竹石图轴》并题识。题识曰："世人只晓爱兰花，市买盆栽气味差。明月清风白云窟，青山是我外婆家。乾隆丁丑秋七月，板桥道人郑燮画并题。先构石，次写兰，次衬竹，此画之层次也。石不点苔，惧其浊吾画也。燮又题。"

八月，作《兰石图轴》并题识。题识曰："余种兰数十盆，三春告暮，皆有憔悴思归之色。因植于太湖石、黄石之间，山之阴，石之缝，既以避日、就燥，对吾堂亦不恶也。来年忽发箭数十，挺然，其香味直上，透而远，乃知物亦各有本性。且系以诗云：'兰花本是山中草，还向山中种此花。尘世纷纷植盆盎，不如留与伴烟霞。山上兰花乱如蓬，叶暖花醋气候浓。出谷送香非不远，那能送到俗尘中！'此假山耳，尚如此，况真山乎？余画此幅，叶肥而劲，花皆出叶，盖山中之兰，而非盆中之兰也。"

是年，与阔别二十多年的友人织文在高邮相会，流连之余，作《行书赠织文轴》以志其谊。文曰："织文世兄，别去二十余年。余在山左，常念之；君在江南，亦常想至吾山左。虽不果厥志，而两心相照，无一刻忘也。乾隆丁丑，来高邮，方图买舟过访，而织文已荡桨而至，叩余寓斋。邀归村落，流连数十日，以偿廿年饥渴。织文极能诗，而谬爱拙作，辄能诵数十篇。不辞老丑，更录近草十数纸，为屏风帖以请教。昔太宗屏风摘古人嘉言懿行，而余自写其诗词，无知自大，真有愧古人，亦曰从主人之意耳。书毕系以诗：'杭州只有金农好，宦海长从李蝉游。每到高山奇绝处，思君同倚树边楼。'板桥老人郑燮。"

春，李鱓作《三友图轴》。

是年，罗聘拜金农为师。

正月，乾隆帝第二次南巡。

乾隆二十三年戊寅 1758 66岁

正月二十九日，作《与柳斋书》。书曰："佳政满矣，流及旁邑，况本邑乎！燮在下风，拜霭余泽，欣慰之怀，非笔舌所能述也。古人一行作吏，诗文笔墨束之高阁，非大才鲜克兼之。足下惠泽满人间，而新诗妙染，纷纭几席，其论文尤清瘦而腴。陈孟公书启，苏子瞻竹石，风流其复见乎！昨在贵治，曲荷周旋，沃领大教。界河船中一会，未罄雅谈，至今耿耿。燮一岁之中，居家者不过二三月，其余则东西南北而已。非尽为贫而出，盖山川风月、诗酒朋侪，性之所嗜，不可暂离耳。老弟屡过敝邑，未展一饭之留，深为歉仄。令兄先生及诸侄、诸年侄，首春清吉，最切怀思，殊深一念之想也。学愚兄郑燮顿首柳斋老弟执事。乾隆著雍摄提格太簇之月窃九日行。"

二月，为高凤翰题写墓碑。

三月初二日，为友人肃公作《双松图轴》并题识。

四月，作《竹图》并题识。题识曰："昨游江上，见修竹数千株，其中有茅屋，有棋声，有茶烟飘飏而出，心窃乐之。次日过访其家，见琴书几席，净好无尘，作一片豆绿色，盖竹光相射故也。静坐许久，从竹缝中向外而窥，见青山大江、风帆渔艇，又有苇洲，有耕犁，有馌妇，有二小儿戏于沙上，犬立岸傍，如相守者，直是小李将军画意，悬挂于竹枝竹叶间也。由外望内，是一种境地；由中望外，又是一种境地。学者诚能八面玲珑，千古文章之道，不出于是，岂独画乎？乾隆戊寅清和月，板桥郑燮画竹后又记。"

秋杪，作《行书自遣诗轴》以写怀。诗曰："嗇彼丰兹信不移，我于困顿已无辞。束狂入世犹嫌放，学拙论文尚厌奇。看月何妨人去尽，对花只恨酒来迟。笑他缣素求书辈，又要先生烂醉时。"

是年，作《真州杂诗八首并及左右江县》及《真州八首属和纷纷皆可喜不辞老丑再叠前韵》诗。《真州杂诗八首并及左右江县》曰："春风十里送啼莺，山色江光翠满城。曲岸红薇明涧水，矮窗白纸出书声。衙斋种豆官无事，刀笔题诗吏有名。昨夜村灯鱼藕市，青帘醇酒见人情。村中布谷县中啼，桑柘低檐麦陇齐。新笋斸来泥未洗，江鱼买得酒还携。山花雨足皆含笑，絮袄春深欲换绨。何限农家辛苦事，渐看儿女满町畦。寒衣新熨折参差，一笑裘毛落许时。脾土渐衰唯食粥，风情不减尚填词。雪中松树文山庙，雨后桃花浣女祠。最爱卷帘高阁上，楚江晴碧晚烟迟。月白潮生野水潺，上游千里控荆蛮。洗淘赤壁无遗燎，溶漾金陵有剩山。烟里戍旗秋露湿，沙边战舰夕阳闲。真州漫笑弹丸地，从古英雄尽往还。吴越咽喉铁瓮城，隔江相望晓烟横。高樯迥与山排列，浊浪喧同海斗争。卷去芦花浑雪意，飘来鼓角尽秋声。中原万里无烽燧，扶仗衰翁未见兵。南国枫凋结绮楼，雷塘北去蓼花秋。染成红泪胭脂湿，蘸破新霜草木愁。两地干戈才转瞬，一般成败莫回头。后庭遗曲江边唱，又听隋家《清夜游》。行过青山又一山，黄将军墓兀其间。悬崖断处孤松出，骇浪崩时血泪还。江上诸藩皆逆类，枢中一老复颓颜。抵天只手终何益，远去心枯事总艰。何事秋风只杜门，护花长怕晓霜痕。挂冠盛世才原拙，卖字他乡道岂尊？山雨乍晴如洗沐，江烟一起又黄昏。惟君诗兴清豪在，唤醒东南旅客魂。"

二女儿适袁氏，板桥为其作《兰竹石图轴》并题。题曰："官罢囊空两袖寒，聊凭卖画佐朝餐。最惭无隐戋钱薄，赠尔春风几笔兰。"

诗人陶元藻（1716—1801）客扬州，板桥、金农等与之每月联吟唱和。

五月，知遇之友慎郡王允禧去世。

乾隆二十四年己卯　1759　67岁

七月十九日，又题《宋拓圣教序》。其中论用墨、用笔之法曰："用墨之妙，当观墨迹，其浓淡燥湿，如火如花。用笔之妙，当观石刻，其弱者强之，肥者瘦之，镊手亦大有力。新碑不如旧碑，取其退火气。然三四百年后，过于剥落，亦无取焉。"

作《兰竹石图横幅》并题识。题识曰："近处香微远处赊，随风飘渺透烟霞。青山翠竹方为伴，洗尽凡心看此花。画兰画竹已多年，竖抹横拖近自然。更向云中画山石，令人如望藐姑仙。"

是年，为摆脱他人索书索画之烦恼，从友人拙公和尚之议，自定书画《润格》，开一先例。其文曰："大幅六两，中幅四两，小幅二两，条幅对联一两，扇子斗方五钱。凡送礼物食物，总不如白银为妙：公之所送，未必弟之所好也。送现银则中心喜乐，书画皆佳。礼物既属纠缠，赊欠尤为赖帐。年老体倦，亦不能陪诸君子作无益语言也。画竹多于买竹钱，纸高六尺价三千。任渠话旧论交接。只当秋风过耳边。乾隆己卯，拙公和尚属书谢客。板桥郑燮。"

是年，为唐君欣若《集唐诗》撰序，畅发对集唐诗的见解。序曰："集唐诗，则必读唐诗，而且多读唐诗。自李、杜、王、孟、高、岑而外，极幽极冷之诗，一旦火热，使得翻阅于明窗净几之间，此亦天地间一大快事也。读唐诗，则必钻其穴，剖其精，抉其髓，而后能集之。使我之心，即入乎唐人之心，而又使唐人之心，即为我之心。常觉千古之名流高士，俨聚一堂，此又天地间一大快事也。集唐之难，不得参差错落，谬托于古；必须五七言律，字字对仗精工，而又流利通适。往往有六句七句，独欠一句，左对右对，皆不得妥；三月两月，搔首搔耳，而其句不成。及一触忽然得之，如获异宝，如释滞疾，此又天地间一大快事也。有时集句已成，颇自得意，而亦少有未安。良朋好友猝至，指之曰：某句未妥。则心痛一挑，不能藏匿。而又有一友从旁曰：以某句对之，何如？顿觉天衣无缝，如铸成的，如树上结的，如圣叹之有斯山相资相助，皆得并传于世，此又天地间一大快事也。唐君欣若，自能诗，而又好集唐诗。集之久，而己诗俱废。盖以专一而得神奇者也。夫唐人之诗，旧诗也，读之千古长新，得君之集而更新，满纸皆陆离斑驳。今人之诗，新诗也，但觉满纸皆陈饭土羹。与为彼之作，正不如君之集也。问序于愚，愚何能，序唐君之甘苦阅历，约略言之，非为唐君言之，为后之学诗学文者言之也。"

乾隆二十五年庚辰　　1760　　68岁

五月，客居通州，寓于保培基之井谷园。

五月十三日，为李方膺《墨梅卷》作题，表达自己对画梅的看法。题曰："兰竹画，人人所为，不得好。梅花，举世所不为，更不得好。惟俗工俗僧为之，每见其几段大炭，撑拄吾目，其恶秽欲呕也。晴江李四哥独为于举世不为之时，以难见奇，以孤见实，故其画梅，为天下先。日则凝视，夜则构思，身忘于衣，口忘于味，然后领梅之神，达梅之性，抱梅之韵，吐梅之情，梅亦俯首就范，入其剪裁刻划之中而不能出。夫所谓剪裁者，绝不剪裁，乃真剪裁也。所谓刻划者，绝不刻划，乃真刻划也。岂止神行人画，天复有莫知其然而然者，问之晴江，亦不自知，亦不能告人也。愚来通州，得睹此卷，精神浚发，兴致淋漓。此卷新枝古干，夹杂飞舞，令人莫得寻其起落。吾欲坐卧其下，作十日工课而后去耳。"

七月初七日，与汪之珩诸人共度七夕于汪氏之文园。

秋日，为刘柳村三作《刘柳村册子》于汪氏文园，叙己之生平经历。文曰："板桥自京师落拓而归，作《四时行乐歌》，又作《道情十首》。四十举于乡，四十四岁成进士，五十岁为范县令，乃刻拙集，是时为乾隆七年也。《道情十首》，作于雍正七年，改削十四年，而后梓而问世。传至京师，幼女招歌首唱之，老僧起林又唱之，诸贵亦颇传颂，与词刻并行。拙集诗词二种，都人士皆曰：'诗不如词。'扬州人亦曰：'词好于诗。'即我亦不敢辩也。游西湖，谒杭州太守吴公作哲，出纸二幅，索书画。一画竹，一写字。湖州太守李公堂见而讶之曰：'公何得有此？'遂攫之而去。吴曰：'是不难得，是人现在此，公至南屏静寺访之，吾先之作介绍可也。'次日，泛舟相访，置酒湖上为欢；醉后，即唱予《道情》以相娱乐。云：'十年前得之临清王知州处，即爱慕至今，不知今日得会于此！'遂邀至湖，游苕溪、雪溪、卞山、白雀，而道场山尤胜也。府暑亭池馆榭甚佳，皆吾扬吴听翁先生所修葺……高丽国索拙书，其相李艮来投刺，高尺二寸，阔五寸，厚半寸，如金版玉片，可击扑人。今存枝上村文思上人家，盖天宁寺西院也……板桥貌寝，既不见重于时，又为忌者所阻，不得入试。愈愤怒，愈迫窘，愈敛厉，愈微细，遂作《渔父》一首，倍其调为双叠，亦自立门户之意也。板桥最穷最苦，貌又寝陋，故长不合于时；然发愤自雄，不与人争，而自以心竞。四十外乃薄有名，所谓诸生曰'万盈四十乃知名'也。其名之所到，辄渐加而不渐淡，只是中有汁浆耳。庄生谓：'鹏怒而飞，其翼若垂天之云。'古人又云：'草木怒生。'然则万事万物何可无怒耶？板桥书法以汉八分杂入楷行草，以颜鲁公《座位稿》为行款，亦是怒不同人之意。"

是年，板桥于汪氏文园又作《板桥自序》，对自己之生平学行加以自省。文曰："板桥居士读书求精不求多，非不多也，唯精乃能运多，徒多徒烂耳。少陵七律、五律、七古、五古、排律皆绝妙，一首可值千金。板桥无不细读，而尤爱七古，盖其性之所嗜，偏重在此。《曹将军丹青引》《渼陂行》《瘦马行》《兵车行》《哀王孙》《洗马兵》《缚鸡行》《赠毕四曜》，此其最者；其余不过三四十首，并前后《打鱼歌》，尽在其中矣。是《左传》、是《史记》，似《庄子》《离骚》，而六朝香艳，亦时用之以为奴隶。大哉杜诗，其无所不包括乎！七律诗《秋兴》八首、《诸将》五首、《咏怀古迹》五首，皆由此而推之；五律诗《秦州杂诗》二十首、《咏物》三十余首、《达行在所》三首，皆由此而推之；五言古诗前后《出塞》《新婚别》《垂老别》《无家别》《北征》《彭衙行》，以及排律之《经昭陵》《重经昭陵》《别严贾二阁老》《别高岑》，皆由此而推之。立志不分，乃疑于神。板桥平生无不知己，无一知己。其诗文字画每为人爱，求索无休时，略不遂意，则怫然而去。故今日好，为弟兄，明日便成陌路。紫琼崖主人极爱惜板桥，尝折简相招，自作骈体五百字以通意，使易十六祖式、傅雯凯亭持来。至则祖而割肉以相奉，且曰：'昔太白御手调羹，今板桥亲王割肉，后先之际，何多让焉！'板桥游历山水虽不多，亦不少；读书虽不多，亦不少；结交天下通人名士虽不多，亦不少。初极贫，后亦稍稍富贵；富贵后亦稍稍贫。故其诗文中无所不有。陋轩诗最善说穷苦，惜其山水不多，接交不广，华贵一无所有。所谓一家言，未可谓天下才也。板桥诗如《七歌》，如《孤儿行》，如《姑恶》，如《逃荒行》《还家行》，试取以与陋轩同读，或亦不甚相让；其他山水、禽鱼、城郭、宫室、人物之茂美，亦颇有自铸伟词者。而又有长短句及家书，皆世所脍炙，待百年而论定，正不知鹿死谁手。乾隆庚辰，郑燮克柔甫自叙于汪氏之文园，与《刘柳村册子》合观之，亦足以知其梗概。叹老嗟卑，是一身一家之事；忧国忧民，是天地万物之事。虽圣帝明王在上，无所可忧，而往古来今，何一不在胸次？叹老嗟卑，迷花顾曲，偶一寓意可耳，何谆谆也！燮又记。"

秋，作《兰竹石图横幅》并题识。题识曰："画兰之法，三枝五叶；画石之法，丛三聚五。皆起手法，非为兰竹一道仅仅如此，遂了其生平学问也。古之善画者，大都以造物为师。天之所生，即吾之所画，总需一块元气团结而成。此幅虽小景，要是山脚下洞穴旁之兰，不是盆中磊石凑栽之花，谓其气整故尔。聊作二十八字以系于后：'敢云我画竟无师，亦有开蒙上学时。画到天机流露处，无今无古寸心知。'"

乾隆二十六年辛巳　1761　69岁

四月二十日，与江春、杭世骏诸人游扬州铁佛寺，各得字分赋。

四月，作《兰竹石图册页》并题识。题识曰："兰花质性太清幽，卖与人间不自由。好把竹枝兼石块，故交相伴免春愁。"

七月初七日，作《墨竹通屏》并题识。题识曰："画大幅竹，人以为难，吾以为易。每日只画一竿，至完至足，须五七日画五七竿，皆离立完好。然后以淡竹、小竹、碎竹经纬其间。或疏或密，或浓或淡，或长或短，或肥或瘦，随意缓急，便构成大局矣。昔萧相国何造未央宫，先立东阙、北阙、前殿、武库、太仓，然后以别殿、内殿、寝殿、宫室、左右廊庑、东西永巷以经纬之，便尔千门万户，总是先立其大者，则其小者易易耳。一丘一壑之经营，小草小花之渲染，亦有难处；大起造，大挥写，亦有易处，要在其人之意境何如耳。"

是年，罗聘妻方婉仪三十初度，板桥为作《石壁丛兰轴》。其款识曰："板桥道人没分晓，满幅画兰画不了。兰子兰孙百辈多，累尔夫妻直到老。乾隆辛巳，为两峰罗四兄尊嫂方夫人三十初度。郑燮草稿。"

乾隆二十七年壬午　1762　70岁

春日，于扬州寓斋写赠同学兄六源《兰竹石图轴》，以见志。题识曰："老夫自任是青山，颇长春风竹与兰。君正虚心素心客，岩阿相借又何难！"

初夏，作《墨竹四屏条》并题识。其一曰："琼条玉线才开碧，凤尾鸾翎已扫空。自是书窗借青翠，砚池茶碗色如葱。"其二曰："秋风昨夜窗前到，竹叶相敲石有声。及至晓来浓露湿，又疑昨夜未秋清。"其三曰："细细的叶，疏疏的节。雪压不垂，风吹不折。"其四曰："老老苍苍竹一竿，长年风雨不知寒。好教真节青云去，任尔时人仰面看。"

小春月（十月），作《兰竹图轴》并题识。题识曰："昔人画竹者称文与可、苏子瞻、梅道人。画兰者无闻。近世陈古白、吾家所南先生，始以画兰称，又不工于竹。惟清湘大涤子山水、花卉、人物、翎毛无不擅长，而兰竹尤妙绝冠时。盖以竹干叶皆青翠，兰花叶亦然，色相似也；兰有幽芳，竹有劲节，德相似也；竹历寒暑而不凋，兰发四时而有蕊，寿相似也。清湘之意，深得花竹情理。余故仿佛其意。又闻有明三百年，文人皆善兰竹，今不概见，不识何故？"

作《竹石堂幅》并题识。题识曰："竹也瘦，石也瘦，不讲雄豪，只求纤秀，七十老人尚留得少年气候。"

作《兰竹石图轴》并题识。题识曰："石多于兰，兰多于竹，无紫无红，惟青惟绿，是为君子之谷。"

作《兰竹石四屏条》并题识。其《竹石》曰："记得为官种竹枝，泰山脚下峄山陲。应知尔日新篁发，定有清风忆我时。"其《兰竹石》曰："四时不谢之兰，百节长青之竹。万古不变之石，千秋不变之人。写三物与大君子为四美也。"

是年，乾隆帝第三次南巡。

是年，卢见曾告休，两淮都转盐运使由赵之璧接任。

乾隆二十八年癸未　1763　71岁

三月初三日，举行红桥修禊，板桥与袁枚于修禊席间初遇，互有诗句赠答。

四月初五日，应卢见曾之邀，与杭世骏、金农诸人泛舟红桥，赋诗唱和。《和卢雅雨红桥泛舟》曰："今年春色是何心，才见阳和又带阴。柳线碧从烟外染，桃花红向雨中深。笙歌婉转随游舫，灯火参差出远林。佳境佳辰拼一醉，任他杯酒渍衣襟。"

八月，为尚宾老人作《论书法横幅》。其言曰："苏学士用宣城诸葛齐锋笔作字，疏疏密密，无不如意。后至惠州儋耳，囊中笔罄，乃用三钱鸡毛笔，心手俱不相应，亦苦矣。余不喜湖毫，多用画家羊毛著色，尤以泰州邓氏羊毫散笔为贵，婉转飞动，乍沉乍浮，无不如意，其亦宣城诸葛之齐锋乎？予何敢妄拟东坡，而用笔作书，皆爱肥不爱瘦，亦坡之意也。"

作《丛竹图》并题识。题识曰："吾邑善画竹者，以禹鸿胪为最，而渔庄尚友次之。禹竹称于上都，渔庄之名遍于湘楚，皆童而习之，老而入妙。予不逮二公远甚，今年七十有一，不学他技，不宗一家，学之五十年不辍，亦非苟而已也。翔高老长兄四十初度，索予写竹为寿，且曰：'宁乱毋整，当使天趣淋漓，烟云满幅。'此真知画意者也。予既自出机轴，亦复远追禹、尚二公遗笔，是不独郑竹，并可谓之尚竹、禹竹。合是三家，以为华封人之三祝，有何不可？"

作行书七言联。联曰："操存正固称完璞，陶铸含弘若浑金。"

乾隆二十九年甲申　1764　72岁

秋杪，于兴化杏花楼作《竹石图轴》并题识，论画竹之法。题识曰："画竹之法，不贵拘泥成局，要在会心人得神，所以梅道人能超最上乘也。盖竹之体，瘦劲孤高，枝枝傲雪，节节干霄，有似乎士君子豪气凌云，是（其）生也；依于石而不囿于石，是其节也；落于色相而不滞于梗概，是其品也。竹其有知，必能谓余为解人；石如有灵，亦当为余首肯。甲申秋杪，归自邗江，居杏花楼。对雨独酌，醉后研墨拈管，挥此一幅，留赠主人。板桥。"

作《行书条幅》寄赠友人郭伟勣芸亭。其题曰："春风潍水足相思，宝马雕鞍丽日迟。隔岸桃花三十里，鸳鸯庙接柳郎祠。"

作《墨竹图轴》并题识。题识曰："画有在纸中者，有在纸外者。此番竹竿多于竹叶，其摇风弄雨、含露吐雾者，皆隐跃于纸外乎？然纸中如抽碧玉，如削青琅玕，风来戛击之声，铿然而文，铿然而亮，亦足以散怀而破寂。纸中之画，正复清于纸外也。"

为茂林作《兰竹石图轴》并题识。题识曰："揭天揭地之文，震电惊雷之字，呵神骂鬼之谈，无古无今之画，固不在寻常蹊径中也。未画之前，不立一格；既画以后，不留一格。"

作《墨竹图轴》并题识。题识曰："掷去乌纱不做官，归来江上钓鱼竿。问渠钓具从何买，笔底新篁万尺宽。宜纶年学兄正画。板桥郑燮。"

是年，金农去世。

十一月，召令重修《大清一统志》。

乾隆三十年乙酉　　1765　　73岁

春，书十一言对联。联曰："百尺高梧撑得起一轮月色；数椽矮屋锁不住五夜书声。"

四月，作《竹石图横幅》，以志晚景自得自乐之情状。其言曰："十笏茅斋，一方天井，修竹数竿，石笋数尺，其地无多，其费亦无多也。而风中雨中有声，日中月中有影，诗中酒中有情，闲中闷中有伴，非唯我爱竹石，即竹石亦爱我也。彼千金万金造园亭，而游宦四方，终其身不能归享，而吾辈欲游名山川，又一时不得即往，何如一室小景，有情有味，历久弥新乎！对此画，构此境，何难敛之则退藏于密，亦复放之可弥六合也。乾隆乙酉清和月，板桥郑燮画。"

五月初三日，作《修竹新篁图轴》并题识。题识曰："两枝修竹出重霄，几叶新篁倒挂梢。本是同根复同气，有何卑下有何高？"

为蔚起作《行书江晴诗扇画》；为永公大和尚作《瘦竹图轴》；为济翁、玉老作《竹石图轴》。

十二月十二日，于兴化溘然长逝，享年七十有三；葬兴化县城东之管阮庄。

是年，乾隆帝第四次南巡。

（注：本《简谱》据周积寅、王凤珠先生编著《郑板桥年谱》，并参阅王氏《郑板桥年谱》《郑板桥年表》《扬州八怪年谱》，及丁家桐先生《扬州八怪全传》等有关文献资料。党明放先生《郑板桥年谱》，搜罗、梳理更为丰富，有兴趣的读者可详读此著。）